Der Terroranschlag vom 11. September 2001 hat auf schreckliche Weise gezeigt, wie tief gesellschaftliche Akteure in die Internationale Politik eingedrungen sind. Wie aber hat der Westen auf diese Herausforderung reagiert? Hat er die Zeichen der Zeit erkannt und eine innovative Antwort gefunden? Die sich ausbreitende Pax Americana gibt darauf eine erste, enttäuschende Antwort. Ernst-Otto Czempiel erklärt in seinem Buch, warum die Welt nach vier langen Dekaden des Ost-West-Konflikts schon wieder vor Waffen klirrt, wie es dazu gekommen ist, und welche ambivalente und katalysierende Rolle dabei der Terrorismus spielt. Sein wichtiges Buch zeigt auch Wege auf, die von den westlichen Staaten beschritten werden müssen, wenn die Gefahr des Terrorismus langfristig überwunden werden soll.

Ernst-Otto Czempiel ist o. Professor em. für Auswärtige und Internationale Politik an der Universität Frankfurt und gehört zu den renommiertesten deutschen Politikwissenschaftlern. Bei C.H. Beck ist zuletzt erschienen *Kluge Macht. Außenpolitik für das 21. Jahrhundert* (1999).

Ernst-Otto Czempiel

Weltpolitik im Umbruch

Die Pax Americana, der Terrorismus
und die Zukunft
der internationalen Beziehungen

Verlag C.H.Beck

Eine Publikation aus der Hessischen Stiftung
Friedens- und Konfliktforschung, Frankfurt am Main.

Eugen Kogon,
der mir den Weg in die Politikwissenschaft gewiesen hat,
zum 100. Geburtstag am 2. Februar 2003 dankbar gewidmet.

Die Deutsche Bibliothek – CIP-Einheitsaufnahme

Ein Titeldatensatz für diese Publikation
ist bei Der Deutschen Bibliothek erhältlich

Originalausgabe

© Verlag C. H. Beck oHG, München 2002
Gesamtherstellung: Druckerei C. H. Beck, Nördlingen
Umschlagentwurf: +malsy, Bremen
Printed in Germany
ISBN 3 406 49416 1

www.beck.de

Inhalt

Vorwort   7

Einleitung
Der 11. September: ein Alarmsignal   10

I. Trends der Gesellschaftswelt   15
   1. Emanzipation   15
   2. Wohlstand   22
   3. Selbst- und Mitbestimmung   27
      3.1 Der Terrorismus   *39*
   4. Sicherheit in der Gesellschaftswelt   57

II. Innovation und Restauration:
   die neunziger Jahre   66
   1. Moderner Beginn   67
   2. Die Wende rückwärts, 1994   79
   3. Politikwechsel in den USA   91
      3.1 System- oder elitenbedingt?   *94*
   4. Weltpolitik vor dem 11. September   100

III. Selektive Weltherrschaft   108
   1. Die Ausdeutung des 11. September   110
   2. UNO Ade   124
   3. NATO passé   138
   4. Globalisierung der militärischen Präsenz   144
      4.1 Kaukasus und Zentralasien   *145*
      4.2 Mittelost   *151*

4.3 Asienpazifik   154
4.4 Das Programm des Pentagon   158
5. Militarisierung der Globalpolitik   162
6. Beschränkung demokratischer Rechte   170

IV. Die Zukunft des internationalen Systems   174
   1. Wahrscheinlich: Pax Americana   176
   2. Wünschenswert: Europas Beiträge   187

Zum Schluß: Empfehlungen   200

Anmerkungen   207

Namenregister   221

Sachregister   223

Abkürzungsverzeichnis   229

Vorwort

Dieses Buch behandelt die westliche Weltpolitik der Dekade seit dem Ende des Ost-West-Konflikts. Damals war ein Umbruch in der Weltpolitik zutage getreten, den ich unter diesem Titel in dem 1991 bei C.H.Beck erschienenen (und 1993 neu aufgelegten) Buch beschrieben habe. Der Umbruch hatte die vertraute Staatenwelt in eine Gesellschaftswelt verwandelt. Sie ist nach wie vor staatlich geordnet, in den Staaten aber spielen die Gesellschaften und im internationalen System gesellschaftliche Akteure eine viel größere Rolle als je zuvor. Die «Außenpolitik» der Gegenwart muß sich daher neuer Strategien bedienen. Als der Verleger, Wolfgang Beck, und Cheflektor, Detlef Felken, anregten, diese These nach zehn Jahren Revue passieren zu lassen, habe ich das gern unternommen.

Ich brauchte sie nicht zu revidieren. Der Terroranschlag vom 11. September hat auf schreckliche Weise dokumentiert, wie sehr gesellschaftliche Akteure in die Internationale Politik eingedrungen sind. Die Demonstrationen vor den Gipfelkonferenzen der Großmächte zeigen, daß die Welt sich vor allem für wirtschaftliche Entwicklung und Wohlstand interessiert. Der Krieg ist in die Staaten eingewandert, zum Bürgerkrieg geworden, weil die Gesellschaften keine Herrschaft mehr akzeptieren, die ihre Anforderungen übergeht. Anders als in der Staatenwelt zuvor, spielen Konsens und Handlungen gesellschaftlicher Akteure in der Internationalen Politik eine große Rolle; sie konkurrieren mit den Regierungen um die Macht.

Das Buch trägt deshalb den gleichen Obertitel wie sein Vorgänger, schreibt aber den Verlauf des Umbruchs in die

Gegenwart fort. Wie hat der Westen auf die Emanzipation der Gesellschaften reagiert? Hat er begonnen, die Internationale Politik als Quasi-Weltinnenpolitik zu gestalten, als weitere Zivilisierung der Weltpolitik? Oder ist er der alten Realpolitik verhaftet geblieben, die immer nur das Gleiche wiederkehren sieht? Diese Frage ist noch offen, wiewohl die sich ausbreitende Pax Americana darauf eine erste, enttäuschende, Antwort zu geben scheint.

In diese Auseinandersetzung mischt sich das Buch ein. Es erklärt, warum die Welt nach vier langen Dekaden des Ost-West-Konflikts schon wieder vor Waffen klirrt, wie es dazu gekommen ist, und welche ambivalente und katalysierende Rolle dabei der Terrorismus spielt. Der Angriff auf New York zeigte zum ersten Mal die Schlagkraft gesellschaftlicher Akteure. Das Novum hätte eine innovative Antwort verlangt. Statt dessen setzte die Bush-Administration, gestützt auf die Akzeptanz rächender Gegengewalt in der amerikanischen Gesellschaft, die gewohnten Strategien der Staatenwelt ein. Präsident Bush führt Krieg gegen Terror.

Einst als Neue Welt gefeiert, sind die USA in der Auseinandersetzung mit der Sowjetunion politisch deutlich gealtert. Sie sperren sich, den Umbruch der Weltpolitik zu akzeptieren, den sie in ihrer Geschichte doch selbst in Gang gesetzt haben. Die Welle der Demokratisierung, die heute auf dem Globus die Gesellschaftswelt hervorbringt, ist doch gerade aus Nordamerika gekommen. Zur alleinigen Weltmacht aufgestiegen, setzen die USA nur noch auf militärische Gewalt und wirtschaftliche Stärke. Der 11. September hat das Vietnamtrauma endgültig verdrängt.

Dieser Zusammenprall der Strategien muß, wenn irgend möglich, aufgehalten werden. Unter den Händen Washingtons ist der Krieg wieder in das internationale System zurückgekehrt, aus dem er schon fast verschwunden war. Wenn der 11. September ein Akt bewußt handelnder politischer Terroristen gewesen ist, wird ihre Antwort nicht ausbleiben. Den

Terrorismus kann man nicht militärisch besiegen, sondern nur politisch austrocknen.

Es stimmt hoffnungsvoll, daß Europa, der «Alte Kontinent», sich sehr viel schneller auf den Umbruch eingestellt und flexibler darauf reagiert hat. Seine Stunde schlägt jetzt. Sollten die Regierungen die Glocke überhören, müssen die Gesellschaften nachhelfen. Denn sie sind es, wie schon Immanuel Kant vorgerechnet hat, die unter der Gewalt zu leiden und die Kosten der Kriege zu bezahlen haben. Sie zu alarmieren und zu aktivieren, wurde das Buch geschrieben.

Es entstand, wie immer, im Rahmen der Hessischen Stiftung Friedens- und Konfliktforschung, Frankfurt, der ich gern für vielfältige Unterstützung und Hilfe danke.

Stefan Nitz, der Bibliothekar der HSFK, hat mich mit zahlreichen Sachinformationen und bibliographischen Hinweisen versorgt. Frau cand. rer. pol. Alexandra Homolar-Riechmann hat mir als Wissenschaftliche Hilfskraft zugearbeitet, die Register und das Abkürzungsverzeichnis erstellt.

Diesmal hat Frau Birgit Menigat das Manuskript geschrieben und, zusammen mit Frau Marlies Sanner, die Endredaktion betreut. Ohne sie beide hätte das Buch nicht erscheinen können; entsprechend groß sind mein Dank und meine Anerkennung.

Dem Hause C.H.Beck danke ich für eine ebenso angenehme wie mühelose Zusammenarbeit.

Frankfurt, im Juli 2002   Ernst-Otto Czempiel

Einleitung
Der 11. September: ein Alarmsignal

Der Mordanschlag vom 11. September 2001 auf das Welthandelszentrum in New York und das Verteidigungsministerium in Washington hat die Welt nicht verändert, sondern gezeigt, wie sehr sie sich längst verändert hatte. Aber auch dieses schreckliche Fanal hat nicht bewirkt, daß sich die Politik auf die veränderte Lage eingestellt hat. Sie reagiert auf die Welt des 21. Jahrhunderts mit Konzepten und Strategien, die sie in der zweiten Hälfte des 20. Jahrhunderts entwickelt und erfolgreich angewandt hatte. Zwar hat der Westen gemerkt, daß am 11. September 2001 etwas Neuartiges, bisher noch nie Dagewesenes eingetreten war; er hat es aber alsbald unter dem Begriff des «Ereignisses» abgelegt und damit politisch neutralisiert. Nach der raschen Identifizierung der Täter wurde die politische Aufmerksamkeit von der Tat ab- und solchen außenpolitischen Folgerungen zugewendet, die sich als opportun anboten. Was als Signal des Umbruchs, jedenfalls in weiten Teilen der Welt als Übergang von der Staatenwelt zur Gesellschaftswelt hätte gedeutet werden müssen, wurde nur als Fanal zitiert, das die Fortführung der traditionellen Politik lediglich neu beleuchten sollte.

1990, am Ende des Ost-West-Konflikts, war die westliche Politik weitsichtiger gewesen. Die von ihr vorgelegte und von allen früheren Teilnehmern am Ost-West-Konflikt unterschriebene «Charta von Paris für ein neues Europa» registrierte, daß ein «neues Zeitalter der Demokratie, des Friedens und der Einheit» angebrochen war. Heraufgeführt hatten diesen Wandel weniger die Regierungen, die den Kalten Krieg gewonnen hatten, sondern die Gesellschaften, der «Mut von Männern und Frauen, die Willensstärke der Völker». In der Tat war die sanfte Revolution, die die kommunistischen Diktaturen in Osteuropa und schließlich auch die in der Sowjetunion davonjagte, von den Reformkräften im Warschauer Pakt ausgegangen, denen die westlichen Demokratien als Vorbild gedient hatten.

Damit zeigte sich erstmals, daß in der Weltpolitik ein Umbruch stattgefunden hatte, hervorgerufen durch den gesteigerten Kontrollanspruch der Gesellschaften gegenüber den Regierungen. Sie hatten die Staatenwelt beherrscht, die bis zur Mitte des 20. Jahrhunderts existiert und in dessen erster Hälfte zwei Weltkriege ausgelöst hatte. In der Gesellschaftswelt, die sich unter der Decke des Ost-West-Konflikts auszubilden begann, emanzipierten sich die Gesellschaften gegenüber ihren Regierungen, meldeten ihre Mitsprache bei den wichtigsten Regierungsentscheidungen an. Gleichzeitig lösten sich gesellschaftliche Akteure aus dem Außenpolitikmonopol der Regierungen und bauten ihre eigenen Interaktionen im internationalen System auf. Was den Umbruch der Weltpolitik von der Staatenwelt zur Gesellschaftswelt zustande gebracht hat, vollzog sich *in* den Staaten, entsprang dem geänderten Machtverhältnis zwischen der Gesellschaft und der Regierung.[1]

Hatten die Konvulsionen dieses Umbruchs schon die letzte Dekade des 20. Jahrhunderts gekennzeichnet, so wirken sie auch in der ersten des neuen Säkulums. Sie werden an Schärfe zunehmen, weil und solange die Außenpolitik der Staaten sich nicht auf die neue Situation in den Staaten einstellt. Die 1990 erklärte Bereitschaft dazu klang nach kurzer Zeit wieder ab; die Unruhe nach den Mordanschlägen des 11. September wurde dadurch gemildert, daß in dem vertrauten Weltbild das ebenfalls schon vertraute Bild des Terroristen nur etwas größer und gefährlicher gezeichnet wurde. Das Weltbild selbst wurde nicht revidiert.

Dabei war dieser erste Angriff auf das amerikanische Mutterland seit beinahe 200 Jahren nicht von einem Staat, sondern von einer gesellschaftlichen Gruppierung, nicht mit Waffen, sondern mit der Umfunktionierung herkömmlicher Transportmittel ausgeführt worden. Über dieses Novum nachzudenken, gab es also jeden Anlaß. Hatte sich schon in den neunziger Jahren des 20. Jahrhunderts gezeigt, daß der vertraute zwischenstaatliche Krieg eine Rarität geworden, die Gewalt in die Staaten eingewandert und dort zum Bürgerkrieg mutiert war, so zeigte der 11. September, daß sich eine weitere Struktur geändert hatte. Was sich bisher als Terrorismus mit Nadelstichen gegen Einrichtungen der westlichen Welt manifestiert hatte, war erstmals umgeschlagen in die direkte Herausforderung der Weltführungsmacht USA durch eine gesellschaftliche Gruppe. Mit mehr als 3000 Toten hatte dieser Überfall durchaus die Größenordnung einer herkömmlichen Bataille.

Die menschliche Tragödie wäre vermeidbar gewesen, hätte sich die Politik seit 1990 auf die veränderten Grundlagen der Weltpolitik eingestellt. Anlässe dazu gab es so viele, daß schon während der neunziger Jahre immer wieder auf die «Neuen Gefahren» hingewiesen wurde, die von den gesellschaftlichen Akteuren der verschiedensten Art ausgingen. Die beiden früheren Bundespräsidenten von Weizsäcker und Herzog boten mit ihrem geflügelten Wort von der «Weltinnenpolitik» den anschaulichen begrifflichen Rahmen für eine solche öffentliche Auseinandersetzung. Die Politikwissenschaft, gerade auch die deutsche, hat rechtzeitig darauf aufmerksam gemacht, wie sich das staatliche Verhalten und das Regierungsgeschäft verändern müßten, um unter diesen Bedingungen der Gesellschaftswelt überhaupt noch erfolgreich sein zu können.[2]

Am ehesten hat sich das Bewußtsein eines veränderten Weltzustandes im Sachgebiet der wirtschaftlichen Wohlfahrt eingestellt. Die ökonomisch-politische Macht der Transnationalen Konzerne war so demonstrativ groß geworden, daß an ihnen jeder politische Umdeutungsversuch abprallte. Neue Regierungsformen, wie die multilaterale Kooperation und ihre Weiterentwicklung zur «Governance», wurden dementsprechend rasch akzeptiert.[3] Die Anpassung der Politik in anderen Sachgebieten blieb aus. Vor allem in dem der Sicherheit nutzten die Politischen Systeme ihre Definitionsmacht, um das Unnormale zu normalisieren und das Außergewöhnliche gewöhnlich erscheinen zu lassen. Nur so läßt sich erklären, warum der politische Terrorangriff arabischer Selbstmordattentäter den Anlaß abgeben konnte, Krieg gegen Afghanistan zu führen, um das Taliban-Regime zu stürzen.

Zwischen dem Weltzustand, wie er sich am 11.9.2001 auf so entsetzliche Weise zu erkennen gegeben hat, und der Politik der westlichen Industriestaaten, allen voran der der westlichen Führungsmacht USA, besteht eine gefährliche Divergenz. Wenn die Politik fortfährt, den politischen Terrorismus mit einer der gewohnten äußeren Sicherheitsbedrohungen gleichzusetzen und darin einen traditionellen Verteidigungsfall zu erblicken, wie er im Artikel 51 der Charta der Vereinten Nationen vorgesehen worden war, wird sie nicht nur dieses Terrorismus nicht Herr werden, sie wird die wichtigste Voraussetzung ihres außenpolitischen Erfolges zerstören: die Zustimmung der Weltgesellschaft.

Deswegen muß sich die westliche Politik endlich mit den «Neuen Gefahren» auseinandersetzen und mit dem Umbruch in der Weltpolitik, dem sie zuzuordnen sind. Der amerikanische Präsident George W. Bush hat Recht mit seinem Hinweis, daß der Kalte Krieg vorüber ist. Aber der damit einhergehende Wandel betrifft nicht nur die Ost-West-Konflikt-Formation, sondern die Grundlagen der Weltpolitik. Der Umbruch wurde sichtbar, der sich in der zweiten Hälfte des 20. Jahrhunderts in der Weltpolitik vollzogen hatte und seine Wirkungen bis weit in das 21. Jahrhundert hinein erstreckt.

Seine Entwicklung wird auch davon abhängen, wie die westliche Politik auf ihn reagiert. Versteht sie ihn richtig und rezipiert sie ihn, kann sie ihren Aufwand mindern, aber gleichzeitig ihren Ertrag erheblich steigern. Mißversteht sie den Wandel hingegen als eine Variante der ewigen Wiederkehr des Gleichen, sucht sie ihn nur auf taktische, den jeweiligen Zielen dienliche Opportunitäten ab, dann wird sie trotz vielen Aufwands nur wenig erreichen.

I. Trends der Gesellschaftswelt

Die Veränderungsprozesse, die den Umbruch der Weltpolitik heraufgeführt haben, richtig zu erfassen, ist nicht einfach. Diese Prozesse sind noch in vollem Gang, so daß weder ihr Verlauf, noch ihre strukturelle Wirkung auf die Weltpolitik abschließend bewertet werden können. Deutlich erkennen lassen sich aber die Entwicklungslinien und einige Trends der Gesellschaftswelt. Ihnen muß die Analyse Rechnung tragen, wenn sie einer erfolgreichen Außenpolitik und Weltpolitik dienen will.

1. Emanzipation

Um die wichtigsten Entwicklungslinien der Gesellschaftswelt zu erkennen, muß man sich wenigstens kurz deren Genese vergewissern. Ausführlich habe ich das an anderer Stelle getan,[1] so daß ich mich hier darauf beschränken kann, die wichtigsten Veränderungen noch einmal zu notieren. Denn seit dem ersten Drittel des 19. Jahrhunderts, der Zeit also, in der Carl von Clausewitz die Lehren der Realpolitik formulierte, haben sich die Struktur, die Prozesse und die Figur des internationalen Systems radikal verändert. Keines der damaligen Daten ist in der heutigen Welt noch anzutreffen, in der OECD-Welt überhaupt nicht, bei den Schwellen- und Transformationsländern nur noch in Resten. Lediglich dort, wo Unterentwicklung und Armut nach wie vor herrschen, haben sich Teile dieser Strukturen, Prozesse und Figuren erhalten, die die Staatenwelt charakterisiert hatten.

Da die OECD-Staaten den Trendsetter des internationalen Systems abgeben, lassen sich an ihrer Entwicklung die Wandlungsprozesse ablesen, die in diesem Raum schon eingetreten und für die gesamte Welt zu erwarten sind.

Die wichtigste Veränderung ist in den sozio-ökonomischen Strukturen innerhalb der Staaten aufgetreten, mit bedeutenden Folgen für den Wandel des Bewußtseins, des Herrschaftssystems und der Internationalen Politik. Um 1830 war Deutschland (Preußen) ein Agrarland gewesen. 1871 arbeiteten noch 50 Prozent aller Beschäftigten in der Landwirtschaft, 1995 sind es nur noch 3,2 Prozent. Das Bruttosozialprodukt pro Kopf betrug 1830 circa 260 Mark, 1995 belief es sich auf rund 45 000 DM. Für diesen Wohlstandsanstieg war insbesondere die Zeit zwischen 1950 und 1973 in Westdeutschland verantwortlich. In diesem «goldenen Zeitalter» sprang die Wachstumsrate des Bruttosozialprodukts pro Kopf in Europa auf 4,9 Prozent. Während des gesamten 19. Jahrhunderts hatte sie unter einem Prozent gelegen.

Mit dem wachsenden Reichtum veränderte sich der Lebenszuschnitt der Menschen gründlich. Sie leben länger und gesünder. Sie sind reicher, arbeiten weniger und bequemer, genießen die Freuden des Lebens. Sie werden doppelt so alt wie ihre Vorfahren um 1871/80. Und: sie sind sehr viel besser ausgebildet. Um 1830 war die einklassige Dorfschule noch immer die Regel gewesen. 1914 besuchten immerhin schon 87,2 Prozent der Deutschen die Volksschule. 1990 waren es nur noch 24,2 Prozent, weil fast 60 Prozent weiterführende Schulen, 16,8 Prozent sogar die Universität besuchten.

Diesem gestiegenen Bildungspotential in der Bevölkerung stehen Informationsmöglichkeiten zu Gebote, die sich nach wie vor beinahe exponentiell vermehren. Kam 1840 noch eine Zeitung auf 23 Einwohner, so lasen um 1992 80 Prozent der Deutschen eine Tageszeitung. Jeder Haushalt in der Bundesrepublik verfügt über mindestens ein Hörfunk- oder Fernsehgerät. Hinzu kam mit der Ausbildung der Informationsgesellschaft die Verbesserung der Kommunikations- und Informationsmöglichkeiten durch das Angebot zusätzlicher Telekommunikationseinrichtungen wie Mobilfunk, Fax und, vor allem, das Internet.

Der auf diese Weise qualitativ gesteigerte Umfang der Bildung, des Wissens und der Information gehört zu den wichtigsten Qualitätsmerkmalen, die die Gesellschaftswelt von der alten Staatenwelt unterscheiden. In ihr hatten nur die politischen Eliten über Informationen und Wissen verfügt. Die breite Masse war politisch ungebildet und, vor allem, uninformiert. Deswegen erschien ihr der Krieg als unabänderliches Politikereignis. Es «gab Krieg», so, wie es eben «Regen gab». Die Bürger der Gesellschaftswelt hingegen wissen, daß Krieg und Konflikt die Folgen von Entscheidungen darstellen, die sich an Interessen orientieren und deswegen auch anders hätten getroffen werden können. Zwar kann das Wissen der Gesellschaftswelt beeinflußt, durch Medien und Regierungen auch manipuliert werden. Dennoch haben die Regierungen nicht mehr das Informations- und Wissensmonopol, sondern in beiden Bereichen nur einen Vorsprung. Er kann durch kritische Medien mehr als ausgeglichen werden.

Diese radikale Veränderung der Sozialstruktur und die Revolutionierung des Bildungs- und Informationssektors haben seit der Mitte des 19. Jahrhunderts denjenigen Vorgang ausgelöst, der die Innenpolitik der Gesellschaftswelt so drastisch von der der Staatenwelt trennt: die Demokratisierung. Die bürgerliche Gesellschaft sah sich in die Lage versetzt, die Unterordnung unter die Herrschaft zu brechen und zu ersetzen durch die Partizipation daran. Für die Gesellschaftswelt ist das demokratische Herrschaftssystem charakteristisch. In welcher Form auch immer, es verankert die Souveränität in der Gesellschaft und organisiert die Teilhabe der Bürger an den Entscheidungsprozessen des Politischen Systems.

Diese demokratische Revolution bildete den «wichtigsten politischen Trend» (Samuel P. Huntington) im ausgehenden 20. Jahrhundert. Er verlief in drei Wellen, von denen die dritte 1974 einsetzte, durch die «sanfte Revolution» im Ostblock maßgeblich beschleunigt wurde und die heutige Weltpolitik bestimmt. Von den 180 Staaten der Welt hatten 1997 bereits 117 ein demokratisches Herrschaftssystem – wenngleich die damit erreichten Grade der Freiheit sehr differenziert zu betrachten sind. In der OECD-Welt hingegen sind sie durchweg groß. Die Umwandlung Westeuropas von dem größten Kriegsherd der Weltgeschichte zur größten Friedenszone ist unmittelbar verbunden mit dem hohen Grad der Demokratisierung des Herrschaftssystems in dieser Region.

Im Prozeß der Demokratisierung drückt sich aus, wie sehr sich die Beziehung zwischen der Gesellschaft und der Herrschaft in einem Staat geändert hat. Die Monarchie des 19. und die sich weiter entfaltende Demokratie des beginnenden 21. Jahrhunderts sind nur noch in ihrem völkerrechtlichen Anspruch identisch, derselbe Staat zu sein. Sonst sind sie nicht mehr miteinander vergleichbar. Die Bundesrepublik Deutschland des Jahres 2002 ist mit dem Wilhelminischen Reich nicht mehr identisch. Es haben sich alle gesellschaftlichen, wirtschaftlichen, politischen Daten grundlegend geändert. Wie immer die Außenpolitik der Bundesrepublik aussieht, sie unterscheidet sich schon deswegen von der Wilhelminischen Monarchie, weil sie nicht von dem Monarchen, nicht einmal von der aristokratisch-militärischen Elite, sondern von den artikulierten Interessen der mitbestimmenden Gesellschaft getragen wird.

Sie sind prinzipiell auf Sicherheit und Frieden gerichtet, weil der Wohlstandsbürger risikoavers ist. Diesen Zusammenhang hatte 1795 schon Immanuel Kant formuliert; er ist von der modernen Politikwissenschaft mit dem Theorem des demokratischen Friedens aufgegriffen, untersucht und vielfach bestätigt worden. Die Außenpolitik der Staaten der Gesellschaftswelt folgt damit einer grundsätzlich anderen Orientierung als die der Regierungen in der (monarchisch-autoritären) Staatenwelt.

Dieser Strukturwandel hat sich *in* den Staaten vollzogen. Die Gesellschaftswelt hat sich in den Staaten formiert und deren Politik qualitativ verändert. Davon wurden alle politischen Prozesse betroffen, auch die der Außenpolitik. Die Gesellschaft hat nicht nur ihre Mitbestimmung an den Entscheidungen des Politischen Systems durchgesetzt, sie hat sich auch aus dessen Kontrolle emanzipiert. Gesellschaftliche Akteure treten seitdem gleichberechtigt mit denen der Politischen Systeme im internationalen System auf. Das gilt nicht nur für die rund 40000 Transnationalen Korporationen, deren 250000 Tochtergesellschaften die Weltwirtschaft dominieren. Es gilt auch für die Nicht-Regierungsorganisationen, deren Zahl weit über 25000 hinausgewachsen ist. Sie haben das Verbot von Anti-Personen-Minen durchgesetzt, ebenso die Errichtung des Internationalen Strafgerichtshofs in Den Haag.

Mit dieser Entwicklung hat sich das 1648 errichtete System der europäischen Nationalstaaten weiter abgeschwächt. Zwar sind die Politischen Systeme nach wie vor die wichtigsten Akteure im internationalen System, aber nicht mehr die einzigen, und auch nicht immer die stärksten. Zu den unerfreulichen Erscheinungen dieser Entwicklung zählen diejenigen gesellschaftlichen Akteure, die die Umwelt beschädigen, sich organisierter Kriminalität hingeben, oder aber mit terroristischen Gewalthandlungen in der Internationalen Politik auftreten.

Unterlaufen die gesellschaftlichen Akteure den innenpolitischen Kontrollanspruch der Politischen Systeme, so konkurrieren sie mit ihnen um das Außenpolitik-Monopol. Sie nutzen die den Souveränitätsanspruch der Politischen Systeme überwölbende Interdependenz aus. Weil sie sowohl im Innern der Staaten, wie in deren internationalem Kontext agieren, schränken sie die Herrschafts- und Machtansprüche der Regierungen erheblich ein.

Damit unterscheiden sich auch die Prozesse der Internationalen Politik in der Gesellschaftswelt substantiell von denen, die die Staatenwelt gekennzeichnet hatten.

Aber auch die Figur des internationalen Systems hat sich geändert, und zwar auf doppelte Weise. Hatte sie sich während des Ost-West-Konflikts erstmals real globalisiert, weil der Konflikt zwischen Liberalismus und Kommunismus in der Tat die Welt zusammengeklammert hatte, und haben die sogenannten Prozesse der Globalisierung die Weltpolitik weiter vernetzt, so haben davon nicht die vereinheitlichenden, sondern die differenzierenden Prozesse profitiert. Die während des Kalten Krieges herrschende Globalisierung der Weltpolitik hat einer Regionalisierung Platz gemacht, deren richtige Ordnung die große Herausforderung der Gegenwart darstellt. Entstanden ist nicht die «Eine Welt», sondern ein Gemenge vereinheitlichender und distanzierender Prozesse. So, wie sich im Prozeß der Europäischen Einigung zentralisierende mit lokalisierenden Tendenzen verbinden, sind in der Gesellschaftswelt vornehmlich regionalisierende Prozesse anzutreffen, in die sich globalisierende Abläufe einmischen. Beide lassen sich noch nicht unter die Obhut eines Paradigmas bringen.

Was unter der «Globalisierung» im einzelnen verstanden wird, ist ebenso komplex wie strittig.[2] Unbestritten sind im Zentrum des Globalisierungsprozesses anzufinden die Ausbreitung des liberal-kapitalistischen Wirtschaftssystems auf immer größere Teile der Welt und das weltweite Auftreten gesellschaftlicher Akteure im internationalen System.

Vorangetrieben wird der Prozeß der Globalisierung längst auch von gesellschaftlichen Akteuren, deren Organisationsgrad geringer ausgeprägt ist. Sie sind verbunden durch gemeinsame Interessen und gemeinsame Ziele, über die sie sich mit Hilfe des Internets verständigen. Zusammen mit den Online-Diensten ergänzt das Internet das weltweite Angebot der global operierenden Medien mit Nachrichten einzelner Gruppen und Gruppierungen, die sich völlig unkontrolliert und unreguliert in der ganzen Welt zusammenfinden. Der Austausch von Informationen und Kommunikationen ist bekanntlich neben dem von Menschen, Gütern und Dienstleistungen ein essentieller Bestandteil der Gesellschaftsbildung. Wenn wir auch noch sehr weit von der Entstehung einer Weltgesellschaft entfernt sind,[3] so ist der Trend dorthin auf dem Sektor von Information und Kommunikation deutlich erkennbar.

Jenseits der Staatenwelt, innerhalb der sich die Internationale Politik bisher abzuspielen pflegte, entsteht eine Welt, deren Interaktionen von gesellschaftlichen Akteuren geprägt und bestimmt werden. Sie setzt ihre Regeln selbst, so wie die «Internet-Corporation for Assigned Names and Numbers» (ICANN) den Eintritt und den Zugang in das Internet regelt und jede weitergehende, etwa noch staatliche Regelung ablehnt. Die Gesellschaftswelt erschafft sich auf diese Weise ihre eigene Öffentlichkeit.

Sie beeinträchtigt damit ein weiteres wichtiges Machtattribut der Staaten, nämlich ihre Definitionsmacht. Innenpolitisch war sie ihnen schon lange durch die «vierte Gewalt», die der Medien in der Demokratie, genommen worden. Diese Kompetenzeinbuße globalisiert sich, stärkt weltweit die Fähigkeit gesellschaftlicher Akteure, Konfliktlagen selbst zu definieren und über die richtigen Strategien zu entscheiden.

Im Prozeß der Globalisierung haben sich die beiden Charakteristika der Gesellschaftswelt, der Machtgewinn der Gesellschaften gegenüber ihren Regierungen und die Emanzipierung gesellschaftlicher Akteure aus der Verhaltenskontrolle des Staates, auch als Eigenschaften des internationalen Systems etabliert. Gesellschaftliche Einflüsse und Anforderungen bestimmen nicht nur die Außenpolitik der Staaten mit; sie werden im internationalen System von gesellschaftlichen Akteuren eigenständig artikuliert und in autonome Handlungen übersetzt, die sich, wie der Terrorismus zeigt, sogar des Mittels quasi-militärischer Gewalt bedienen. Der 11. September 2001 beschreibt als grausames Menetekel, zu welchen Exzessen infolge der Globalisierung der Anspruch auf Mitbestimmung gesellschaftlicher Akteure anwachsen kann.

Ist die Globalisierung ein Produkt der Gesellschaftswelt, so dient sie ihr gleichzeitig als Katalysator. In der Ausweitung über die ganze Welt beschleunigen sich die Prozesse der Einwirkung gesellschaftlicher Akteure auf die Weltpolitik und intensivieren sich zugleich. Globalisierung ist also nicht eine neue Herausforderung, der sich die Staatenwelt stellen muß, sondern ein von gesellschaftlichen Akteuren vorangetriebener Prozeß, der die Staatenwelt transformiert und den Umbruch beschleunigt.

Samuel P. Huntingtons Buch über den Kampf der Kulturen entwickelt ein richtiges Gespür für diese Veränderungen, interpretiert sie nur nicht richtig.[4] Kulturelle Differenzen sind, wie Harald Müller zutreffend kritisiert,[5] niemals originäre, sondern immer nur sekundäre Konfliktursachen gewesen. Sie sind meist im Verein mit ethnischen Differenzen aufgetreten und in der Regel von politischen Führern für ihre Zwecke instrumentalisiert worden. Aber natürlich muß man in einer Welt, in der Gesellschaften und gesellschaftliche Akteure eine ungleich größere Rolle spielen als je zuvor, der Dimension der Kultur mehr Aufmerksamkeit zuwenden, als das in der herkömmlichen Geopolitik der Fall gewesen ist.

2. Wohlstand

In der Staatenwelt war der Sachbereich der Sicherheit der wichtigste gewesen. Ständig galt es, Angriffe von außen abzuwehren oder abzuschrecken; ständig waren Expansionsmöglichkeiten wahrzunehmen, weil nur durch sie die Macht des Staates gesteigert werden konnte. Dieser Primat der Außen- und Sicherheitspolitik garantierte darüber hinaus den ständigen Vorrang der Exekutive und der politischen Elite, die in der Gesellschaft lediglich das Objekt ihrer Herrschaft sahen.

Diese Verteilung änderte sich in der zweiten Hälfte des 20. Jahrhunderts. Die Folgen waren nach dem Ende des Ost-West-Konflikts deutlich zu erkennen. Das gesellschaftliche Interesse an der Vermehrung des wirtschaftlichen Wohlstands drängte nach vorn; es konnte unter den veränderten technologisch-ökonomischen Bedingungen ohne territoriale Expansion bedient werden. Der zwischenstaatliche Krieg verlor an Bedeutung. Nur der Zugang zu den Bodenschätzen und ihr Besitz sowie divergierende Territorialansprüche (Israel, Kaschmir) riefen noch Gewalt ab. Das gesellschaftliche Interesse an der Steigerung des wirtschaftlichen Wohlstands ließ sich durch innovative Produkte und den Handel befrieden.

Damit wurde der Sachbereich der wirtschaftlichen Wohlfahrt zum wichtigsten der Politik überhaupt. In der amerikanischen Gesellschaft, beispielsweise, rangierte die Außen- und Sicherheitspolitik nicht unter ihren ersten sieben politischen Anforderungen. Die größte Aufmerksamkeit zog vielmehr die Sozialpolitik auf sich.[6]

Die USA sind repräsentativ für die anderen Industriestaaten des OECD-Raumes. Aber auch außerhalb, unter den Nicht-Industriestaaten, den Transformations- und Entwicklungsländern verschiedener Grade, kam der Sachbereich der wirtschaftlichen Wohlfahrt auf der politischen Agenda ganz oben zu stehen. Auf diese geradezu globale Nachfrage reagierten die vielen Weltkonferenzen, die vor allem in der ersten Hälfte der neunziger Jahre abgehalten worden sind. Sie antworteten auf die weltweite Anforderung der Gesellschaften nach Besserung ihrer Entfaltungschancen; in dieser Rezeption spiegelt sich die Universalisierung der Nachfrage. Wie immer die Einzelthemen dieser Weltkonferenzen lauteten, ihr Tenor galt der Verbesserung der wirtschaftlichen, sozialen und politischen Entfaltungschancen der Menschen. Sie thematisierten die Einsicht, daß wirtschaftliche Ungleichheit, Armut, die Verletzung von Menschenrechten in der Gesellschaftswelt nicht mehr hingenommen werden würden und deswegen erhebliche Konfliktpotentiale darstellten. Darauf richteten sich die Globale Strukturpolitik[7] und das Konzept der nachhaltigen Entwicklung. Mit dieser Ausrichtung begründeten die Weltkonferenzen in gewisser Weise «eine neue Weltordnung».[8]

Diese Konferenzen hatten sehr wohl auch praktische Folgen. Die Weltbank erinnerte sich an die Notwendigkeit, die Armut zu reduzieren; ihre Halbierung bis 2015 wurde von den Industriestaaten beschlossen. Das reale Bruttoinlandsprodukt aller Nicht-Industriestaaten stieg in der letzten Dekade des 20. Jahrhunderts im Vergleich zu den achtziger Jahren merklich an.[9] Natürlich gab es zwischen den Entwicklungsländern erhebliche Unterschiede, besonders Afrika südlich der Sahara blieb weit hinter dem Durchschnitt zurück. Er wurde, andererseits, von den asiatischen Ländern, besonders den Schwellenländern, erheblich überschritten. Allerdings blieb, gerade auch in den Industriestaaten, die erhoffte Friedensdividende weitgehend aus. Aber die Prioritätenänderung zwischen dem Sachbereich der Sicherheit, der in den Hintergrund, und dem der wirtschaftlichen Wohlfahrt, der in den Vordergrund trat, war unverkennbar. Die 1990 in Erscheinung getretene Gesellschaftswelt hatte ihre eigene Agenda etabliert.

Die dazugehörige Ordnung brauchte nur noch verbessert zu werden. Schon nach dem Ende des Zweiten Weltkriegs, als sich ein ähnlicher Prioritätenwandel von der Sicherheit zur wirtschaftlichen Wohlfahrt hin eingestellt hatte, war der Sachbereich der wirtschaftlichen Wohlfahrt sehr erfolgreich geordnet worden. Zusammen mit den Vereinten Nationen, 1945, waren der Internationale Währungsfonds und die Internationale Bank für wirtschaftliche Entwicklung und Wiederaufbau gegründet worden, die Hauptträger der später so genannten Weltbank. 1947 folgte das allgemeine Handelsabkommen GATT. In Europa setzten die Vereinigten Staaten die Bildung der Organisation für wirtschaftliche Entwicklung (OEEC) (als Vorbedingung für den Empfang der Marshall-Hilfe) durch.

Ihr Regulierungswerk kam vor allem und sehr einseitig den entwickelten Industriestaaten des Westens zugute, was sich besonders in den Zollsenkungsrunden ausdrückte. Deswegen setzten ihr 1964 die Entwicklungsländer die Handels- und Entwicklungskonferenz der Vereinten Nationen (UNCTAD) entgegen. Sie hat ihre Ziele letztlich nicht erreicht, wohl aber den Nord-Süd-Dialog wenigstens institutionalisiert. Den gesteigerten Mitspracheanspruch der außereuropäischen Welt signalisierten die Gründung der Organisation erdölexportierender Staaten (OPEC) 1960, der Verbund südostasiatischer Staaten (ASEAN) 1967, der in anderen Erdteilen vielfach nachgeahmt wurde, und die gemischten Organisationen, in denen Industrie- und Entwicklungsländer zusammenarbeiten, wie z.B. die 1989 ins Leben gerufene Asiatisch-Pazifische Wirtschafts-Zusammenarbeit (APEC). Die Nordamerikanische Freihandelszone (NAFTA) soll sich bis Ende 2005 als Amerikanische Freihandelszone (FTAA) auf beide Amerikas erstrecken.

Auf der Seite der Industriestaaten führte der zunehmende Regulierungsbedarf 1975 zur Bildung der informellen Gruppe der G-7, die sich inzwischen auf die G-8 und bei Bedarf auf die G-20 erweitert hat.[10] «Dieses westlich-liberale Governance-System der Weltwirtschaft ist ... weit besser als sein Ruf. ... Es ist ein Prozeß der pragmatischen Weiterentwicklung in einem locker geknüpften Netz, das liberale Werte und Verfahren wahrt und weiterverbreitet, indem es Staaten, Gesellschaften und Märkte leistungsfähig verknüpft. Dieses Netzwerk ist krisenanfällig, aber stabilisierungs- und entwicklungsfähig».[11]

Nicht zufällig ist eine multilaterale partizipatorische Weltordnung zuerst im Sachbereich der wirtschaftlichen Wohlfahrt entstanden. Wohlstandssteigerung kann in einer interdependenten Welt nur kooperativ erzielt werden, wenngleich diese Zusammenarbeit unterschiedliche Stärkegrade von Führung sehr wohl zuläßt. Die Vereinigten Staaten hatten diesen Zusammenhang schon 1943 richtig erkannt und ihren Führungsanspruch in die multilateralen Organisationen der UN-Familie eingebracht. Führung erfordert die «Selbstbändigung der Macht».[12] Sie beruht auf dem Konsens der Geführten, tauscht Folgeleistung gegen Gewinnbeteiligung.

Dieses Konzept ist nicht auf den Sachbereich der wirtschaftlichen Wohlfahrt begrenzt, bietet sich in dem der Herrschaft wie in dem der Sicherheit ebenso an. Dieser in den USA in den vierziger Jahren tief verankerten Einsicht verdankt die Organisation der Vereinten Nationen ihre Entstehung. Führung der Welt durch Führung einer internationalen Organisation war der erste Entwurf der amerikanischen Weltpolitik gewesen. Sein Kosten-Nutzen-Verhältnis war optimal. Während dieser Entwurf gleich mit dem Beginn des Ost-West-Konflikts im Sachbereich der Sicherheit wieder verlassen wurde, blieb er in dem der wirtschaftlichen Wohlfahrt erhalten. Die aus dem GATT hervorgegangene Welthandelsorganisation (WTO) stellt in der Tat eine «locker vernetzte Welthandelsregierung» dar.[13] Daß sie anpassungsfähig ist, hat sie nicht nur in den sich mehrenden Wirtschaftskonflikten zwischen der Europäischen Union und den Vereinigten Staaten, sondern auch dadurch bewiesen, daß sie in der im November 2001 in Qatar beschlossenen dreijährigen Handelsrunde mehr Rücksicht auf die Entwicklung der armen Länder und vor allem auf die verbesserten Marktzugänge für alle Entwicklungsländer genommen hat.

3. Selbst- und Mitbestimmung

Steigt der Wohlstand, verbessert sich die Bildung, vermehrt sich die Information, entsteht unweigerlich der Wunsch nach Teilhabe an der Herrschaft. Was für Europa oben kurz geschildert worden ist, läßt sich in der ganzen Welt nachweisen: der Trend zur Demokratisierung. Zwar ist die Partizipation nicht unbedingt an absoluten Wohlstand gebunden. Es hat in den Stammesgesellschaften Afrikas der frühen Neuzeit hohe Grade der Teilnahme aller an der politischen Entscheidung gegeben; diese politische Kultur ist in der Tradition Afrikas noch immer nachzuweisen. Die europäischen Stadtstaaten des Mittelalters hatten, ebenso wie die der Antike, auf sehr niedrigem Wohlstandsniveau bedeutende Formen der Mitbeteiligung entwickelt, haben sie allerdings auf die relativ begüterte Oberschicht begrenzt.

War also zu erwarten, daß mit steigendem Wohlstand die Anforderung nach demokratischer Partizipation an den herrschaftlichen Entscheidungsprozessen steigen würde, so ist diese Tendenz in der Welt des 21. Jahrhunderts eindeutig nachweisbar. Von 1980 bis 2001 stieg der Anteil der Menschen, die in voll oder wenigstens halbwegs ausgebildeten demokratischen Herrschaftssystemen lebten, von 57,5 auf 64,4 Prozent. Die Prozesse der Globalisierung haben die der Demokratisierung nicht behindert, sondern eher angeschoben.[14]

Dieser Fortschritt zu bürgerlichen Institutionen, einer freien Presse und einer Stärkung des Rechtsstaates ist einhergegangen mit dem Wachstum von Demokratien.[15] Auch wenn man berücksichtigt, daß es keine einheitliche Definition der Demokratie und keine verbindlichen Bewertungskriterien dafür gibt, ist der Anstieg der Zahl partizipatorischer Systeme bedeutend. Im Jahr 1900 hatte es kein einziges auf der Welt gegeben; hundert Jahre später sind die Nicht-Demokratien schon als Ausnahme anzusehen. Das die Gesellschaftswelt kennzeichnende Interesse an Selbst- und Mitbestimmung ist zum globalen Kennzeichen geworden. Der Trend zur Demokratisierung begleitet den zur Wohlstandssteigerung. Sie ist auf den innovationsfähigen, selbständig arbeitenden Bürger angewiesen, dem die herrschende Elite einen entsprechend großen Bewegungsspielraum geben muß. Er schließt auch die Partizipation an der Herrschaft mit ein. Die wirtschaftliche Entwicklung und demokratische Teilhabe bilden daher komplementäre Trends, deren Verhältnis zueinander ganz unterschiedlich ausfallen kann.

Wie sich der Trend zur Demokratisierung weiterentwickeln wird, hängt vor allem von den bevölkerungsreichen Staaten der Welt ab, also von China, Indien und Rußland. Außer Frage aber steht, daß auch bei ihnen der Trend zur Demokratisierung eingesetzt hat und kaum mehr reversibel sein dürfte.[16]

Die einzige Region der Welt, in der dieser Trend nur in einem Staat, nämlich Israel, und sonst so gut wie überhaupt nicht anzutreffen ist, ist der Mittlere Osten. Unter den arabischen Nicht-Demokratien ragt Saudi-Arabien hervor, gefolgt von Libyen und Syrien.[17] Die ölreichen Staaten des Mittleren Ostens bilden auch die Ausnahme von der Regel, daß ein hohes Bruttosozialprodukt pro Kopf mit hohen Graden der Demokratisierung einhergeht. In allen anderen Staaten der Welt hat sich das demokratische Herrschaftssystem in einer bisher unbekannten Intensität und Schnelligkeit ausgeweitet, jedenfalls als Trend. Ob und wie er sich fortsetzt, bleibt abzuwarten.[18]

Diesem Prozeß der Demokratisierung ist zuzuschreiben, daß sich die Struktur des internationalen Systems gewandelt hat. Bekanntlich war der Krieg das Charakteristikum der Staatengesellschaft, die das Recht zum Waffengang als inhärenten Bestandteil der Souveränität immer akzeptiert und letztlich erst in der Charta der Vereinten Nationen 1945 völkerrechtlich verbindlich abgeschafft hatte.

Politisch erledigt aber wurde der internationale Krieg im Aufstieg der Gesellschaftswelt.[19] Er wanderte in die Gesell-

schaften ein, schlug um in den Bürgerkrieg. Die gewaltaus-
lösenden Kontroversen fanden nicht mehr im Bereich zwischenstaatlicher Macht, sondern in dem der innerstaatlichen
Herrschaft statt, drehten sich nicht um territoriale Expansion,
sondern um die Beseitigung innerstaatlicher Domination. Von
den 38 bewaffnet ausgetragenen Konflikten des Jahres 2001
war nur einer als zwischenstaatlicher Krieg zu werten, nämlich ausgerechnet der der USA im Zeichen des Terrorismus
gegen Afghanistan.[20] Hätten die USA diesen Krieg vermieden,
in anderer Form auf die Herausforderung durch den internationalen Terrorismus reagiert, hätte es 2001 überhaupt keinen
zwischenstaatlichen Konflikt mehr gegeben. Im Jahr davor,
2000, gab es zwar auch einen, den zwischen Äthiopien und
Eritrea; er konnte indes im Jahr 2000 beigelegt werden.

Die 155 Konflikte, die im Jahre 2001 in der Welt notiert
wurden, waren samt und sonders innerstaatliche Konflikte.
90 Prozent von ihnen, die größte Zahl also, wurden überwie-
gend gewaltfrei ausgetragen. Eine Ausnahme bildet der um
Kaschmir, insofern sich zwischenstaatliche und innerstaatliche
Konfliktursachen hier mischen.

Hauptgegenstand der Konflikte bildeten die Beteiligungs-
ansprüche gesellschaftlicher Gruppen an der Herrschaft. Sie
umfaßten die Reklamation bestimmter Rechte, die Forderung
nach Autonomie oder sogar nach Sezession.[21] In besonderem
Maß betroffen von divergierenden, nicht integrationsfähigen
Anforderungen gesellschaftlicher Gruppen in den einzelnen
Staaten war Afrika südlich der Sahara. Den rivalisierenden
Mitbestimmungsansprüchen der unterschiedlichen Ethnien
korrespondierte eine Erosion der vom Kolonialismus hinter-
lassenen Staatsapparate. Sie konnten sich nur in ganz wenigen
Fällen auf die Zustimmung der im jeweiligen Staat zusammengefaßten Ethnien berufen. In den meisten Fällen fehlte
der Konsens, wurde der Dissens von den ehemaligen Kolo-
nialherren zugunsten ihrer Zwecke zusätzlich instrumentalisiert.[22] Viele Ursachen wirkten zusammen, um die politische

Katastrophe im Gebiet der Großen Seen hervorzurufen; die wichtigste und am meisten verbreitete lag darin, daß es nicht gelang, die Zustimmung der in den Staaten zusammengefaßten Stämme und Ethnien zur Bildung einer Staatsgesellschaft zu erlangen.

Anders verursacht, aber mit gleicher Wirkung präsentiert sich der fehlende Konsens der Gesellschaften zu ihrer jeweiligen Herrschaft in den arabischen Ländern des Nahen und Mittleren Ostens. Der ursprünglich bei der Gewährung der Unabhängigkeit vorhandene Konsens schwächte sich spätestens seit dem Zweiten Golfkrieg so weit ab, daß Saudi-Arabien und die Golfstaaten schon als weitgehend destabilisiert zu gelten haben. (Vom Sonderfall Israel mit den besetzten Gebieten Palästinas wird hier abgesehen.) Die völlige Versagung jeder Mitbestimmung durch die feudale Aristokratie hat zur Radikalisierung der Gesellschaften ebenso beigetragen wie die tatenlose Hinnahme der Beschädigung arabischer Völker in Israel und im Irak. Die innerarabische Kritik an den Regierungen der Golfstaaten steigerte sich seit 1996 zunehmend zu einer Reihe von Attentaten und Anschlägen. Hinzu trat der Gegensatz zwischen Schiiten und Sunniten. Nur Bahrein und in gewisser Weise Qatar gaben dem gesellschaftlichen Druck auf Mitsprache langsam nach; für das Jahr 2004 sind Parlamentswahlen in Bahrein angesagt. In den anderen Golfstaaten, vor allem in Saudi-Arabien, steigt der Druck, weil er durch keine Konzession der Regierung gemindert wird.

Im islamischen Fundamentalismus findet die Kritik am Westen, an der Politik der Regierungen der arabischen Ölstaaten und ihrer zunehmenden Säkularisierung seinen besonders prägnanten gesellschaftlichen Ausdruck. Der Fundamentalismus ist eine politische Ideologie, eine auf religiöse Überzeugungen gestützte, aber letztlich politisch orientierte Einstellung, die es zu allen Zeiten und in allen Religionen gibt und gegeben hat.[23] Als gesellschaftliche Erscheinung findet dieser Fundamentalismus in einer Welt, in der die Gesellschaften immer mehr Mitsprache für sich einfordern, eine zunehmend größere Bedeutung. Er ist an keine Grenzen gebunden, kennt keine Distanzen und kann sich im Zuge der Globalisierung ausbreiten.

Der Fundamentalismus internationalisiert eine gesellschaftliche Anforderung. Darin ist er einzigartig. Während sich gesellschaftliche Forderungen in der Regel in einem Staat formieren und sich an dessen Regierung adressieren, notfalls sogar versuchen, sich mit Gewalt von ihr zu distanzieren, ist der religiöse Fundamentalismus in seiner Wirkungsweise eher einem Transnationalen Konzern vergleichbar. Er tritt in jedem Land als genuin nationales Element auf, ist aber durch eine unsichtbare Verbindung mit seinen Religionsgemeinschaften in anderen Ländern verknüpft. Nur in sehr abgeschwächter Form kommen ethnische Identifikationen dem Fundamentalismus gleich. Sind Ethnien durch staatliche Grenzen getrennt worden, kann sich der gesellschaftliche Druck auf die Wiedervereinigung richten, muß es aber nicht. In jedem Fall entsteht nur ein regionales, wenn nicht sogar teilregionales, wenige Staaten betreffendes Phänomen. In der Regel sind die auf die Demokratisierung gerichteten und mit ihrem Prozeß einhergehenden gesellschaftlichen Anforderungen staatlich gebunden und an die jeweilige Regierung adressiert. Die Partizipation wird innerstaatlich eingefordert.

Freilich hat schon dieser Vorgang eine Außenwirkung. Je stärker die gesellschaftlichen Anforderungen artikuliert werden, desto mehr muß die Regierung in ihrer Außenpolitik darauf Rücksicht nehmen. Wenn im Frühjahr 2001 alle arabischen Regierungen im Nahen und Mittleren Osten den amerikanischen Vizepräsidenten Cheney davor warnten, den Irak anzugreifen, dann mag das nicht immer ihrer Meinung, gewiß aber der Rücksicht auf ihre jeweilige Gesellschaft entsprochen haben. Auf diese Weise wandern gesellschaftliche Anforderungen in die Außenpolitik der Regierungen (auch der in Nicht-Demokratien) ein und verstärken sie.

Ist ihre Wirkung auf die politischen Prozesse ambivalent, so fördern sie die Tendenzen zum Multilateralismus und zum Regionalismus. Multilaterale Verfahren werden am stärksten in der Atlantischen Gemeinschaft angefordert, von den europäischen Alliierten gegenüber der amerikanischen Hegemonialmacht. Das war schon während des Kalten Krieges der Fall gewesen, hat aber nach 1990 an Intensität zugelegt. Während die Europäische Union im Sachbereich der wirtschaftlichen Wohlfahrt in der Handels-, Zoll- und Währungspolitik die Parität zu den USA erreicht und damit den Multilateralismus als Verfahren dauerhaft durchgesetzt hat, muß sie ihn im Sachbereich der Sicherheit, wegen der Asymmetrie, immer erst einfordern. Da er ausbleibt, wächst die Kritik am amerikanischen «Unilateralismus».

In der richtigen Antizipation einer solchen Nachfrage hatten die Vereinigten Staaten 1945 den Multilateralismus in den Vereinten Nationen institutionalisiert, ihre Weltführung der Konsensbildung in einer internationalen Organisation anvertraut. Je mehr sich ihre Machtposition während des Kalten Krieges verstärkte und nach dessen Ende zum Machtmonopol auswuchs, desto mehr haben die USA die Konsultation und den Multilateralismus vernachlässigt. Hatte Präsident Bill Clinton seine Amtszeit mit dem Versprechen eines «assertive multilateralism» begonnen, kehrte er alsbald zur hegemonialen Orientierung zurück: «together where we can, on our own where we must».[24] Sein Nachfolger George W. Bush hat unter dem traumatischen Eindruck des Attentats vom 11. September 2001 den Alleingang zur Regel erhoben, verbrämt lediglich durch eine unverbindliche «Coalition of the Willing».

Aber die politischen Eliten sind damit nicht einverstanden. Sie führen die zunehmende Ablehnung der USA in der Welt vornehmlich auf die Ausnutzung ihrer überragenden Machtposition zurück. In Westeuropa waren 90 Prozent der Eliten dieser Meinung, weiter östlich 93 Prozent, in Lateinamerika 60 Prozent, in Asien 74 Prozent und im Nahen Osten knapp

90 Prozent.[25] Diese politische Kritik war schon vor dem 11. September 2001 ein globales Phänomen.[26] Nicht nur Rußland und China, auch die Europäische Union und darin vor allem Frankreich drängten darauf, den europäischen Einfluß einzusetzen, um eine «multipolare Welt wiederherzustellen».[27] So schien auch der russische Präsident Putin Rußlands Rolle zu verstehen – zwar mit den Vereinigten Staaten zu kooperieren, aber gleichzeitig genügend Gegengewichte zu schaffen, um die amerikanischen Tendenzen zum Alleingang ausbalancieren zu können.[28]

Zwei Drittel der Weltbevölkerung sahen 1997 die USA als größte auswärtige Bedrohung an, nicht im militärischen, aber im politischen Sinn. Die Reihe der Vorwürfe reichte vom Interventionismus bis zur Ausbeutung. Das Selbstbild der Vereinigten Staaten als der «wohlwollende Hegemon», dessen Führung von aller Welt nachgefragt wird, galt lediglich in den Vereinigten Staaten, ihr Vertretungsanspruch bestenfalls für die englisch sprechende Welt, für «Deutschland und einige kleinere europäische Demokratien», Israel und Japan.[29]

Nirgendwo kontrastiert das amerikanische Selbstbild so drastisch mit der nachweisbaren Wirklichkeit wie bei den arabischen Staaten des Nahen und Mittleren Ostens. Hatten die USA 1990 dort noch als Freund der arabischen Gesellschaften und Vorbild ihrer Modernisierung gegolten, so war zu Beginn des 21. Jahrhunderts von dieser Akzeptanz nichts mehr zu spüren. Selbst das saudische Königshaus, einer der ältesten und solidesten Verbündeten der USA, ließ sie nunmehr wissen, daß ihre militärische Präsenz im Land unerwünscht geworden sei.

Dieser Politikwechsel ist gewiß auch eine Folge der höchst ungleichen Machtverteilung zwischen der Supermacht USA und den anderen Staaten, auch den Großmächten. Ein derartiges Ungleichgewicht ruft automatisch balancierende Gegenkräfte auf den Plan. Aber seit der Mitte der neunziger Jahre haben die USA geglaubt, dieses ihnen geläufige Phänomen vernachlässigen zu können. Die einseitige Führung des Luftkriegs gegen Serbien, durch die sich die europäischen Alliierten lediglich als Hilfskräfte behandelt sahen, führte zu dem Beschluß der Europäischen Union vom Juli 1999, eine eigene Krisenreaktionsstreitmacht aufzubauen. Indien fühlte sich vor den Kopf gestoßen durch die unerwartete Wende der amerikanischen Pakistan-Politik nach dem 11.9.2001. China fand sich, nachdem kurz zuvor Präsident Bush bei seinem Besuch dort die Partnerschaft mit der Volksrepublik gefeiert hatte, auf der nuklearen Zielliste des Pentagon wieder.

Diese regionalen Vormächte zu vernachlässigen und unnötig zu verprellen, stärkt notwendigerweise das anti-amerikanische Ressentiment. Beides verkennt auch, daß die Welt trotz der Globalisierung nicht schon diejenige Einheit bildet, die sich imperial von einem Staat aus leiten läßt. Vielmehr sind es die Regionen, in denen sich vertiefte Formen der Kooperation und vertiefte Grade des Konsenses herausbilden, die wahr- und ernstgenommen werden wollen. Hatten sie sich sehr früh und zuerst im Sachbereich der wirtschaftlichen Wohlfahrt ausgebildet – von der Europäischen Wirtschaftsgemeinschaft über die Nordamerikanische Freihandelszone bis hin zu ASEAN (um nur einige Beispiele zu erwähnen) –, so hat die praktizierte wirtschaftliche Interdependenz auch die politische Kooperation intensiviert. Aus der EWG ist die Europäische Union mit ihrer Gemeinsamen Außen- und Sicherheitspolitik geworden, ASEAN hat das Asian Regional Forum (ARF) ausgebildet, Indien seinen Führungsanspruch in die South Asian Association for Regional Cooperation (SAARC) eingebettet. Hinzu kommen in Asien wie in Ozeanien und Lateinamerika mehrere atomwaffenfreie Zonen als Ausdruck rüstungskontrollpolitischer Interessenidentität.

Nach dem Vorbild der Europäischen Wirtschaftsgemeinschaft entstanden vor allem in Lateinamerika und in Afrika zahlreiche Wirtschaftsgemeinschaften oder Gemeinsame Märkte wie MERCOSUR oder ECOWAS. Diesen Wirtschaftsgemeinschaften wohnt auch ein Aspekt politischer Kooperation inne. Der amerikanische Präsident Clinton hat ihn hervorgehoben, als er 1993 die Staaten der asien-pazifischen Wirtschaftskooperation (APEC) zu einer Gipfelkonferenz nach Seattle einberief und ihr die Perspektive einer «asiatisch-pazifischen Wirtschaftsgemeinschaft» vor Augen führte. Sie zerfiel, weil das Schwergewicht USA die pazifischen Teilnehmer überforderte und von der amerikanischen Politiktradition im Pazifik, die stets den Bilateralismus vor dem Multilateralismus bevorzugt hatte, zu stark abwich.

Insgesamt gibt es sechzehn größere ökonomische Regionalorganisationen (siehe Tabelle auf Seite 36).[30]

Ist der Regionalismus in erster Linie ein Ausdruck regional ausgeprägter Interdependenz, so spiegelt er zunehmend das Interesse wider, innerhalb der regionalen Zusammenarbeit und mit ihrer Hilfe den Machtanspruch der Groß- und Supermächte einzudämmen. Diese Tendenz hatte sich schon bei der Gründung der Vereinten Nationen bemerkbar gemacht, war durch die Polarisierung des Kalten Krieges zurückgedrängt worden, trat aber nach dessen Ende gekräftigt zutage. Der Wunsch nach Mitbestimmung kennzeichnet die Politik der Regionalstaaten und dringt tief in sie hinein. Substaatliche Regionen und Kommunen drängen, wie die Weltbank 1999 anerkannt hat, auf größere Selbstbestimmung, auf Abwehr der Einwirkung globaler Institutionen und globaler Mächte. «Lokalisierung» kennzeichnet den Trend.[31]

Die Tendenz zum Regionalismus ist also nicht an die Gründung einer Organisation gebunden. Sie kennzeichnet eine Orientierung der Regionalstaaten gegenüber regionfremden Staaten, vor allem den Großmächten. Deswegen hat es Indien innerhalb der SAARC schwer, trifft Peking trotz vorsichtiger Zurückhaltung in Südostasien auf Skepsis und Vorsicht. Die Europäische Gemeinschaft wird in Afrika, mit dem sie seit der Gründung des Gemeinsamen Marktes eng verbunden ist, mehr und mehr daran gemessen, daß dreißig afrikanische Staa-

Regionale Integration von Industrie-, Schwellen- und Entwicklungsländern			
	Industrie-länder	Schwellen-länder	Entwicklungs-länder
Industrie-länder	EU, EFTA, FTAA, NAFTA, TAFTA	APEC, ASEM	FTAA, Lomé (EU-AKP)
Schwellen-länder	FTAA, NAFTA, Freihandels-abkommen EU-Südafrika, EU-Mercosur, EU-CEFTA	AFTA	Mercosur
Entwicklungs-länder	APEC, ASEM, FTAA	SADC, SACU	ECOWAS, LAIA, Caricom, PTA

AFTA	ASEAN Free Trade Area
APEC	Asia-Pacific Economic Cooperation
ASEM	Asia-Europe Meeting
CARICOM	Caribbean Community and Common Market
CEFTA	Central European Free Trade Agreement
ECOWAS	Economic Community of West African States
EFTA	European Free Trade Association
EU	Europäische Union
FTAA	Free Trade Area of the Americas
LAIA	Latin American Integration Association
Lomé	Abkommen zwischen der EU und assoziierten Ent-wicklungsländern
MERCOSUR	Mercado Común del Cono Sur
NAFTA	North American Free Trade Agreement
PTA	Preferential Trade Area of Eastern and Southern African
SADC	Southern African Development Community
SACU	Southern African Customs Union

Quelle: Stiftung Entwicklung und Frieden (Hg.): Globale Trends 2000. Fakten, Analysen, Prognosen, Frankfurt 1999, S. 179.

ten sich noch immer in der untersten Entwicklungskategorie befinden. Die 33 Staaten der Westlichen Hemisphäre, die am 22. April 2001 die Errichtung einer Gesamtamerikanischen Freihandelszone beschlossen, wurden den Verdacht nicht los, daß der Freihandel den USA mehr nützen würde, als ihnen und der Armut ihrer Bevölkerungen. Der Zusammenbruch der argentinischen Wirtschaft 2001 wurde der von Washington dominierten Weltbank in die Schuhe geschoben. Entsprechend groß ist das Interesse der Regionalstaaten, sich durch eine engere Zusammenarbeit mit Europa gegenüber den USA besser zu positionieren.

Der Nahe und Mittlere Osten ist der amerikanischen Einflußnahme weitgehend entglitten. Der Irak behauptet sich seit zehn Jahren gegen die Strangulierungspolitik des Westens und der USA. Saudi-Arabien hat offenbar jahrelang die freundschaftlichen Beziehungen mit Amerika ergänzt durch eine massive Unterstützung des islamischen Fundamentalismus. Washingtons Versuch, seine enge Bindung an Israel mit guten Beziehungen zu den arabischen Staaten zu kombinieren, ist, jedenfalls in arabischen Augen, weitgehend gescheitert. Saudi-Arabien ist auf Distanz zu den Vereinigten Staaten gegangen, ebenso wie Ägypten, das seit Jahren fast genausoviel amerikanische Auslandshilfe erhält wie Israel. Auch in Jerusalem gibt Washingtons Wort nicht mehr den Ausschlag. Die Radikalen im Lager der Palästinenser und der Israelis lassen sich von Washington nicht mehr beeinflussen.

Bezeichnenderweise gibt es keine regionale Organisation für den Nahen und Mittleren Osten. Die Erdölorganisation OPEC ist überregional, ebenso die Organisation der Islamischen Konferenz. Der Rat der Golfstaaten ist subregional. Dabei ist die sicherheitspolitische Interdependenz außerordentlich hoch. Alle Staaten der Region sind hochgerüstet, die Beziehungen zwischen ihnen wegen des Nahost-Konflikts auf das Äußerste gespannt. Europa hat mit dem Helsinki-Prozeß vorgemacht, wie in solchen Lagen die regionale Kooperation spannungsmindernd und vertrauensbildend wirken kann.[32] Im Nahen und Mittleren Osten wäre sie überfällig. Ohne sie steht die Region nicht nur ihren internen Konflikten, sondern auch externen Einflüssen durch die Super- und Großmächte ungeschützt gegenüber.

Das Selbstbewußtsein der Regionen und der Regionalstaaten ist offensichtlich so gewachsen, daß sie sich durch die Anwendung des traditionellen Instruments politischer, wirtschaftlicher und auch militärischer Macht nicht steuern, geschweige denn unterdrücken lassen. Die Regierungen stützen ihre Position auf ihre Gesellschaft, ohne deren Konsens sie nicht mehr handeln können.

Darin manifestiert sich die größte Veränderung. Weltpolitik kann heute nicht mehr als die gewohnte Kabinettspolitik betrieben werden. Die Anwendung klassischer Machtpolitik reicht gegenüber dem gewachsenen Selbstbewußtsein der Regierungen nicht aus, und sie muß vollends scheitern, wenn sie auf den Dissens der Gesellschaften trifft. Der größte Teil dieser Welt, hat der frühere Präsident der Republik Südafrika Nelson Mandela gesagt, lehnt den Anspruch der USA, als Weltpolizist zu fungieren, ab.

Die Globalisierung hat die Welt nicht vereinheitlicht, sondern diversifiziert. Sie ist nicht unipolar, sondern multipolar. Sie ist eine regionalisierte Welt, in der die Regionen, die Staaten in ihnen und die Gesellschaften darin ihren Anspruch auf Mitsprache verstärkt anmelden. Das Verlangen nach Partizipation ist der stärkste Trend in der Gesellschaftswelt. Erfolgreich kann in dieser Lage nur eine Politik sein, die der Multipolarisierung Rechnung trägt,[33] die Eigenständigkeit der Regionen respektiert, ihr Mitspracherecht akzeptiert und darin auch die gesellschaftlichen Anforderungen anerkennt, die zum Bestandteil der Außenpolitik in der Gesellschaftswelt geworden sind.

Diese Gesellschaftswelt, ihre Machtfigur und ihre Entwicklungstendenzen bilden den Kontext, in dem der Terrorismus, wie er sich am 11. September 2001 gezeigt hat, analysiert, interpretiert und eliminiert werden muß. Unter den «Neuen Gefahren» im internationalen System, von denen seit Jahren gesprochen wird,[34] ist er die größte. Der Krieg ist, wie oben beschrieben, aus dem internationalen System weitgehend verschwunden, die Gewalt in Gestalt der Bürgerkriege in die Staaten eingewandert. Von dort kommt sie aber jetzt in der Form des Terrorismus in das internationale System zurück. Gesellschaftliche Akteure beschränken sich nicht auf ihre innerstaatlichen Ziele, auf den Kampf gegen eine nicht akzeptierte nationale Herrschaft oder zugunsten der Unabhängigkeit. Sie greifen auch international an.

Diesen «internationalen Terrorismus» gab es zwar auch schon früher. Seit 1980 führt das amerikanische Außenministerium darüber Buch.[35] Zu erinnern ist an die Geiselnahme israelischer Sportler durch ein palästinensisches Kommando 1972 in München und an die Entführung des TWA-Flugs 847 nach Beirut 1985, an den Absturz des PanAm-Flugs Nr. 103 über Lockerbie 1988 und an den Sprengstoffanschlag auf den amerikanischen Zerstörer USS Cole im Jahr 2000 in Aden.

Am 11. September 2001 aber betrat dieser internationale Terrorismus eine neue Dimension. Der Anschlag auf das Welthandelszentrum und das amerikanische Verteidigungsministerium forderte mit mehr als 3000 Toten einen noch nie dagewesenen, bisher undenkbaren Blutzoll. Gleichzeitig attackierte er mit der Auswahl der Ziele die amerikanische Supermacht direkt. Was kein Staat je versucht hatte, wagte ein gesellschaftlicher Akteur. Der Angriff auf die Supermacht USA erfolgte nicht von außen, sondern von innen, nicht durch Soldaten, sondern durch Zivilisten, die nur Taschenmesser besaßen. Es waren Ausländer, vor allem Araber. Sie verfügten aber höchstwahrscheinlich über eine inneramerikanische Unterstützung, weil ohne sie die logistischen Probleme ihres Angriffs kaum zu meistern gewesen wären.

Mit Recht sieht sich die industrialisierte Welt in Angst und Schrecken versetzt. Die Folgen für das Selbst- und Machtbewußtsein der USA waren traumatisch. Washington hat seitdem eine Ersatzregierung in atomwaffensicheren Unterkünften versteckt, Präsident Bush und die Mitglieder seiner Regierung rechneten täglich mit weiteren Katastrophen diesen Zuschnitts. Die Gesellschaftswelt hat ihren ersten prototypischen Konfliktfall.

Was er bedeutet, ist schwer abzuwägen. Handelt es sich um ein einmaliges «Husarenstück», ein Zufallsereignis also? Oder haben wir es mit dem globalen Analogon des Bürgerkrieges zu tun, mit dem Beginn eines Weltbürgerkriegs, in dem gesellschaftliche Akteure Gewalt gegen solche Gesellschaften und ihre Regierungen einsetzen, die sie für die von ihnen weltweit geschaffenen Probleme verantwortlich machen?

Soll man besser das Modell des Partisanenkrieges zum Verständnis benutzen? Er wird überall dort geführt, wo die entstandenen Machtverhältnisse den Gewalteinsatz regulärer Truppen nicht mehr zulassen. Gegen das militärische Gewaltpotential der Supermacht USA konnte selbst die Sowjetunion nichts ausrichten und kann heute kein Staat der Welt antreten. Der Serbienkrieg der NATO und der Afghanistan-Krieg der USA zeigen die militärischen Gewaltverhältnisse überzeugend. Wer gegen die USA und/oder den industrialisierten Westen Gewalt anwenden will, kann dies nur als Terrorist, oder eben als globaler Partisan tun.[36]

Die begrifflichen Schwierigkeiten verführen leicht dazu, auf eine detaillierte Deutung des Phänomens zu verzichten und es unter dem Sammelbegriff des Terrorismus sozusagen analytisch abzulegen. Der Reichtum der geschichtlichen Erscheinungsformen und die Bandbreite der den Gewaltakt antreibenden Motivationen ist aber so groß, daß eine genaue Differenzierung unumgänglich wird. Zwar werden inzwischen die einzelnen Terrorismus-Gruppierungen deutlich voneinander unterschieden, ihre Handlungen als «Signale», als «Kommunikationsstrategie» begriffen.[37] Die politische Aufmerksamkeit aber pauschalisiert den Terrorismus-Begriff, interessiert sich weniger für seine Ursachen und Quellen, als für die Gewaltpotentiale, die ihm eventuell zur Verfügung stehen könnten. Dem «postmodernen Terrorismus» wird unterstellt, daß er mit einem Staat eng zusammenarbeitet und von ihm möglichen Zugriff auf Massenvernichtungswaffen erhält.[38] Unter dem Stichwort des «Katastrophen-Terrorismus» hatte sich schon die Clinton-Administration mit diesem Schreckensbild befaßt, mit ihm begründete die Administration George W. Bush gleich nach ihrem Regierungsantritt, also weit vor dem 11. September 2001, ihr außenpolitisches Hauptziel einer nationalen Raketenverteidigung.

Diese Befürchtungen beruhten, wie die technische Primitivität des Attentats vom 11. September deutlich demonstrierte, weniger auf einer Analyse terroristischer Möglichkeiten, als auf dem Wunsch, bereits vorhandene Waffentechnologien weiter zu entwickeln. Die Vorstellung des «Super-Terrorismus» ging an der Wirklichkeit des gesellschaftweltlichen Terrorismus schlicht vorbei.[39] Eine Fehlperzeption ähnlichen Ausmaßes lag der Entscheidung der Administration George W. Bush zugrunde, dem neuen Phänomen des Mordanschlags auf das Welthandelszentrum und das amerikanische Verteidigungsministerium mit der alten Strategie des zwischenstaatlichen Krieges zu antworten. Das Ungewöhnliche am 11. September war doch aber gerade, daß der Angriff nicht von außen, sondern von innen gestartet wurde, nicht von Soldaten im staatlichen Auftrag, sondern von gesellschaftlichen Akteuren, die die Verkehrsmittel der Zivilgesellschaft in Waffensysteme umwandelten.

Deswegen muß, wer sich mit dem Terrorismus als der größten «Neuen Gefahr» beschäftigen will, das Attentat vom 11. September 2001 untersuchen. Eine Selbsteinschätzung der Akteure liegt nicht vor; es gab keine Bekennerbriefe, niemand hat die Verantwortung dafür übernommen, auch Osama Bin Laden nicht und die Organisation Al-Kaida auch nicht. Die Beweise für deren Urheberschaft, die der Westen zu besitzen behauptet hatte, sind bis zum Frühjahr 2002 nicht vorgelegt worden.

Aber auch das Attentat selbst, die Einzelheiten seines Hergangs, verblieben in einem merkwürdigen Dunkel. Zwar wurden die Namen der Attentäter schon zwei Tage später veröffentlicht, ihre Biographien und ihre Bewegungen durch Europa und die USA detailliert beschrieben. Was sie in den Stand gesetzt hat, vier Verkehrsflugzeuge nicht nur zu kapern, sondern auch von Hand so zu steuern, daß sie fast zeitgleich ihre Ziele erreichten; woher sie über das fliegerische Können verfügten, das dazu erforderlich ist; wer sie mit den Vorschriften für die Benutzung des amerikanischen Luftraums vertraut gemacht hat; wer die Pläne der Entführungen aufgestellt und miteinander synchronisiert hat – all dies ist bisher weder geklärt noch hinreichend erörtert worden.

Dieses Schweigen kontrastiert eigentümlich mit der normalen Wißbegier der westlichen Medien und der Mitteilungsbereitschaft der diversen Geheimdienste. Auch die amerikanische Regierung ließ nicht jenes Ausmaß an Nachfrageinteresse erkennen, das der menschlichen und politischen Dimension dieser Tragödie entsprochen hätte. Die amerikanische Justiz verhaftete mehr als 150 Personen nach dem 11. September,[40] ohne daß über deren Beteiligung an dem Attentat etwas veröffentlicht worden wäre, mehr als 5000 wurden verhört. Lediglich einem, Zacarias Moussaoui, der zum Zeitpunkt des Attentats in Minnesota im Gefängnis saß, wurde eine Mitschuld zugewiesen. Entsprechend der Regierungsverordnung Präsident George W. Bushs vom November 2001 werden alle Prozesse, auch die gegen die in Guantanamo gefangen gehaltenen Taliban- und Al-Kaida-Kämpfer, vor geheimen Militärgerichten stattfinden.

Von diesem erkennbaren Desinteresse an öffentlicher Aufklärung profitierte auch der amerikanische Anthrax-Attentäter, dem vier Menschen zum Opfer fielen. Obwohl sein Profil bekannt war, wurde er möglicherweise dingfest, aber nicht namhaft gemacht. Die Bush-Administration veranlaßte sogar die amerikanischen Medien, die Fernsehansprachen Osama Bin Ladens nicht auszustrahlen, obwohl sie möglicherweise Selbstbezichtigungen enthielten, also beweiskräftig gewesen wären.

Washington war offensichtlich nicht an mehr, sondern an weniger Aufmerksamkeit für den Hergang des Attentats und seine Vorbereitung gelegen. Sie hätte die Definitionsmacht schmälern können, über die die Regierung Bush uneingeschränkt verfügen wollte, um aus dem Attentat die gewünschten Folgen ableiten zu können. Das war die militärische Intervention in Afghanistan, mit der zunächst die dortige Basis der Al-Kaida-Organisation zerschlagen und deren Führungsstruktur ausgeschaltet werden sollte. Dieses Ziel machte alsbald einem zweiten, nämlich der Vertreibung der Taliban aus Afghanistan und der Einsetzung einer neuen, demokratiefreundlichen Regierung Platz.

Das offizielle Desinteresse am Hergang des Attentats, an seinen möglichen Helfershelfern in den Vereinigten Staaten, war so auffällig, daß die summarische offizielle Darstellung von Anfang an von verschiedenen Seiten in Zweifel gezogen worden ist. Der frühere Bundesminister und langjährige Angehörige der Parlamentarischen Kontrollkommission für die Geheimdienste der Bundesrepublik Andreas von Bülow hat auf das merkwürdige Schweigen der amerikanischen Regierung und die zahllosen Ungereimtheiten aufmerksam gemacht, die in der offiziellen Darstellung anzutreffen sind.[41]

Seit dem 11. September 2001 ist dem Terrorismus-Begriff jede Trennschärfe genommen worden. Mit ihm werden alle Arten nicht-staatlicher Gewaltanwendung zusammengefaßt,[42] ausgenommen den Staatsterror, den «Regime-Terror».[43] Aber hier liegt ein Pleonasmus vor, weil im Begriff des Staates, jedenfalls in dem des diktatorial-autoritären und des imperialen Staates, die Gewaltanwendung gegen seine oder fremde Untertanen schon enthalten ist. Deswegen führt es auch nicht weiter, wie es der malaysische Staatspräsident Mahathir im April 2002 der Islamischen Konferenz vorgeschlagen hatte, den Terrorismus vom Objekt her zu definieren, als Gewaltanwendung gegen Zivilisten.[44] Dann waren – und sind – alle kriegführenden Regierungen Terroristen.

Nein, der Terrorismus müßte vom Subjekt her bestimmt werden, als Anwendung direkter physischer Gewalt durch gesellschaftliche Akteure, also solche, die von Verfassung und Recht gerade nicht zur Gewaltanwendung autorisiert oder legitimiert sind.

Ausgenommen bleibt die große Gruppe der Widerstands- und Freiheitskämpfer. Wer wollte den Widerstand des 20. Juli oder ein Verhalten wie das von Nelson Mandela unter Terrorismus rubrizieren? Widerstand gegen autoritäre Staatsgewalt ist illegal, aber nicht illegitim, jedenfalls in den meisten Fällen nicht, die freilich je für sich analysiert und bewertet werden wollen. Der nationale Befreiungskampf gegen die Kolonialherrscher oder, wie im Fall der Palästinenser, gegen die Besetzung durch israelische Truppen, zählt ebenfalls zum Widerstand, keinesfalls zum Terrorismus, auch wenn die Likud-Regierung ihn dort deklaratorisch einzuordnen versucht.

Die 10. außerordentliche Sitzung der Islamischen Konferenz der Außenminister hat am 10. Dezember 2001 «das Recht der Palästinenser, Libanesen und Syrer, Widerstand gegen die israelische Aggression und Besetzung zu leisten», als ihr legitimes Recht bezeichnet und die Einordnung in den Terrorismus abgewehrt. (Ob die vom palästinensischen Widerstand eingesetzten Selbstmordattentate gegen israelische Zivilisten moralisch und politisch richtig sind, steht auf einem ganz anderen Blatt, auf dem – als Kontext – die israelischen Panzerangriffe gegen palästinensische Ortschaften und die gezielte Ermordung palästinensischer Führer durch israelische Raketen zu verzeichnen sind.)[45]

Politischer Widerstand ist sachlich von ganz anderer Qualität als terroristische Gewaltanwendung. Er verfolgt ein konkretes politisches Ziel, das explizit formuliert und der Öffentlichkeit vorgestellt wird. Die Gewalt rechtfertigt sich aus diesem Programm, das sich seinerseits auf die Legitimierung durch den betroffenen Bevölkerungsteil stützt. Die politischen Führer des Widerstands sind bekannt, die militärischen in den meisten Fällen auch. Sie fordern das Gewaltmonopol des sie unterdrückenden Staates offen heraus, pochen auf ihre Autonomie, ihre Selbstbestimmung oder auf ihre frühere Existenz als staatliche Einheit. Daß sie von dem Regime, das sie bekämpfen, als «Terroristen» bezeichnet werden, ist Teil der politischen Auseinandersetzung. So erging es den Albanern im Kosovo und in Mazedonien, so den Tamilen in Sri Lanka – um neben den Palästinensern noch zwei weitere hoch aktuelle Beispiele aus dieser Problematik zu erwähnen. Den Europäern begegnet sie in Nordirland und im Baskenland.

Der reine Terrorismus hat kein politisches Programm. Seine Akteure sind und bleiben unerkannt, arbeiten aus der Anonymität heraus, in der sie wieder zu verschwinden versuchen. Das kann, wie im Fall des 11. September, auch der Selbstmord sein – der allerdings nicht mit dem identifiziert werden darf, den die Sprengstoffattentäter des palästinensischen Widerstands verüben (die außerdem auch posthum identifiziert und vorgezeigt werden).

Terrorismus liegt also dann vor, wenn gesellschaftliche Akteure direkte physische Gewalt gegen andere gesellschaftliche Akteure oder Angehörige des Politischen Systems ausüben, ohne sie in einem politischen Programm zu begründen. Klassische Anschauungsbeispiele dafür bieten der Gasangriff der japanischen Aum-Sekte auf fünf U-Bahn-Züge in Tokio 1995 oder, im gleichen Jahr, die Sprengung des Federal Building in Oklahoma City durch «Christliche Patrioten». Obwohl die Täter in beiden Fällen dingfest gemacht und zur Verantwortung gezogen wurden, also nicht in die Anonymität entkommen konnten, waren ihre Mordtaten gesichtslos. Sie hatten nur ein Objekt, keinen Adressaten. Das gleiche gilt für den Anthrax-Attentäter, der im November 2001 sein Unwesen in den USA trieb. Sein Profil ist bekannt, sein Motiv nicht.[46]

In diese Kategorie scheint auch der Anschlag vom 11. September zu fallen. Seine Urheber gelten als bekannt, ihre Motive nicht. Da es weder Manifeste noch Proklamationen der selbst untergegangenen Attentäter gab, können ihre Beweggründe nicht mehr entschlüsselt werden. Was jeden einzelnen der 19 dazu veranlaßt hat, an diesem Mordanschlag mitzuwirken, jener individuelle Mix aus Unkenntnis, Rache, Frustration, Verzweiflung, Mordlust, entzieht sich der Kenntnis auf Dauer.

In einem wichtigen Punkt aber unterscheidet sich der Anschlag des 11. September vom reinen, gesichtslosen Terror. Er hatte Adressaten, und zwar diejenigen, die den Mordanschlag offen oder heimlich begrüßt, ihn jedenfalls positiv bewertet und akzeptiert haben. Sie sind in der ganzen arabischen Welt zu finden, besonders natürlich bei den Palästinensern, aber auch bei anderen Bevölkerungsgruppen der Welt und ihren Eliten. 60 Prozent der Machteliten auf der ganzen Welt, die Mehrheit also, hat das Attentat als Reaktion auf die amerikanische Weltpolitik interpretiert.[47]

Der Anschlag praktizierte eine (freilich entsetzliche) Kommunikationsstrategie.[48] Sie richtete sich an zwei Gruppen. Neben den schon erwähnten, von der amerikanisch-westlichen Politik negativ Betroffenen, waren es alle Regierungen der Welt. Sie erfuhren am 11. September, daß das internationale System nicht von ihnen allein und von ihren Konflikten beherrscht und gestaltet wird, sondern daß gesellschaftliche

Akteure erstmals ein Mitspracherecht im großen und grausamen Stil einfordern.

Es war dieses Signal, das die beachtliche Koalition der Regierungen gegen den Terrorismus zustande gebracht und ihre bisher dominanten Machtrivalitäten stillgestellt hat. Die Großmächte dieser Welt lernten am 11. September, daß sie etwas Gemeinsames hatten: einen neuen Gegner in Gestalt gesellschaftlicher Akteure, die sich instand setzten, Gewalt gegen sie über große Distanzen hin auszuüben.

Innenpolitisch hatten sie alle seit längerem mit solchen Akteuren zu rechnen, die Russen in Tschetschenien, die Chinesen mit den Uiguren, die Inder mit den muslimischen Extremisten. Wenn jetzt der 11. September zeigte, daß das Gewaltmonopol des Staates nicht nur innenpolitisch, sondern international herausgefordert werden konnte; wenn sich die Gewalt gesellschaftlicher Akteure nicht mehr nur gegen den jeweils eigenen Staat, sondern gegen jeden anderen Staat richten und dessen Gesellschaft zur Geisel für sein internationales Verhalten nehmen konnte, dann hatte die Internationale Politik neue Akteure und ein neues Konfliktfeld bekommen.

In der Ablehnung beider waren sich alle Regierungen als Wächter ihres Akteur- und Gewaltmonopols einig. Ihre Konkurrenz um Macht im internationalen System verblaßte hinter dem gemeinsamen Interesse an der Monopolisierung des Gewaltinstruments. Deswegen folgten viele Regierungen, die der Großmächte allemal, aber auch die meisten der Regionen Mittel-, Ost- und Zentralasiens, dem Ruf Washingtons zur «Koalition gegen den Terror». Ob nun zutreffend oder nicht, sie deuteten den 11. September als das Signal ihrer Herausforderung durch Osama Bin Laden und seine Gruppe Al-Kaida.

Für die Zukunft des Terrorismus interessanter ist das andere Signal, das vom 11. September ausging. Es richtete sich einmal an die amerikanische Gesellschaft, die in Angst und Schrecken versetzt und auf Distanz zu der Politik ihrer Regierung gebracht werden sollte; es richtete sich insofern gegen die westliche Welt insgesamt. Es richtete sich aber sodann an alle diejenigen, die sich von der amerikanisch-westlichen Politik negativ betroffen fühlten. Indem sie mit Zustimmung auf das Signal reagierten, erwiesen sie sich als der sozio-politische Kontext, der dem Terror des 11. September bei aller Anonymität ein politisches Profil verlieh. Er hatte nachweisbar einen Adressaten, beabsichtigte also, «Dritte zu interessieren».[49]

Damit unterscheidet er sich unübersehbar vom gesichtslosen Terrorismus wie vom politisch profilierten Widerstand. Er bleibt Terrorismus, will aber etwas kommunizieren, ist auf ein Publikum ausgerichtet und auf dessen Konsens angewiesen. Er muß nicht von Anfang an vorhanden sein, kann erst als Antwort auf das Signal entstehen. Bleibt er aber insgesamt aus, löst die Kommunikationsstrategie keinerlei positive Antwort aus, fällt der Terrorismus in sich zusammen. An einer solchen fehlenden Antwort, beispielsweise, ist die RAF in der Bundesrepublik gescheitert.

Ist das Attentat des 11. September eindeutig der Kategorie des Terrorismus zuzuordnen, so sollte es als politischer Terrorismus bezeichnet werden, weil es Adressaten politisch angesprochen und gefunden hat. Über diesen seinen Kontext hat sich das Attentat vom 11. September als politisch ausgewiesen, diffus zwar, aber erkennbar.

Deswegen sind die Adressaten in keiner Weise für den Mordanschlag verantwortlich, sie sind nicht seine Ursache. Sie müssen – wie es einst Mao Tse Tung ausgedrückt hatte – als Quelle verstanden werden, die den Terrorismus speist wie das Wasser den Fisch. Die Adressaten sind die Umgebung, die der Terrorist informieren, mobilisieren und motivieren will, auf deren Zustimmung er zielt. Gewinnt er sie, fühlt er sich bestätigt und gestärkt. Weitere terroristische Akte sind die Folge. Sprudeln aber die Quellen nicht oder werden sie verschlossen, trocknet der Terrorismus aus.

Den Anschlag vom 11. September als «politischen Terrorismus» zu begreifen, ist also nicht nur terminologisch angebracht, sondern strategisch unentbehrlich. Über diesen Kontext nämlich kann der Terrorismus beeinflußt und gesteuert werden. Er bildet sozusagen seine schwache Stelle. Durch politische Korrekturen läßt sich bewirken, daß die «Dritten» sich nicht mehr für das Signal des Terrorismus interessieren, daß sie ihm ihre Zustimmung verweigern. Dann entfällt die Adresse, an die sich der Terrorismus gerichtet hatte; seine Quelle versiegt. Auf diese strategische Handhabe hat schon vor fünf Jahren kein Geringerer als der frühere CIA-Direktor Robert M. Gates hingewiesen.

Zum Wesen des Terrorismus gehört, daß er nicht in großen organisierten Formationen auftritt, die sich mit militärischer Gegengewalt eliminieren lassen, sondern in kleinen, flexiblen Gruppen, die sich in jeder Gesellschaft verstecken können. Der Kampf gegen diesen Terrorismus ist lang, zwielichtig, reich an Opfern und ohne Aussicht auf Sieg. Das heißt nicht, auf die direkte Bekämpfung der Terroristen und des Terrorismus zu verzichten. Aber der Notbehelf muß ergänzt werden durch «politische Handlungen und Strategien, die langfristig die Wurzeln des Terrorismus schwächen».[50] Nur ein solches Vorgehen verspricht Erfolg.

Weil es sich bei dem Anschlag des 11. September um Terrorismus, also um einen letztlich anonymen Akt gehandelt hat, ist die Versuchung groß, seine Deutung jeweils politisch zu instrumentalisieren. Für den an seiner Definitionsmacht interessierten Politiker dient ein solcher terroristischer Anschlag als flexibles Vehikel für die Beförderung seiner politischen Zwecke. Da die Terroristen die Gründe ihres Handelns nicht bekannt gegeben haben, kann sie jeder nach Belieben substituieren. Manche Autoren und Medien verstiegen sich zu der These, daß die Zerstörung des Welthandelszentrums und des Verteidigungsministeriums nur Ersatzhandlungen dargestellt hätten, während das eigentliche Ziel das verderbte saudische Königshaus gewesen sei. Andere erkannten darin den Angriff des fundamentalistischen Islam auf Kultur und Religion des Abendlandes. Die umfassendste Formel hat der amerikanische Präsident George W. Bush gefunden, nämlich daß ein Terrorist derjenige sei, der «gegen die USA ist». Solche Gegner gibt es überall; die Anonymität des Terrors macht es möglich, sie weltweit zu lokalisieren oder doch wenigstens zu vermuten. Der Terrorismus präsentiert sich so als ein frei bewegliches Motiv, das jegliche Interpretation zuzulassen und jede gewünschte politische Entscheidung zu rechtfertigen vermag.

Dieser Schein trügt jedoch. Wenn auch nie geklärt werden wird, welche Ursachen dem Attentat von New York und Washington zugrunde lagen, so ist an der Reaktion des Kontexts abzulesen, aus welchen Quellen er sich gespeist hat, beziehungsweise aus welchen Quellen sich eine Fortsetzung dieser terroristischen Aktivität speisen könnte. Der Interpretation lassen sich damit deutliche Grenzen setzen.

Seriöse westliche Politiker entwickelten sehr schnell nach dem 11. September ein übereinstimmendes Bewußtsein der weltpolitischen Schwachstellen als Hintergrund und Quelle (nicht als Ursache) des terroristischen Großangriffs. An erster Stelle wurde der seit 50 Jahren andauernde und der mit der Intifada und dem Regierungsantritt Ariel Sharons sich erheblich zuspitzende Nahost-Konflikt genannt. Bundeskanzler Schröder und Bundesaußenminister Joseph Fischer haben unisono im Deutschen Bundestag auf die überragende Bedeutung hingewiesen, die die seit langem überfällige Beendigung des Nahost-Konflikts für die erfolgreiche Bekämpfung des Terrorismus haben würde.[51] Auch wenn man bei den arabischen Staatschefs ein taktisches Eigeninteresse abziehen muß, fällt die Einmütigkeit auf, mit der sie auf den Zusammenhang zwischen dem 11. September und dem Nahost-Konflikt immer wieder hingewiesen haben.

Noch lauter waren die Stimmen der arabischen Medien.[52] Auch schon vor dem 11. September war in der arabischen Presse die einseitige Unterstützung Amerikas für Israel als maßgeblicher Grund für den Ansehensverlust der USA im Nahen Osten genannt worden. Dazu hatte auch die amerikanische Politik gegen den Irak und seinen Staatschef Saddam Hussein beigetragen. Sie wurde in den arabischen Staaten nicht als Schutz der Golf-Region interpretiert, sondern als die anhaltende Unterdrückung des einen Landes, das die Sicherheit Israels bedrohen könnte.[53] Der frühere jordanische Premierminister Taher Masri machte die USA darauf aufmerksam, daß die öffentliche Meinung in den arabischen Staaten diese Behandlung des Irak niemals akzeptieren würde, solange Israel die Palästinenser unterdrückt. Die ebenso entwürdigende wie die Existenz zahlloser Zivilisten im Irak beschädigende Sanktionspolitik stellte ein weiteres Reservoir für die wohl größte Quelle des Terrorismus dar.

Als zweite Quelle wurde die Ungleichverteilung der in der globalisierten Welt erzeugten Werte genannt. Der britische Premierminister Tony Blair räumte der Herstellung von Gerechtigkeit und Prosperität für die Armen und Entrechteten den obersten Platz bei der Bekämpfung des Terrorismus ein.[54] Die Notwendigkeit, den Terrorismus mit Gewalt zu bekämpfen, wurde auch von anderen Politikern ergänzt mit dem Hinweis auf langfristige Strategien, die ihn verhindern könnten. Armut und Hoffnungslosigkeit zeigten, daß sie «der ideale Nährboden für die Rekrutierung von terroristischen Aktivitäten» waren.[55]

Die extreme Ungleichverteilung der Einkommen, das wachsende Armutsgefälle, der Mangel an Ausbildung, Krankenversorgung, Wasser und Strom, hatten immer schon die Aufmerksamkeit derer beherrscht, die sich mit der Entwicklungspolitik beschäftigten. Als Terrorismusbekämpfung bekamen diese Themen einen ganz anderen Stellenwert. Die Auslandshilfe zu erhöhen und ihre Vergabepraktiken zu verbessern, die Handelsbarrieren einzureißen, die vor allem den Entwicklungsländern schadeten, präsentierten sich jetzt als Vorbeugung gegen den Terrorismus.[56]

Seltener, aber doch unüberhörbar wurde eine dritte Quelle des Terrorismus benannt: westliche Dominanz. Aufgrund des Palästina-Konflikts und der Irak-Sanktionen war sie immer schon von den arabischen Staaten benannt worden. Sie wurde als «unbekümmerte Politik der unumschränkten Vorherrschaft» aber auch weltweit registriert.[57] Hier wurde ein strukturpolitischer Aspekt thematisiert, der in der westlichen Diskussion nur als Präferenzgegensatz zwischen dem Unilateralismus der USA und dem Multilateralismus der Westeuropäer zur Kenntnis genommen worden war. Jenseits der industrialisierten Welt aber galten beide durchaus als Einheit. Der Anspruch der Vereinigten Staaten auf Weltführung im Alleingang wirkte sich zwar global sehr viel drastischer aus, ließ aber nicht unbesehen, daß in seinem Windschatten die Europäische Union wenig Rücksicht auf die Interessen und Artikulationsmöglichkeiten derer nahm, mit denen sie handelte und verhandelte.

Das Atlantische Bündnis hatte im April 1999 mit seiner neuen strategischen Doktrin den westlichen Dominanzanspruch im Klartext formuliert. Ökonomisch hatte er sich schon lange durchgesetzt. Die wirtschafts- und sozialpolitischen Folgen der Globalisierung wurden im Westen extensiv diskutiert, aber eben nur für den Westen. Wie sie jenseits davon aufgefaßt und eingeschätzt wurden, wie sie bei denen wirkten, in deren Ländern und zu deren Lasten die Globalisierung praktiziert wurde, zog wenig Interesse auf sich.

Der 11. September zerriß den Vorhang dieser bequemen Ignoranz, mit dem sich die Industriestaaten vor dem Blick auf die Adressaten ihrer Politik bewahrt hatten. Die Umfrage der International Herald Tribune vom 20. Dezember 2001 machte diese Perzeptionsdivergenz überdeutlich.

Daß diese strukturellen Aspekte der Weltordnung einen Beitrag zu dem Applaus geleistet hatten, den die Attacke des 11. September in der nicht-industrialisierten Welt fand, wurde jedenfalls von klugen Politikern registriert. Sie sahen es als notwendig an, eine Weltordnung herzustellen, «die allen Völkern die Perspektive voller Teilhabe ermöglicht».[58]

Damit bekamen auch die Vereinten Nationen eine neue, terrorismusrelevante Bedeutung. Sie waren 1945 als «Rathaus der Welt» (Senator Vandenberg) gegründet worden. In der Generalversammlung hatte jeder Staat eine Stimme, unabhängig von seiner Größe und Macht. Im Sicherheitsrat freilich dominierten die Großmächte, und unter ihnen die der westlichen Industriestaaten. Die Vereinigten Staaten wie die Europäische Union hatten schon während des Kalten Krieges den Bilateralismus bevorzugt, weil in der Zweierbeziehung die Macht des Mächtigen sich am besten einsetzen ließ. Jetzt zeigte sich deren Beschränkung. Der Ruf nach dem Dialog der Kulturen und der Völker wurde laut, als Einsicht in die Sprachlosigkeit, die sich im Zeichen der Globalisierung durchgesetzt hatte.

Darüber hatte der Westen auch den Islam vergessen. Die Attentäter des 11. September waren zumeist Araber. Daß sie Islamisten waren, also dem radikalen Flügel des Islam angehörten, kann angenommen werden. Osama Bin Laden jedenfalls hat die Beziehung zwischen dem Attentat und dem Islamismus so vehement artikuliert, daß sie in die Suche nach den Quellen mit einbezogen wurde.

Es ist unverkennbar, daß an vielen Bürgerkriegen der Gegenwart auf einer Seite Muslime beteiligt sind. Auf deren Kosten gehen auch die zahlreichen Terroranschläge in Algerien und Ägypten, so daß Osama Bin Laden und seine Gruppe Al-Kaida nur den Höhepunkt einer Entwicklung bezeichnen, die langjährig zu verzeichnen ist.

Der Islam hatte sich in den vergangenen hundert Jahren beträchtlich ausgeweitet. Er bildet die Religion der Staaten in dem großen Krisenbogen von Marokko bis Pakistan und reicht tief in das nördliche Afrika hinein. Es ist seine politische Bedeutung, die Samuel P. Huntington zu seiner These vom «Kampf der Kulturen» veranlaßt hat.[59] Die palästinensischen Selbstmordattentäter, die seit 2001 den «Heiligen Krieg» gegen die israelische Besatzung und gegen Israel führen, sind Teil des Phänomens, das eine Flut von Literatur hervorgerufen hat.[60]

Die Beziehung zwischen Politik und Religion ist keinesfalls auf den Islam beschränkt. Den Heiligen Krieg gibt es nicht nur dort, sondern auch in der jüdischen Religion, vor allem auch in der christlichen. Alle Religionen, die auf einer geschichtlichen Offenbarung beruhten, kannten den Griff zur Gewalt. Brahmanismus, Hinduismus und Buddhismus hingegen, die sich auf ewig geltende Weltgesetze berufen, waren sehr viel weniger kämpferisch.

Der vergleichende Blick auf diese Religionen und ihr Verhältnis zur Gewalt zeigt, daß nicht die Religion die Politik erzeugt, sondern, jedenfalls seit der Neuzeit, die Politik sich der Religion bemächtigt.[61] Bassam Tibi hat Recht, wenn er den gewaltbereiten Islamismus, den Fundamentalismus, als «politisierte Religion» bezeichnet.[62] Etwas genauer sollte man formulieren, daß unter Islamisten jene politischen Eliten zu verstehen sind, die die Religion des Islam benutzen, um für ihre politischen Ziele Anhänger zu rekrutieren, zu mobilisieren und zur Gewaltanwendung zu motivieren. Wechselt man die Bezeichnung der Religion aus, gibt diese Formulierung den Schlüssel ab für jede politische Gewalthandlung, die im Zeichen einer Religion begangen wird.

Der Islam als Religion läßt sich dafür nicht haftbar machen. Deswegen haben sich die arabisch-muslimischen Staaten sehr schnell von dem Massenmord des 11. September distanziert. Die Arabische Liga duldete nicht, «daß Terrorismus mit dem Islam in Verbindung gebracht wird».[63] Die Organisation der Islamischen Konferenz, der 57 Staaten angehören, hatte am 10. Oktober 2001 genauso eindeutig festgestellt, daß solche «scheußlichen Terrorakte im Gegensatz stehen zu der toleranten und göttlichen Botschaft des Islam, so daß sich jeder Hinweis auf eine Verbindung oder Beziehung zwischen dem islamischen Glauben und den terroristischen Akten verbietet».[64]

Wer von einem «religiösen Terrorismus» oder auch von einem «religiös motivierten Terrorismus» spricht,[65] macht es sich etwas zu leicht. Er füllt eine Erklärungslücke in Fällen ungeklärter Ursachen wie beim 11. September. Ob bei dessen Attentätern die religiöse Überzeugung überhaupt eine Rolle, und wenn dann welche, gespielt hat, wird sich nie klären lassen. Daß der als Haupttäter verdächtigte Atta in seinem Testament sich eine islamische Beerdigung gewünscht hat, beweist nur, daß er bei der Abfassung nicht an einen Selbstmord in den Türmen des Welthandelszentrums in New York gedacht hatte. Evident ist, daß Osama Bin Laden zum Heiligen Krieg aufgerufen hat (wozu er nach den Regeln des Islam gar nicht berechtigt war). Evident ist auch, daß Osama Bin Laden nicht zur Islamisierung der Vereinigten Staaten und des Westens aufgerufen, nicht die Mission gepredigt und vorangetrieben hat, sondern das hybride Ziel der Vernichtung der amerikanischen Weltmacht.

Es ist denkbar, daß Osama Bin Laden der islamischen Reformationsbewegung angehört, die sich gegen die Säkularisierung des Islam im Zusammenhang mit dem Zerfall des Osmanischen Reiches wendet und die innerislamische Diskussion beherrscht. Osama Bin Ladens Proklamationen aber sind auf diffuse politische Ziele gerichtet und mit religiösen Motiven lediglich verziert. Sie dienen dazu, die politisch gerichteten Akte anzuregen und die Täter zusätzlich zu motivieren, wenn die Verzweiflung über die politische Situation oder die Radikalität des politischen Willens allein nicht ausreichen.

Mußte das zwar etwas einseitige, aber doch sehr kenntnisreiche Buch von Huntington vor der Vereinnahmung durch politische Interessen geschützt werden, die mit seiner Hilfe den verschwundenen Kommunismus durch den sichtbaren Islam ersetzen wollten, so muß man jetzt das Attentat vom

11. September und sein Umfeld davor bewahren, als religiöser Terror wegerklärt zu werden. Es war, wie die Reaktionen des Kontextes zeigen, eine eminent politische Untat, die nicht von einem Staat, sondern von einem gesellschaftlichen Akteur begangen worden ist. Dessen politische Identität im Detail zu erfassen, wäre äußerst dringlich, weil sich die politischen Gegenmaßnahmen daran orientieren könnten. Insgesamt politisch wäre es wichtig, diesen gesellschaftlichen Akteur, der erstmals einen quasi-militärischen Gewaltschlag großen Stils verübt hat, ausfindig zu machen, seine Organisation, seine Netzwerke, seine Ansichten aufzudecken. Er steht zwar mit seiner mörderischen Gewaltanwendung allein, nicht aber mit der Kritik an der globalen Politik des Westens. Die Demonstrationen gegen die WTO-Konferenzen in Seattle und Genua wandten keine Gewalt an, waren aber hinsichtlich der Radikalität ihrer Position nicht minder eindeutig. Was der Westen auf der Rassismus-Konferenz in Durban zu hören bekam, hätte eigentlich als Warnung aufgefaßt werden müssen.

Um so wichtiger ist es, den mörderischen Anschlag von New York und Washington zu untersuchen und politisch richtig einzuordnen. Jedenfalls sollte der Westen nicht der Versuchung erliegen, mit dem pauschalierten Terrorbegriff für eine Weltpolitik hausieren zu gehen, deren Ziele schon sehr viel früher abgesteckt und jetzt nur mit einer Populismustauglichen, Konsens generierenden Begründung ausgestattet worden sind.

Wer das Verbrechen des 11. September geplant und organisiert hat, dürfte die gewaltige Reaktion des Westens antizipiert und seine weiteren Pläne darauf abgestellt haben. Denkbar ist auch, daß andere gewaltbereite gesellschaftliche Akteure sich vom 11. September als Modell oder gar als Vorbild inspirieren lassen. Europa befürchtet seit langem, daß die extreme Unterentwicklung und Armut in Afrika nicht nur Wanderungsbewegungen, sondern auch Gewaltbereitschaft hervorbringen könnte. Am 11. September ist ja nicht Al-

Kaida – wenn sie es denn war – in der Internationalen Politik aufgetreten, sondern ein gesellschaftlicher Akteur, der durchaus seinesgleichen haben könnte. Das Neue, das sich am 11. September in der Weltpolitik bemerkbar gemacht hat, ist die Tatsache, daß erstmals ein gesellschaftlicher Akteur mit großer Gewalt im internationalen System gehandelt hat.

Es geht also nicht nur darum, Al-Kaida zu besiegen – darum geht es auch –, sondern es geht darum, den Begriff der Sicherheit neu zu fassen. Er müßte auf die neu aufgetretene Bedrohung auch eine neue Antwort geben und das Verständnis von Sicherheit entsprechend erweitern.

4. Sicherheit in der Gesellschaftswelt

Der 11. September hat die Notwendigkeit militärischer Verteidigungsfähigkeit nicht eliminiert, in ihrer Bedeutung aber sehr wohl relativiert. Ein Krieg zwischen den Staaten, zwischen den großen Mächten allemal, ist auf absehbare Zeit sehr unwahrscheinlich geworden. Akut ist die neue Bedrohung von innen durch gesellschaftliche Akteure, die auch ohne den Griff nach Massenvernichtungswaffen in der hoch empfindlichen Industriegesellschaft des Westens erhebliche Schäden anrichten könnten. Die sicherheitspolitische Hauptfrage lautet daher, wie kann man dieser gesellschaftlichen Akteure Herr werden, wie sie von Gewaltakten im Stil des 11. September verläßlich abbringen?

Dazu ist eine dreigeteilte Strategie erforderlich, die zum Teil auch schon befolgt wird. Kurzfristig gilt es, weitere Attentate in den Industriestaaten zu verhindern, also mögliche Täter und Schläfer ausfindig und dingfest zu machen. Dieser Arbeit haben sich die Innenminister und Geheimdienste mit großem Aufwand angenommen; gewährleistet aber muß bleiben, daß auf der Suche nach der inneren Sicherheit die Freiheitsrechte nicht beschädigt werden.

Mittelfristig geht es darum, sich mit den gesellschaftlichen Akteuren auseinanderzusetzen, die zu solchen Gewaltanwendungen imstande und bereit sind. Dazu müssen sie, wie oben erwähnt, erst einmal identifiziert werden. Das ist auch eine kriminaltechnische, vor allem aber eine politische Aufgabe. Diese Gruppen sind ja nicht, wie die Staaten dieser Welt, sichtbar. Aber sie könnten schon morgen in Erscheinung treten.

Als besonders fruchtbare Brutstätte gelten die zahlreichen «failing states», also die gescheiterten oder zerfallenden Staaten. Nicht umsonst fand Al-Kaida in Afghanistan Unterschlupf, das seit zwanzig Jahren im Chaos versunken und in einen anhaltenden Bürgerkrieg verstrickt war. Daran waren die USA, wenn auch unbeabsichtigt, nicht unbeteiligt gewesen. Sie hatten den afghanischen Widerstand gegen die Besetzung durch die Sowjetunion gestärkt, überließen das Land aber, nachdem sich Moskau zurückgezogen hatte, seinem Schicksal, der Zerstörung. Und nicht nur das. Die von Washington gegen die Sowjetunion ausgebildeten Guerilla-Kämpfer, zu denen auch Osama Bin Laden gehörte, zogen, nachdem sie in Afghanistan arbeitslos geworden waren, als «Afghanen» durch den Mittelmeerraum. Auf der Suche nach neuen Gegnern fanden sie die USA.[66]

Sudan, Somalia, Kongo gelten ebenfalls als gescheiterte Staaten, und auch an deren Schicksal ist der Westen nicht unbeteiligt gewesen. Die wichtigste Konsequenz daraus lautet, bei jeder militärisch-politischen Einmischung von außen die langfristigen Konsequenzen zu bedenken und dafür zu sorgen, daß das Objekt der Einmischung auch politisch und wirtschaftlich davon profitiert. Nur so läßt sich verhindern, daß weitere Afghanistans entstehen und weitere gewaltbereite Gruppen wie Al-Kaida.[67]

Die dritte Aufgabe ist langfristig und besteht darin, die Quellen des Terrorismus auszutrocknen, seinen Kontext zu verändern. Sie berührt sich mit der Staatenbildung und Stabi-

lisierung gefallener Staaten, ist aber noch umfassender ange-
legt. Letztlich zielt sie auf eine neue Ordnung der Welt, die
immer mehr als ein Quasi-Binnenraum begriffen und mit entsprechenden Strategien bearbeitet werden muß. Es gilt, die
großen Konflikte zu lösen, die Wertverteilung zu ändern und
die westliche Dominanz zu mindern.

Im Frühjahr 2002 wurden wenigstens andeutungsweise
einige praktische Konsequenzen gezogen:

1. Gedrängt von der blutigen Eskalation des Nahost-Konflikts seit Anfang 2001, aber auch von seinen europäischen
Verbündeten, ließ Präsident George W. Bush seine die
Hardliner des Likud-Blocks begünstigende Tatenlosigkeit
fallen und setzte zu einem Versuch an, nicht nur die Gewalt
wieder einzudämmen, sondern auch die Lösung des Kon-
flikts voranzutreiben. Ob es sich dabei um eine Rückwendung zu der traditionellen Nahost-Politik Washingtons
handelt, die vor allem Präsident Bill Clinton energisch,
wenn auch letztlich vergeblich, weiterentwickelt hatte,
oder nur darum, den Konflikt zwischen Israel und den Palästinensern zu beruhigen, um die Zustimmung der arabischen und der europäischen Staaten für den geplanten Angriff auf den Irak zu erhalten, blieb offen.

2. Im Hinblick auf die Ungleichverteilung von Reichtum und
Armut in der Welt vollzog der amerikanische Präsident am
14. März 2002 einen zwar kleinen, aber spürbaren Wandel.
Weil anhaltende Armut und Unterdrückung Hoffnungslosigkeit erzeugten, die zur Quelle des Terrors werden
konnte, versprach er die Aufstockung der amerikanischen
Auslandshilfe um fünf Milliarden USD ab 2004 und für
drei Jahre. Bush blieb zwar weit unter der von UN-Gene-
ralsekretär Kofi Annan verlangten Verdoppelung der sich
insgesamt auf 50 Milliarden USD jährlich belaufenden
westlichen Entwicklungshilfe. Aber Washington verschloß
sich nicht mehr der Einsicht, daß die Armut «eine Zeit-
bombe gegen die Freiheit» darstellte, oder, wie es der Prä-

sident der UN-Generalversammlung Han Seung Soo ausdrückte, ein «Quellgrund für Gewalt und Verzweiflung».[68]

Auch die Mitglieder der Europäischen Union erklärten
sich bereit, ihre Entwicklungshilfe, wenn auch erst ab 2006,
um vier Milliarden USD pro Jahr zu erhöhen. Damit würde die Entwicklungshilfe einen Anteil von 0,39 Prozent des
Bruttosozialprodukts der europäischen Staaten im Durchschnitt erreichen – ein zwar großer, aber noch immer nicht
ausreichender Schritt in Richtung des von den Vereinten
Nationen gesetzten Ziels von 0,7 Prozent.[69]

3. Auch die Mitbestimmung der Koalitionäre im Kampf gegen den Terror spielte im Frühjahr 2002 eine größere Rolle
in der amerikanischen Außenpolitik. Sie bereitete sich darauf vor, bei zunehmender Ablehnung durch Saudi-Arabien
den dort lokalisierten Militärstützpunkt nach Qatar zu verlegen. Würde dieser Fall eintreten, wäre freilich nicht nur
Rücksicht auf den Wunsch Riads genommen, sondern auch
eines der Ziele erfüllt worden, die Osama Bin Laden für
seine Organisation proklamiert hatte.

Im Westen wuchs also die Einsicht, daß Sicherheit nicht identisch mit Verteidigungsfähigkeit und auch nicht durch die Anwendung möglichst moderner Waffengewalt zu erreichen war.
Sicherheit vor dem Terrorismus verlangte, Sicherheitspolitik
ganz anders zu begreifen. Nicht nur als Kampf gegen die Ter-
rorzellen, sondern auch als Nationbuilding und als weltweite
Herstellung lebenswürdiger Bedingungen in allen Staaten. Das
betraf vor allem den Sachbereich der wirtschaftlichen Wohlfahrt. Armut muß beseitigt und der wirtschaftliche Fortschritt
mindestens eingeleitet werden. Das betraf aber auch den Sachbereich der Herrschaft. In allen Staaten muß die gesellschaftliche Mitbestimmung mindestens bis zu dem Grad gesichert
sein, daß die Regierung mit dem sozialen Konsens rechnen
kann. Für die Führung der Welt war die Zustimmung der
Staaten und der Gesellschaften erforderlich, die jeweils nur
durch deren Beteiligung zu erreichen war.

Diese Einsichten waren zwar nicht neu, aber seit 1994 zunehmend vergessen, als «Sozialarbeit» belächelt oder als «weiche Politik» diskriminiert worden. Deren Erfolglosigkeit konnte mit den nachweisbaren Ergebnissen militärischer Gewaltanwendung nicht verglichen werden.

Das Nachdenken über den Terrorismus hat hier eine Renaissance eingeleitet, die aber noch nicht in aktuelle Sicherheitspolitik übersetzt worden ist. Die Praxis orientiert sich immer noch an den alten Bedingungen der Staatenwelt, nicht an denen der Gesellschaftswelt. Deren Stabilität hängt davon ab, daß in allen Staaten die Regierungen die Anforderungen ihrer Gesellschaft nach wirtschaftlichem Wohlstand und Mitbestimmung erfüllen. Sie dazu anzuhalten, ihnen zu den notwendigen wirtschaftlichen und politischen Voraussetzungen zu verhelfen, wurde zu einer der wichtigsten Strategien moderner Sicherheitspolitik.

Entwicklungspolitik und Außenpolitik bekommen damit eine ganz andere Bedeutung. Waren sie während der langen Jahre des Kalten Krieges vornehmlich zur Exportförderung der Industriestaaten und zur außenpolitischen Lagerbildung eingesetzt worden, so sind sie in der Gesellschaftswelt zu den wichtigsten Strategien der Sicherheitspolitik geworden. Der Westen muß sich um die Staatenbildung, um die Demokratisierung der Herrschaftssysteme und um nachhaltige wirtschaftliche Entwicklung sowie um die Mitbestimmung aller Länder bemühen.

Dazu muß der gesamte Problemkreis der «Nicht-Einmischung in die inneren Angelegenheiten souveräner Staaten» neu überdacht werden. Gewaltlose Intervention in die Wirtschafts- und Herrschaftssysteme der Staaten der Welt ist zwingend geboten, wenn unter den Bedingungen der Gesellschaftswelt Sicherheit hergestellt werden soll. Bisher hatte der Westen vor solcher Intervention immer zurückgescheut, aber bereitwillig und ohne Bedenken militärisch interveniert, wenn aus den innenpolitischen Verfallsprozessen eines Staates außenpolitische Gefährdungen erwachsen waren. Daß diese Dichotomie paradox war, war schon dem 19. Jahrhundert aufgefallen, das von einer «schiefen Schlachtordnung» sprach.[70] Politik und Versäumnisse des Westens auf dem Balkan in der jüngsten Vergangenheit veranschaulichen die Problematik, der Stabilitätspakt für den Südlichen Balkan (eine Initiative der Rot-Grünen Koalition) die richtige Strategie.

Am Balkan, wie vor allem am Nahost-Konflikt, zeigt sich ein weiteres Desiderat moderner Sicherheitspolitik: die aktive, wenn möglich präventive, in jedem Fall gewaltfreie, aber unermüdliche Mitarbeit der internationalen Umwelt an der friedlichen Lösung innerstaatlicher Konflikte. Der Weltsicherheitsrat hatte 1992 auf seiner Gipfelkonferenz die Vorbeugung zur wichtigsten Strategie internationaler Stabilitätspolitik erklärt und den damaligen Generalsekretär veranlaßt, mehrere wichtige und richtige Vorschläge dazu zu veröffentlichen. Versagt die Prävention, muß die Region, also die Nachbarn, oder gegebenenfalls auch die Welt insgesamt, sich in die Konfliktbearbeitung einschalten.

Der erste, die Bezeichnung verdienende, Friedensprozeß für den Nahost-Konflikt wurde auf der Madrider Konferenz von 1991 eingeleitet. Weil die Welt ihn aber nicht begleitet hat, konnte er wieder zerrinnen. Innerstaatliche Konflikte und Bürgerkriege sind kein Eigentum der Beteiligten, sondern eine Angelegenheit, die alle davon betroffenen Staaten angeht und sie zur Mitwirkung nicht nur berechtigt, sondern verpflichtet.

Demokratisierung und gesellschaftliche Mitbestimmung in den Staaten haben ein internationales Pendant: den Multilateralismus. Er ermöglicht international die Mitwirkung aller Staaten an der Regelung der regionalen und globalen Probleme dieser Welt. Er erzeugt mit dem zwischenstaatlichen auch den zwischengesellschaftlichen Konsens.

Wie die Sicherheitspolitik in der Gesellschaftswelt beschaffen sein muß, läßt sich jetzt in Umrissen beschreiben. Sie muß selbstverständlich die Verteidigungsfähigkeit erhalten, in Notfällen auch die zur militärischen Intervention in der Umwelt. Auf dieser, zwar nicht unveränderlichen, aber auf absehbare Zeit unverzichtbaren Grundlage, erhebt sich das neue Design der Sicherheitspolitik. Zu ihr gehören:

- die rasche Beendigung des Nahost-Konflikts auf der Basis «Land gegen Frieden»,
- Staatsbildung und nachhaltige Entwicklungspolitik,
- gleichmäßige Verteilung der Globalisierungsprofite,
- die internationale, gewaltfreie Bearbeitung, Auflösung und Vorbeugung von Bürgerkriegen,
- der Multilateralismus als Beteiligung aller an der Weltordnungspolitik.

Sicherheit ist heute mehr mit dem Sachbereich der wirtschaftlichen Wohlfahrt und dem der Teilhabe an der Herrschaft verknüpft, als mit den Verteidigungsfähigkeiten. Diese Verschiebung entspricht der veränderten Prioritätensetzung in der Gesellschaftswelt und harmoniert mit ihr. «Sicherheit nach außen war das klassische Thema der Staatenwelt – ... Die Verbesserung der Entfaltungschancen des Einzelnen wird zum klassischen Thema der Gesellschaftswelt».[71]

Wenn Sicherheit in erster Linie dadurch hergestellt werden muß, daß die Entfaltungschancen jedes einzelnen Menschen auf der Welt angehoben werden, seine Partizipation an den Herrschaftsprozessen verbessert wird, dann gibt es keinen Widerspruch mehr zwischen dem Ziel der wirtschaftlichen Wohlfahrt und dem der Sicherheit. Der Sachbereich der Sicherheit kann nicht mehr auf die Verteidigungsvorsorge begrenzt, sondern muß in den Sachbereich der wirtschaftlichen Wohlfahrt und in den der Teilhabe an der Herrschaft eingegliedert werden. Ist das wichtigste Thema der Gesellschaftswelt der «Friede, verstanden als gewaltfreie Konfliktlösung»,[72] so werden die Verbreitung der Demokratisierung und die Erzeugung von Wohlstand durch Marktwirtschaft die beiden wichtigsten Sicherheitsstrategien. Sie sind nicht militärischer, sondern politisch-ökonomisch-gesellschaftlicher Art. Sie erzeugen mit dem Einsatz von «soft power» die gesellschaftlich-politischen Strukturen, die den permanenten Verzicht auf die Anwendung militärischer Gewalt hervorrufen. In anderen Worten: die Sicherheitspolitik, die langfristig allein gegen den Terrorismus erfolgreich eingesetzt werden kann, entspricht genau der Verbreitung von wirtschaftlichem Wohlstand und Demokratie, die den außenpolitischen Themenkatalog der Gesellschaftswelt dominieren.

Ihrer Implementation steht entgegen, daß die sicherheitspolitischen Apparate der Staaten, gerade die der westlichen Staaten, noch immer staatenweltlich ausgerichtet, also auf den bevorzugten Einsatz militärischer Gewalt geeicht sind. Während des – ebenfalls noch staatenweltlichen – Ost-West-Konflikts war diese Bevorzugung des Sachbereichs klassischer Sicherheit teilweise funktional gewesen; nach seinem Ende, unter den drastisch veränderten Bedingungen der Gesellschaftswelt, ist sie es nur noch rudimentär.

Die sicherheitspolitischen Bürokratien, die Streitkräfte und die dazugehörige Rüstungsindustrie sind weitgehend ungeschmälert erhalten geblieben. Für die Sicherheitspolitik der Gesellschaftswelt sind keine neuen organisatorischen Strukturen eingerichtet worden. Sie wurde den bereits bestehenden Institutionen zugewiesen. Die nehmen sich ihrer auch an, aber natürlich nur am Rande und nur mit überschüssigen Kapazitäten, weil die anderen mit der Ausführung der traditionellen Aufgaben voll beschäftigt sind.

Die moderne Sicherheitspolitik verfügt damit nicht nur nicht über die erforderlichen Ressourcen, Ämter und Eliten. Es fällt ihr auch schwer, sich gegen den Dominanzanspruch des gut ausgestatteten Sachbereichs klassischer Sicherheit zu behaupten, geschweige denn durchzusetzen. Der modernen Sicherheitspolitik fehlen sogar das Geld und das Personal, um wenigstens ihr Konzept entfalten und seine strategischen Implikationen ausarbeiten zu können.

Wiewohl heute niemand mehr bestreitet, daß es vorteilhaft wäre, Konflikten frühzeitig vorzubeugen und das Regierungssystem der Demokratie weltweit zu verbreiten, gibt es im politischen Raum keine Institution, die die Strategien ausarbeitet, mit denen sich beide Ziele realisieren ließen. Die klassische Sicherheitspolitik hingegen verfügt über eine Fülle von Militärakademien, in denen die Strategien des Gewalteinsatzes und seine politischen Bedingungen bearbeitet und jeweils auf den neuesten Stand gebracht werden. Sie besitzt eine Jahrhunderte alte Tradition, deren Monopolstellung sie verständlicherweise bewahren will.

Das sind, in der Praxis des täglichen sicherheitspolitischen Entscheidungsprozesses, unschätzbare Vorteile. Wie sollte man sonst erklären, daß der Westen auf den 11. September, an dem sich die «Neue Gefahr» des Terrorismus in unübersehbarer Weise zeigte, nicht mit einer dieser Novität angemessenen, sondern mit der klassischen Strategie militärischer Intervention gegen Afghanistan geantwortet hat?

Möglicherweise ist auf dieses organisationssoziologische Problem auch zurückzuführen, daß der Modernisierungsanlauf, den die westliche Welt gleich nach dem Ende des Ost-West-Konflikts energisch genommen hatte, nach wenigen Jahren wieder versandet ist. Das war gewiß nicht die einzige, schon gar nicht die wichtigste Ursache dieser Rückwendung, sie sollte aber nicht gering veranschlagt werden. Da man, wie das amerikanische Sprichwort sagt und die amerikanische Erfahrung in Vietnam bestätigt, bekommt, worauf man sich vorbereitet, wird sich das in der politischen Diskussion unbestrittene moderne Sicherheitsdenken erst dann durchsetzen können, wenn ihm im Aufbau von Staat und Bürokratie ein entsprechend großer Platz zugewiesen worden sein wird.

II. Innovation und Restauration: die neunziger Jahre

Das Ende des Ost-West-Konflikts 1990/91 hatte auch die alte, von ihm stark beeinflußte Weltordnung beendet, die immerhin über vierzig Jahre lang die globale Politik bestimmt hatte. Die Konfrontation zwischen den USA und der Sowjetunion, der NATO und dem Warschauer Pakt, hatte mit der Teilung Europas dessen notorische Probleme stillgestellt. Die Konkurrenz der beiden Lager um die Unterstützung der außereuropäischen Welt hatte eine nur punktuell diffuse, aber ansonsten klar erkennbare Zweiteilung der globalen Politik heraufgeführt. Sie war oberflächlich stabil gewesen, mit erkennbaren Zuordnungen und überschaubaren Verhaltensweisen.

Nachdem mit seinem Zusammenbruch der Herausforderer, die Sowjetunion, den Führungsanspruch aufgegeben hatte, konnten die USA den ihren auf die gesamte Welt ausweiten. Diese Aufgabe hatten sie schon einmal, nämlich von 1943 bis 1945 gelöst, als der Zweite Weltkrieg sich seinem Ende näherte. Ihren nunmehr klar erhobenen Weltführungsanspruch hatten sie in die von ihnen maßgeblich gegründete Weltorganisation der Vereinten Nationen integriert. Washington kreierte eine multilaterale Weltordnung, innerhalb derer die USA mit ihrem politischen, militärischen und wirtschaftlichen Schwergewicht den Konsens der anderen für ihre Vorstellungen zu erzeugen vermochten.

Dieser sehr kluge Ansatz wurde mit dem Beginn des Ost-West-Konflikts aufgegeben, aber sofort nach dessen Ende von Präsident George Bush wiederentdeckt. Die von ihm 1991 ausgerufene «Neue Weltordnung» sollte zum großen Teil auf der Zusammenarbeit in den Vereinten Nationen beruhen, also den Multilateralismus zum Kern haben. Wie manch anderer Leitbegriff, war auch dieser eher zufällig in der Umgebung des amerikanischen Präsidenten geprägt und von ihm eigentlich niemals präzise erläutert worden.[1]

1. Moderner Beginn

Um das Konzept der Neuen Weltordnung auszuarbeiten, fehlte es Präsident Bush vor allem an der Zeit. Er war hauptsächlich mit den Kadenzen des Kalten Krieges beschäftigt und kann sich zugute halten, daß er die Selbstauflösung der Sowjetunion, des Kommunismus und des Warschauer Pakts ebenso zurückhaltend wie pragmatisch begleitet und davor bewahrt hat, neue Turbulenzen auszubilden. Auch die Wiedervereinigung Deutschlands wurde von Präsident Bush und seinem Außenminister Baker betreut und gefördert. Beide hatten auf die Pose des Siegers völlig verzichtet und sich den Osteuropäern, den Russen und den aus der Sowjetunion ausscherenden Staaten von vornherein als Partner und Helfer präsentiert.[2]

Präsident und Außenminister standen dem Multilateralismus eher zurückhaltend gegenüber. Außenminister James A. Baker, III, wollte ihn bestenfalls als Ergänzung akzeptieren. Er verließ sich auf den Bilateralismus, mit dem sich geopolitische Gleichgewichte herstellen und reale Sicherheiten erzielen ließen. Der Bilateralismus kam auch dem amerikanischen Interesse entgegen, als «ehrlicher Makler» zu dienen. Baker beschrieb dieses politische Konzept mit dem Bild eines Fächers, dessen einzelne Streben in der Hand der USA zusammenliefen. Washington scheute vor der Einbindung in internationale Organisationen zurück, es bevorzugte «flexible Lösungen».

Dennoch hat die Regierung Bush sehr viel für den Multilateralismus als wichtigen Baustein der Neuen Weltordnung getan. Als der Irak 1990 Kuwait überfiel, wurde der UN-

Sicherheitsrat aktiviert, der mit seiner Resolution 678 vom 29. November 1990 die von Präsident Bush zusammengebrachte Staaten-Koalition dazu ermächtigte, «alle notwendigen Mittel zu benutzen, um ... den internationalen Frieden und die Sicherheit in der Region wiederherzustellen». Das Verfahren entsprach nicht ganz den Vorschriften der UN-Charta, weil der Sicherheitsrat nicht selbst das Kommando und den Oberbefehl behielt. Im strengen Sinn fand also keine UN-Aktion statt, die Truppen der Koalition durften auch die UN-Fahnen nicht führen. Aber die Vertreibung des Irak kam den Bestimmungen des Kapitels VII der Charta schon ziemlich nahe, vor allem, wenn man sie mit dem Serbien-Krieg der NATO 1999 und dem Afghanistan-Krieg der USA 2001/2002 vergleicht. Washington hatte 1991 ebenfalls die militärische Hauptlast getragen, es hätte mühelos auch allein kämpfen können. Aber Präsident George Bush blieb bewußt innerhalb der von der Charta der Vereinten Nationen gesetzten Weltordnung, die dem Sicherheitsrat das Gewaltmonopol zuweist. Er blieb auch in der amerikanischen Tradition, die den außenpolitischen Alleingang immer vermieden, stets die Zusammenarbeit mit gleichgesinnten Staaten gepflegt hatte. Seinen politischen Lohn erhielt der Präsident in der globalen Zustimmung zu der Bestrafung des Irak, die sich in der Autorisierung von Sanktionen durch den Sicherheitsrat deutlich artikulierte.

Aber auch für die Ordnung der Regionen boten sich multilaterale Verfahren nach dem Ende des Kalten Krieges an. Am 21. November 1990 unterzeichneten die ehemaligen Gegner des Ost-West-Konflikts die «Charta von Paris für ein neues Europa». Sie verabredeten die Zusammenarbeit im gesamten Bereich der Sicherheitspolitik. Diese Kooperation war 1975 mit der Konferenz für Sicherheit und Zusammenarbeit in Helsinki eingerichtet und damit sehr erfolgreich geworden.[3] In der Charta bekannten sich die europäischen Staaten sämtlich «zu einer auf Menschenrechten und Grundfreiheiten beruhenden Demokratie, Wohlstand durch wirtschaftliche Freiheit und soziale Gerechtigkeit und gleiche Sicherheit für alle unsere Länder».[4] Sie beschlossen zusammenzuarbeiten, «um zu gewährleisten, daß die Entwicklung der Demokratie nicht mehr rückgängig gemacht werden kann». Deswegen wandelten sie die KSZE, die bis dahin nur in einer lockeren Konferenzfolge bestanden hatte, in eine permanente internationale Organisation um, die ihren Sitz in Wien fand.

An dem Pariser Treffen ist zweierlei interessant. Der Multilateralismus wurde als Ordnung stiftendes Verfahren in einer internationalen Organisation institutionalisiert. Mit der Förderung der Menschenrechte, der Demokratie und der liberalen Marktwirtschaft wurden ihm diejenigen Aufgaben anvertraut, die den Zielhorizonten der Gesellschaftswelt entsprachen und die Grundlage des «demokratischen Friedens» abgeben konnten.

Das Pariser KSZE-Treffen bescheinigte den 22 Staats- und Regierungschefs aus den früher gegnerischen Lagern, daß sie sehr gut informiert waren über die tiefer liegenden Ursachen des Ost-West-Konflikts. Es wäre noch besser gewesen, sie hätten sich ausführlich mit diesen Ursachen auseinandergesetzt und untersuchen lassen, wie der Konflikt zustande gekommen war und wie er beendet wurde. Beide Fragen sind bis heute nicht zufriedenstellend beantwortet worden.[5] Den Regierungschefs stand aber ihr immanentes Erfahrungswissen zur Verfügung, und sie zogen daraus die richtigen, konzeptionell außerordentlich fortschrittlichen Konsequenzen. Im euro-atlantischen Raum waren – und sind – zwei Ursachen verantwortlich für die Entstehung von Kriegen. Die Anarchie des internationalen Systems erzeugt das Dilemma, daß jeder Staat sich auf einen möglichen Überfall durch den Nachbarn vorbereiten muß, obwohl er weiß, daß seine der Verteidigung dienende Rüstung von den Nachbarn als sie bedrohende Aufrüstung gedeutet werden muß. Dieses Dilemma verschwindet, wenn alle Staaten in einer internationalen Organisation kontinuierlich zusammenarbeiten. Die zweite Kriegsursache, autoritäre Herrschaftssysteme, beseitigt eine konsequent durchgeführte Strategie der Demokratisierung.

Beides wurde in Paris verabredet, beides war geeignet, in Euro-Atlantik eine dauerhafte Grundlage für eine Ordnung des europäischen Staatensystems zu bilden, die den Krieg eliminieren würde. Diese konzeptionelle Leistung der Politiker von Paris kann gar nicht hoch genug bewertet werden.

Den Multilateralismus breiteten mehrere, stärker selektiv orientierte Organisationen aus. Die Westeuropäische Union, während des Kalten Krieges weitgehend arbeitslos, nahm 1990 Kontakte mit den demokratisch regierten Ländern in Zentral- und Osteuropa auf. Zwei Jahre später erhielten alle mittel- und osteuropäischen Staaten, die mit der Europäischen Union die Europa-Abkommen abgeschlossen hatten, den Status assoziierter Partner. Für alle errichtete die Westeuropäische Union 1992 ein Konsultationsforum, das die Zusammenarbeit verstärken sollte.

Als besonders wirksam erwies sich in Europa das Angebot der NATO, den ehemaligen Gegnern bei der Demokratisierung und beim zivilen Wiederaufbau zu helfen. Schon im Juni 1991 hatte die NATO diesen Staaten ein umfangreiches Kontakt-, Ausbildungs- und Beratungsprogramm offeriert. Ende 1991 erfolgte dann die Bildung des Nordatlantischen Kooperationsrats, der neben den NATO-Mitgliedern die sechs früheren Warschauer Pakt-Staaten und die drei baltischen Staaten umfaßte.

Nach dem Zerfall der Sowjetunion wuchs der Nordatlantische Kooperationsrat auf 40 Staaten an. Seinem Ursprungsverständnis nach reihte er sich ein in den Rahmen multilateraler Zusammenarbeit, der im November 1990 in Paris geschaffen worden war. Hinzugerechnet werden muß, jedenfalls den Anfängen nach, auch die «Partnerschaft für den Frieden», die nicht nur den Osteuropäern, sondern auch allen Staaten der früheren Sowjetunion angeboten wurde, um die Kooperation zwischen den demokratischen Staaten zu verstärken. Sie allerdings geriet sehr schnell in die Strudel des um die Mitte der neunziger Jahre einsetzenden Wandels der westlichen Politik.

Zum Netz der multilateralen Organisationen in Europa muß neben dem Europarat, der als einziges Institut die Ost-West-Beziehungen während des Kalten Krieges aufrecht erhalten hatte, vor allen Dingen die Europäische Union mit ihrer Erweiterungspolitik gezählt werden. Am 14. Dezember 1991 im Vorfeld der Maastrichter Konferenz mit einer politischen Union ausgestattet, haben sich die Europäischen Gemeinschaften sehr rasch um die Assoziation der osteuropäischen Staaten bemüht. Mit zehn der MOE wurden «Europa-Abkommen» abgeschlossen, seit 1994 führte die Union mit ihnen einen «strukturierten Dialog». Seine Themen waren die der Demokratisierung und der Liberalisierung der Wirtschaft, also die Themen der Gesellschaftswelt. Sie galten der zweiten großen Gewaltursache, während die erste, die anarchiebedingte Ungewißheit, durch die Kooperation und die Perspektive späterer Integration ebenfalls angegangen, wenn nicht schon ausgeräumt wurde. In der 1995 veröffentlichten «Strategie für die Beziehungen zwischen der Europäischen Union und Rußland» nannte die Europäische Kommission die «anhaltende Unterstützung der Weiterentwicklung der Demokratie, des Rechtsstaats und des Pluralismus in Rußland» an oberster Stelle.[6]

Das Ordnungsgefüge des Multilateralismus wurde also in Europa in vielen Organisationen und Kooperationen errichtet. Als schwieriger erwies sich, die Beziehungen zwischen ihnen ebenfalls multilateral zu ordnen. Theoretisch hätte diese Leistung die in Paris geschaffene KSZE (später in OSZE umbenannt) erbringen können, praktisch stand dem der gewachsene Egoismus jeder Organisation im Wege. Die NATO war zwar 1990 deutlich in den Hintergrund getreten und zeitweise mit der Perspektive der Auflösung konfrontiert; sie drängte erst ab 1993 wieder in den Vordergrund. Niemandem blieb verborgen, daß die verschiedenen multilateralen Organisationen in Europa nicht nur nebeneinander, sondern auch gegeneinander arbeiteten, wenn es um die Frage ging, welche bei der Neuordnung Europas den Vorrang haben und den Ton angeben sollte.

Die Konkurrenz wurde stark vom Ausbruch und Verlauf des Bürgerkriegs im früheren Jugoslawien beeinflußt. Den Sieg über Saddam Hussein hatte der G-7-Gipfel im Juli 1991 noch dahin interpretiert, daß «jetzt die Bedingungen bestehen für die Vereinten Nationen, die Vision ihrer Gründer zu verwirklichen. Eine gestärkte UN wird eine zentrale Rolle dabei spielen, die internationale Ordnung zu stärken. Wir verpflichten uns, die Vereinten Nationen stärker, wirksamer und erfolgreicher zu machen, um die Menschenrechte zu schützen, Frieden und Sicherheit für alle zu gewährleisten und jede Aggression abzuschrecken».[7]

Dieses Prinzip des Multilateralismus hätte sich auch bei den militärischen Auseinandersetzungen im Winter 1991/1992 in Kroatien und in Bosnien-Herzegowina benutzen lassen. Aber da es sich hier nicht um eine zwischenstaatliche Aggression, sondern um einen Bürgerkrieg handelte, autorisierte der Sicherheitsrat nicht, wie im Falle des Irak, die Anwendung von Gewalt, sondern die Sicherung des Friedens durch die United Nations Protection Force (UNPROFOR). Das erwies sich als unglücklich. Peacekeeping, in der 1956 beschlossenen Form, konnte Frieden nicht herstellen, sondern nur einen bereits beschlossenen Frieden sichern. Eine Friedenssicherungstruppe in den Krieg auf dem Balkan zu schicken, war ein Paradox, das mit monatelangem Krieg, vielen Verlusten an Menschenleben und auch Einbußen an der Glaubwürdigkeit der Vereinten Nationen und des Westens bezahlt werden mußte.

Als Reaktion darauf entstand ein weiteres Paradox. Nach dem Friedensschluß in Dayton 1995, der durch eine Peacekeeping-Truppe hätte gesichert werden können, beauftragte der Sicherheitsrat nun nicht die Vereinten Nationen, sondern die schlagkräftige Militärallianz NATO mit seiner Beaufsichtigung (IFOR, SFOR).

Die Gründe für dieses Paradox waren vielschichtig, nicht zuletzt aber in der Abneigung der Großmächte zu finden, der multilateralen Organisation der UN den direkten Einsatz von Gewalt zu ermöglichen. Die Verfügung darüber sollte in den Hauptstädten verbleiben. War der Einsatz dieser Gewalt nach wie vor an die Autorisierung durch den Sicherheitsrat gebunden, so stand nicht mehr er im Vordergrund der Ausführung, sondern die NATO und die mit ihr zusammenarbeitende Koalition. Dieses Verfahren konnte noch als Multilateralismus bezeichnet werden; er unterschied sich aber doch von dem der internationalen Organisation. Er ähnelte dem in Europa beheimateten «Konzert der Großmächte», das flexibel nach Interessen entschieden hatte. Dem gegenüber wies die internationale Organisation nicht nur einen ganz anders gearteten, geregelten Entscheidungsprozeß, sondern auch die ausschließliche Orientierung auf die Herstellung kollektiver Sicherheit auf.

Durch die Ereignisse in Jugoslawien vor die Alternative gestellt, entweder die in der Charta vorgesehene Kompetenz zur eigenen Gewaltanwendung den Vereinten Nationen zuzuweisen, oder aber sie dadurch weiter zu schwächen, daß diese Kompetenz den UN definitiv verweigert und auf Dauer in der NATO und den mit ihr kooperierenden Staaten verankert wurde, entschieden die Großmächte gegen den Multilateralismus der internationalen Organisation. Immerhin blieb das Gewaltmonopol des Sicherheitsrats erhalten, verstand sich die NATO als Auftragnehmer. Aber damit war ihr in Europa eine Ordnungsfunktion zugefallen, die sie gegenüber ihren Rivalen bei der Neuordnung des europäischen Staatensystems begünstigte.

Der Einsatz in Bosnien-Herzegowina wich auch insofern von dem im Mittleren Osten ab, als die politischen Entscheidungen nicht im Sicherheitsrat getroffen, sondern ihm nur vorgelegt wurden. War bis zur Mitte der neunziger Jahre das Prinzip des Multilateralismus beibehalten, so war es doch merklich zugunsten der Nationalstaaten und ihrer traditionellen Bündnisse variiert worden. Im Zusammenhang mit dem Urteil des Bundesverfassungsgerichts von 1994 machte sich sogar in der Bundesrepublik Deutschland die Tendenz bemerkbar, die NATO auf eine Stufe zu stellen mit den Vereinten Nationen.[8]

Noch war der Multilateralismus bis zur Mitte der neunziger Jahre auch außerhalb des euro-atlantischen Raumes hoch im Kurs. Der amerikanische Präsident Bush und sein Außenminister James Baker erkannten sehr richtig, daß nur mit seiner Hilfe ein noch schwierigerer Konflikt, nämlich der zwischen Israelis und Palästinensern auf das Gleis einer Lösung geschoben werden konnte. Bilaterale Vermittlungsversuche, auch die Pendeldiplomatie hochrangiger Diplomaten, waren an diesem Konflikt ergebnislos abgeprallt. Zwar konnte er letztlich nur bilateral, wie etwa im Friedensabkommen zwischen Ägypten und Israel, beendet werden. Aber um so weit zu kommen, bedurfte es bilateraler Verfahren, «einer Atmosphäre ..., in der seit langem bestehende bilaterale Streitfragen leichter gelöst werden» konnten.[9]

Im Kontext einer multilateralen Verhandlungsrunde mußten sich die Konfliktpartner ganz anders verhalten. Erstmals saßen sich in Madrid nicht einzelne Diplomaten gegenüber, sondern alle Konfliktparteien im Kontext der engeren und weiteren Nachbarschaft. Neben den Präsidenten Bush und Gorbatschow waren der israelische Ministerpräsident, die Außenminister Ägyptens, Jordaniens, Libanons und Syriens vertreten. Die Europäische Gemeinschaft, die Vereinten Nationen, der Kooperationsrat der Golf-Staaten und der Maghreb hatten Beobachter entsandt. Auch die Palästinenser waren repräsentiert, wenn auch als Mitglieder der Delegation Jordaniens. Es war die große Leistung Präsident George Bushs und seines Außenministers James Baker, diese gänzlich veränderte «Atmosphäre, den multilateralen Kontext, als wichtigste Voraussetzung des Erfolgs» bewertet und deswegen hergestellt zu haben.

Bush ging noch weiter. Er regte «multilaterale Verhandlungen» in der ganzen Region zu den Themen Rüstungskontrolle, Flüchtlingsprobleme, wirtschaftliche Entwicklung an.[10] Die Resolution 687 (1991) des Sicherheitsrats vom 3. April ordnete die Abrüstung des Irak als «Schritte in Richtung auf das Ziel der Schaffung einer Zone im Nahen Osten ein, die frei ist von Massenvernichtungswaffen und allen Flugkörpern zu deren Einsatz …».[11] Die Erkenntnis, daß hartnäckige bilaterale Konflikte nur in einem multilateralen Rahmen gelöst werden konnten, machte die Konferenz von Madrid zur «zentralen Weichenstellung des Friedensprozesses im Nahen Osten».[12] Ihre Wirkung hat immerhin fast zehn Jahre angedauert, bevor sie, im Gleichschritt mit der Vernachlässigung des Multilateralismus und der Rückkehr zu traditionellen Formen der Konfliktbearbeitung, wieder zerfiel.

In der ersten Hälfte der neunziger Jahre breitete sich der Multilateralismus merklich aus, nicht zuletzt gestützt auf das Bekenntnis der Clinton-Administration zum «assertive multilateralism». Präsident Clinton berief im November 1993 die erste Gipfelkonferenz der APEC-Staaten nach Seattle ein. Sie sollte eine «Neue Pazifische Gemeinschaft» ins Leben rufen, die in der Zusammenarbeit die politisch-militärische Stabilität in diesem Raum verbessern und damit das Ausmaß der Rüstungsnotwendigkeit verringern sollte. Die ASEAN-Staaten gründeten im Juli 1993 das Asian Regional Forum, das sich darum bemüht, den «systematischen Dialog zur Tradition» werden zu lassen.[13] Das ARF versteht sich als asiatisches Pendant zur OSZE. Es sah seine Hauptaufgabe in der Vertrauensbildung durch die multilaterale Kooperation. Immerhin gelang es ihm, China zu einer gewissen Mitarbeit zu bewegen.

Multilaterale Zusammenarbeit bildete auch die Grundlage vieler kernwaffenfreier Zonen. Die ASEAN-Staaten errichteten 1995 eine südostasiatische atomwaffenfreie Zone. 1993 hatten sie schon zwischen sich eine «Zone des Friedens, der Freiheit und der Neutralität» (ZOPFAN) hergestellt. In Lateinamerika und im Südpazifik hatte es schon früher atomwaffenfreie Zonen gegeben, 1996 kam Afrika mit dem Pelendaba-Vertrag hinzu. Allen lag die Einsicht zugrunde, daß Sicherheit nur durch multilaterale Kooperation zu erreichen ist. Nur sie erzeugt die Information und das Vertrauen, die den Zwang zur Aufrüstung reduzieren können.

Deswegen stellte die erste Hälfte der neunziger Jahre auch eine Blütezeit der Rüstungskontrolle, insbesondere der der Massenvernichtungswaffen dar. 1993 wurde die Chemiewaffen-Konvention abgeschlossen, 1995 der Nicht-Verbreitungsvertrag für Nuklearwaffen auf unbegrenzte Zeit verlängert. Ein Jahr später wurde endlich das umfassende Verbot von Kernwaffentests vertraglich festgeschrieben.

Die Neue Weltordnung beruhte also zunächst einmal darauf, mit der multilateralen Kooperation, wenn möglich sogar in internationalen Organisationen institutionalisiert, die Ungewißheit im internationalen System zu verringern, die die Staaten immer wieder zu Verteidigungsmaßnahmen zwingt und damit Rüstungswettläufe auslöst. Blieb das Konzept vage, so fanden einzelne Strategien durchaus Eingang in die Praxis.

Das galt auch für die zweite große Gewaltursache. Die Clinton-Administration machte das «enlargement» von Demokratie und Marktwirtschaft zu ihrer außenpolitischen Hauptsache. Vor allem der Sicherheitsberater Präsident Clintons, Anthony Lake, betonte die strukturverändernde Wirkung der Demokratisierung und der Marktwirtschaft, die mit ihrer Ausbildung friedensliebender Regierungssysteme den «fundamentalen Sicherheitsinteressen» der Vereinigten Staaten unmittelbar zugute kamen.[14] Es lag auf dieser Linie, daß die westlichen Industriestaaten, unter maßgeblicher Beteiligung der Bundesrepublik, von 1990 bis 1994 viel Aufmerksamkeit und viel Geld darauf verwandten, den osteuropäischen Staaten und denen der früheren Sowjetunion, Rußland eingeschlossen, Hilfe zur Demokratisierung und zur Liberalisierung der Wirtschaft zu leisten.

In der Praxis also bewegten sich die Sieger im Ost-West-Konflikt innerhalb des gedanklichen Ansatzes der Neuen Weltordnung; es gelang ihnen aber nicht, aus dieser richtigen Praxis konzeptuelle Folgen für eine Außenpolitik abzuleiten, die diese Neue Weltordnung insgesamt herzustellen imstande war.

Vielmehr hatten die Strategien des Ost-West-Konflikts dessen Ende weitgehend intakt überstanden, sich angesichts der allgemeinen Erleichterung über den ausgebrochenen Frieden und der Erwartung einer «Friedensdividende» nur taktischer Zurückhaltung befleißigt. Die westlichen Führungseliten machten sich nicht die Mühe zu untersuchen, welche Ursachen die Auflösung des Warschauer Pakts und den Zusammenbruch der Sowjetunion 1990/1991 heraufgeführt hatten. Sie schrieben beides der Überlegenheit westlicher Militärmacht zu, deren Steigerung vor allem Ronald Reagan zu danken gewesen war. Der Vorschlag, das westliche Verteidigungsbündnis nach erledigter Arbeit aufzulösen, wurde nur an den äußersten Ecken des politischen Spektrums geäußert. Die NATO-Staaten kürzten ihre Verteidigungshaushalte um 20 Prozent, sie ließen sich im Rahmen des KSE-Vertrags in Europa auf die konventionelle Abrüstung ein, hielten aber über das gesamte Spektrum militärischer Fähigkeiten das Bündnis funktionsbereit.

Die Vorzüge des Multilateralismus waren niemals so hoch geschätzt worden, daß sie den amerikanischen Führungsanspruch verkleinert oder gar verdeckt hätten. Auf der Pariser Gipfelkonferenz vom November 1990, die die KSZE institutionalisierte sowie Demokratie, Menschenrechte und Partnerschaft als Bestandteile der europäischen Neuordnung thematisierte, wurde auch die Gemeinsame Erklärung der Europäischen Gemeinschaft und der USA veröffentlicht. In dem von Außenminister Baker 1989 so genannten «New Atlanticism» honorierten zwar die USA die gewachsene Selbständigkeit Westeuropas mit regelmäßigen Gipfeltreffen und Konsultationen; sie gaben aber ihren Führungsanspruch in der Atlantischen Gemeinschaft keineswegs auf. Im Gegenteil. Präsident George Bush protestierte im Frühjahr 1992 offen und direkt in Bonn und in Paris gegen die Absicht, ein deutsch-französisches Eurocorps aufzustellen. Am Monopol des NATO-Bündnisses, die europäisch-amerikanische Zusammenarbeit zu organisieren und in dieser Organisation die amerikanische Führung verläßlich zu institutionalisieren, änderte sich gar nichts. Europäische Forderungen in der ersten Hälfte der neunziger Jahre nach einer Neuen Transatlantischen Agenda, die dem gewachsenen politisch-militärischen Schwergewicht Europas besser Rechnung tragen sollte, fanden in Washington keinerlei Gehör.

Bei aller Würdigung des Multilateralismus hatte die Administration George Bush ihre Präferenz für den klassischen Bilateralismus beibehalten. Ihre Weltpolitik orientierte sich weniger am ersten, sondern vielmehr am dritten Entwurf der amerikanischen Weltführungspolitik, wie er von Präsident Richard Nixon praktiziert worden war. Die USA behielten ihren Führungsanspruch, der sich auf ihre ökonomische und militärische Stärke gründete,[15] bei. In den bilateralisierten Beziehungen zu den Staaten der Welt, den Bundesgenossen und den Bündnissen dimensionierten sie deren Bewegungsfreiheit. Diese Weltordnung war daher in erster Linie eine «Negativ-Ordnung».[16]

Daran hielt sich letztlich auch Präsident Bill Clinton. Zwar hatte er zunächst eine Positiv-Ordnung im Sinn gehabt. Im Wahlkampf hatte er den Amerikanern versprochen, den Schwerpunkt endlich auf die Innen- und Wirtschaftspolitik zu setzen, den Haushalt zu sanieren und Arbeitsplätze zu schaffen. Seine Weltpolitik sollte analog der Ausbreitung von Demokratie und Marktwirtschaft dienen. Aber den Führungsanspruch hatte auch die Clinton-Administration keineswegs aufgegeben. «Die Vereinigten Staaten müssen führen, wir müssen in jeder Hinsicht führen», proklamierte Außenminister Christopher als Kern der Clinton-Doktrin.[17]

Zwar sollte die Führung multilateral ausgestaltet werden, also das Element der Konsultation verstärken. Auf der Jubiläumstagung der NATO im Januar 1994 in Brüssel stellte Bill Clinton öffentlich fest, daß seine Regierung mit der Praxis der Vorgänger «gebrochen» habe, die die gleichberechtigte Mitbestimmung der Europäer immer proklamiert, sie ihnen aber faktisch verweigert hatte. Diesen «hegemonialen Internationalismus» kündigte Präsident Clinton im Januar 1994 auf. Er konnte aber seine Absicht nicht in die Praxis umsetzen. Mit Deklaratorik allein ließen sich 45 Jahre eines Führungsstils nicht auslöschen, der sich längst in der Bürokratie, den Büros der Allianz, aber auch in den Köpfen der politischen Elite institutionalisiert hatte.

Eine ähnliche Erfahrung hatte ja schon Clintons demokratischer Vorgänger Jimmy Carter machen müssen. Auch er wollte die amerikanische Weltpolitik reformieren, in ihren Vordergrund nicht die militärische Auseinandersetzung mit der Sowjetunion, sondern die ideologische Kontroverse mit ihr über Demokratie und Menschenrechte setzen. Statt dessen zwang der Entscheidungsapparat ihn auf die vertraute Linie der amerikanischen Weltführungspolitik zurück.

2. Die Wende rückwärts, 1994

Bill Clinton gab also nach zwei Jahren seinen Reformkurs auf. Innenpolitisch konnte er weder sein Konjunkturprogramm noch die Haushaltssanierung durchsetzen, zumal ihm auch die Demokraten, die beide Häuser des Congress beherrschten, nicht folgten. Die Opposition der Republikaner hielt ihm für den Midterm-Wahlkampf 1994 ein radikales Alternativprogramm in Gestalt des «Contract with America» entgegen, in dessen Sog die Republikaner die Mehrheit in beiden Häusern des Congress gewannen. Die 73 neu gewählten Republikaner im Repräsentantenhaus verstanden sich als Speerspitze dieses konservativen Grundsatzprogramms.[18]

Der dadurch 1994 extrem zunehmende innenpolitische Druck legte Clinton die von vielen amerikanischen Präsidenten in solcher Lage benutzte Flucht in die Außenpolitik nahe. Dort besaß er, was ihm in der Innenpolitik fehlte: Handlungsspielraum. Dazu mußte er freilich, entgegen seinem politischen Credo, den Führungsakzent wieder auf die Außenpolitik rücken, die Republikaner sozusagen rechts überholen.

Sein Politikwechsel hin zur NATO-Osterweiterung im Sommer 1994 hatte mehrere Ursachen. Er entsprach dem Wunsch vieler Osteuropäer, den positionalen Interessen des NATO-Establishment und stärkte die Bedeutung der Militärallianz als institutionalisierter Beziehung zwischen Westeuropa und den USA. Wahrscheinlich haben auch die Exportinteressen der amerikanischen Rüstungsindustrie eine Rolle gespielt. Entscheidend für den Politikwandel Clintons aber war sein Interesse, mit der Stärkung der Allianz den außenpolitischen Führungsanspruch der USA hervorzuheben und mit dieser eindeutigen, auch anti-russischen Tendenz der republikanischen Opposition den Wind aus den Segeln zu nehmen.

Clinton tat noch mehr. Er intervenierte im September 1994 in Haiti, regelte zusammen mit Fidel Castro die Eindämmung des Flüchtlingsstroms von Kuba nach Florida. Als Saddam Hussein im Oktober 1994 wieder mit dem Säbel zu rasseln begann, verlegte Clinton amerikanische Kampftruppen nach Kuwait. Daß er den «assertive multilateralism» der Frühzeit aufgegeben hatte, demonstrierte er im Mai 1994 mit den 17 Bedingungen, die er an die Beteiligung der USA an UN-Friedenssicherungsaktionen knüpfen wollte. Das war gewiß der schmählichen Niederlage in Somalia geschuldet, auf Dauer aber eine Konzession an den konservativen Flügel im amerikanischen Congress, dem jede Einschränkung amerikanischer Souveränität zugunsten der multilateralen Organisation der UN ein Greuel war.[19]

Gelang es Bill Clinton nicht, den republikanischen Sieg in den Midterm-Wahlen von 1994 zu verhindern, so sicherte ihm diese Flucht in die Außenpolitik die Wiederwahl als Präsident 1996 und damit die Möglichkeit, von der verbesserten Machtposition aus auch seine innen- und sozialpolitischen Programme, wenn auch stark gedrosselt, weiter zu betreiben.

Außenpolitisch ließ sich der Präsident dafür immer stärker auf die von der Struktur des Entscheidungsapparates vorgegebene und von den konservativen Eliten geforderte Betonung der militärischen Komponente der amerikanischen Außenpolitik ein. Clinton sicherte die Einhaltung des Flugverbots im Irak durch regelmäßige Bombardierungen des Landes; im Dezember 1998 ordnete er mehrtägige ausgedehnte Luftangriffe auf den Irak an, um ihn für die Ablehnung erneuter Waffeninspektionen zu bestrafen. Zu dem im März 1999 beginnenden Luftkrieg der NATO gegen Serbien, auf den sich das Bündnis seit 1997 und systematisch seit dem Frühjahr 1998 vorbereitet hatte, hatte Clinton schon im Januar 1999 seine Zustimmung gegeben.

In beiden Fällen, gegenüber dem Irak und gegenüber Serbien, setzte nunmehr auch Bill Clinton weniger auf Verhandlungen, Kooperation und Verifikation, sondern auf die Anwendung von Gewalt. Das Abkommen zwischen dem amerikanischen Sonderbotschafter Richard Holbrooke und dem jugoslawischen Präsidenten Milosevic vom Oktober 1998 hätte es verdient gehabt, weiter gestärkt und gegen die Störungsversuche der UCK abgeschirmt zu werden. Zu diesem Zeitpunkt waren die Kriegsvorbereitungen der NATO, zumal durch die selbstbindenden wiederholten Ultimaten, schon so weit gediehen, daß die Politik keine Chance mehr hatte.

Ein wichtiger Unterschied aber trennte die Bombardierung des Irak von der Serbiens. Die eine konnte für sich in Anspruch nehmen, Auflagen des UN-Sicherheitsrats mit Gewalt durchzusetzen. Die andere hatte bewußt auf eine Autorisierung durch die Vereinten Nationen verzichtet. Der Serbienkrieg der NATO brach das Gewaltverbot des Artikels 2,4 der Satzung der Vereinten Nationen und mit ihm das Regime der Kriegsverhinderung, das seit 1945 wenigstens normativ unbestritten geherrscht hatte.

Im Serbienkrieg trat aber auch eine neue Figur des Atlantischen Bündnisses zutage. Zwar war der Krieg von der NATO beschlossen und von allen Mitgliedern getragen worden. In der Praxis durften – und konnten – sie nur Hilfsdienste leisten. Die entscheidenden Militäraktionen wurden im Pentagon beschlossen, in Brüssel verkündet und von den Vereinigten Staaten ausgeführt.

Unter Bill Clinton war nicht nur der Gedanke an eine Neue Weltordnung beiseite gelegt, sondern die vor 1945 geltende alte Ordnung schon teilweise wiederbelebt worden. In ihr konnte Waffengewalt wieder zu politischen Zwecken eingesetzt werden. Ob das unter den veränderten Bedingungen der Gesellschaftswelt überhaupt noch zweckmäßig war, wurde nicht erörtert. Die Erfahrungen der USA in Vietnam und Somalia, die der Sowjetunion in Afghanistan, wurden nicht herangezogen. Daß die Welt nach 1990 mit «Neuen Gefahren» bedroht wurde, nicht mit den alten, wurde nicht reflektiert. Der gesellschaftliche Konsens als entscheidender Parameter jeden Erfolgs tauchte im Strategischen Konzept der NATO von 1999 gar nicht mehr auf. Es war konzeptuell ein sehr altes Dokument.

Seine ordnungspolitische Bedeutung darf nicht unterschätzt werden. Innerhalb des Bündnisses emanzipierten sich die USA derart, daß die kollektive Verteidigungsorganisation NATO zu einer von den USA geführten Interventionsstreitmacht mutierte. Die anderen Mitglieder wurden auf Hilfeleistungen

zurückgestuft. Zwar wurde im Konzept notiert, wo die Europäer von den USA abwichen: bei der Ergänzung der traditionellen Verteidigungsaufgabe durch die neue Funktion der
militärischen Intervention, der geographischen Reichweite
des Bündnisses, der Abhängigkeit seines Einsatzes von einem
Beschluß des Sicherheitsrats. Ebenso wurde die verstärkte
Bemühung der Europäer um eine eigene Sicherheits- und
Verteidigungspolitik registriert.

Aber das weltpolitische Rollenverständnis der Allianz in
diesem strategischen Konzept nahm darauf wenig Rücksicht.
Es reklamierte eine Rundum-Zuständigkeit für alle Bereiche
nicht nur der Verteidigungs-, sondern auch der Sicherheitspolitik, der Konfliktverhütung und der Krisenbewältigung.[20]
Das Bündnis nahm damit eine weitere Stufe auf dem langen
Weg des Funktionswandels, den es seit dem Beginn der Ent-
spannungsperiode im Kalten Krieg zurückgelegt hatte. Es politisierte sich immer mehr, so daß der Artikel 4 des NATO-
Vertrags mit der Abrede zur Konsultation vielfach schon
wichtiger erscheinen konnte, als der Artikel 5, der den Verte-
digungsfall regelt.[21]

Die NATO blieb zwar letztlich in Aufbau, Funktionsweise
und Selbstverständnis ein Militärbündnis. Aber es versuchte
mehr und mehr, seinen gesamtpolitischen Stellenwert aufzu-
bessern. Das strategische Konzept von 1999 stellte das Bündnis schon in das Zentrum aller Organisationen, die sich um
die europäische Sicherheitsarchitektur bemühten (§ 25). Der
Serbienkrieg war im Herbst 1998 in Washington ganz offen
mit der Absicht begründet worden, den ordnungspolitischen
Vorrang der NATO vor allen Konkurrenzorganisationen in
Europa durchzusetzen.

Im strategischen Konzept wurden davon nun auch die Vereinten Nationen nicht mehr ausgenommen. Sie galten nicht
mehr als die für die Weltordnung zuständige globale Organisation, sondern zusammen mit der OSZE, der Europäischen
Union und der WEU als eine von vielen, «sich gegenseitig

verstärkenden Organisationen» (§ 14). Ihnen vorangestellt (§ 12) wird die NATO, deren wachsende politische Rolle, ihre sich ausweitende Zusammenarbeit und Partnerschaft, ihre Kooperation mit anderen internationalen Organisationen und schließlich der Krieg auf dem Balkan die «Entschlossenheit des Bündnisses» widerspiegeln, das Sicherheitsumfeld zu gestalten und Frieden und Stabilität in Euro-Atlantik zu erhöhen. Die Bedeutung dieser Leistung wird noch unterstrichen durch die – freilich im Konjunktiv erfolgende – Aufzählung vieler Gefahren in diesem Umfeld. Dazu zählen «Ungewißheit und Instabilität» (§ 20), die weltweite Verbreitung moderner Waffentechnologien bis hin zur Fähigkeit des information warfare (§ 23) und, natürlich, die Störung und Unterbrechung von Verkehrswegen.

Ordnungspolitisch bedeutsam ist die Reduzierung der Vereinten Nationen auf den gleichen Status wie die NATO. Der Sicherheitsrat der Vereinten Nationen bekam nur noch die «primäre Verantwortung für die Wahrung des Weltfriedens und der internationalen Sicherheit» zugewiesen, keineswegs die ausschließliche. Er ist für beide nicht mehr zuständig, sondern leistet dazu nur noch einen Beitrag. Unausgesprochen wurde damit auch das Gewaltmonopol des Sicherheitsrats relativiert, das das im Artikel 2,4 der Charta der Vereinten Nationen enthaltene Gewaltverbot ordnungspolitisch ergänzt hatte. Im Serbienkrieg war die NATO schon darüber hinweggegangen; jetzt folgte, im Wege der Auslassung, die konzeptionelle Begründung. Damit waren viele europäische Mitglieder nicht einverstanden. Unter ihnen hatte vor allem die Bundesregierung im Serbien-Krieg eine Ausnahme gesehen, die sich nicht wiederholen sollte. Aber auch sie hat später hingenommen, daß der (auch noch von ihr geleitete) Mazedonien-Einsatz von der NATO «mandatiert» wurde und nicht von den Vereinten Nationen. Sie wurden nicht einmal mehr erwähnt.

Natürlich enthielt das Neue NATO-Konzept nicht die ganze neue Weltordnung, aber doch einen großen Teil davon.

Geographisch beschränkte es sich nicht mehr auf den in Artikel 6 des Nordatlantik-Vertrags genannten Einzugsbereich, funktional nicht mehr auf die Verteidigung. Damit stand dem militärischen Einsatz des sich ständig erweiternden Bündnisses weltweit nichts mehr im Wege. Die erneute Transformation der NATO schloß die konzeptuelle Lücke, die dadurch entstanden war, daß dem Aufbruch der Pariser Konferenz zu einem «Neuen Europa» keine konzeptuelle Neuorientierung gefolgt war. Dieses intellektuelle Interregnum bestimmte die neunte Dekade des vergangenen Jahrhunderts.

Sicherlich war es nicht einfach, die veränderten sozioökonomischen Grundlagen der Internationalen Politik mit den erkennbaren Interessen der Gesellschaftswelt zu einem modernen ordnungspolitischen Konzept zu verbinden.[22] In der westlichen Politik (und in der Politikwissenschaft) kümmerte sich kaum jemand darum, wie Europa – und die Welt – nach dem Ende des Kalten Krieges neu geordnet werden sollte. Es fehlte an Problembewußtsein. Im westlichen Verständnis von Außenpolitik wird die Notwendigkeit, die Situation des Nicht-Krieg in eine dauerhafte Ordnung zu verwandeln, nicht registriert.[23] Natürlich haben sich die politischen Organisationen wie die EU um die ihnen aufgetragenen Teilordnungen bemüht, sehr erfolgreich zum Teil. Aber da keine Vorstellung davon existierte, wie die Ordnung nach dem Ost-West-Konflikt aussehen, welche Organisationen welche Rolle spielen sollten, fiel der Primat derjenigen Organisation zu, die über die größte Durchsetzungsfähigkeit verfügte. Das war eindeutig die NATO.

In ihr wurde zwar auch von der notwendigen Anpassung gesprochen. Gemeint war aber nur die geographische und politische Erweiterung ihrer Funktionen. Ihrem Organisationsaufwand nach blieb sie eine hierarchisch gestaltete Militärallianz, der für die erforderlichen ordnungspolitischen Aufgaben nicht nur die Legitimität, sondern auch jegliche Kapazität fehlte. Sie konnte die Demokratisierung neuer Mitglieder fördern, indem sie deren Militärs an die Einordnung in das Regierungssystem gewöhnte. Aber um die politische Ordnung Europas zu gestalten (von der der Welt ganz zu schweigen), fehlte ihr nicht nur der Auftrag, sondern auch die Fähigkeit und die institutionelle Ausstattung. Die Interessen und Konflikte der Gesellschaftswelt wurden von den Filtern einer Militärallianz nicht erfaßt. Dem wichtigsten Bestandteil moderner Weltordnung, dem der Partizipation der gesellschaftlichen und politischen Akteure, konnte sie schlicht nicht gerecht werden.

Dennoch hat die NATO das ordnungspolitische Interregnum der neunziger Jahre mit ihrem Anspruch beendet, ihre Vorstellung von Weltordnung durchzusetzen. Im Bündnis wiederum waren es die USA, von deren Initiative oder zumindest doch Zustimmung der Erfolg dieser Ordnung abhängig war. Der deutsche Außenminister Fischer übertrieb vielleicht, als er den Serbien-Krieg der NATO als «Madeleine's War» betitelte und der amerikanischen Außenministerin in die Schuhe schob. Aber es war die amerikanische Administration, die mit der faktischen Parteinahme für die UCK dazu beitrug, daß sich der Kosovo-Konflikt verschärfte und auf der Konferenz von Rambouillet nicht beruhigt werden konnte. Es war die amerikanische Administration, die den Serbien-Krieg führte und gewann.

Insofern kommt dem Neuen Strategischen Konzept der NATO vom April 1999 sehr wohl die Bedeutung zu, mit der Bereitschaft zur gewaltsamen Durchsetzung die euro-atlantischen Interessen in den Rang einer Weltordnung zu erheben. Das Programm bildete sozusagen die kollektive Vorstufe der Entwicklung nach dem 11. September, in der die amerikanische Führungsmacht nun auch die NATO hinter sich ließ und die Herstellung einer Weltordnung mit der Verwirklichung amerikanischer Interessen gleichsetzte.

Die Vorstufe von 1999 ließ eine solche Entwicklung nicht erkennen, zumal der Terrorangriff des 11. September unvorhersehbar war. An dem Neuen Strategischen Konzept hatten alle Verbündeten seit Jahren mitgearbeitet; sie hatten nichts weniger im Sinn, als das Sprungbrett für die amerikanische Weltherrschaft herzustellen. Aber es war doch leicht zu sehen, wie sehr ihre Hand von Washington geführt wurde. Die im Konzept enthaltenen Bedrohungsanalysen waren sämtlich im Konjunktiv gehalten, bezogen sich also auf theoretisch denkbare Möglichkeiten, aber nicht auf Wahrscheinlichkeiten.

Präsident Clinton hatte bis 1994 ein relativ beruhigtes Bild der Welt vorgezeigt, in der das Interesse an wirtschaftlicher Wohlfahrt und demokratischer Teilhabe sehr viel höher rangierte, als das an der Sicherheit. Es gab die Bürgerkriege, aber es gab keine erkennbare Bedrohung der westlichen Sicherheit, schon gar nicht in Europa.

Erst Clintons Wende von 1994/95 schuf hier einen Wandel. Weil nunmehr die Verteidigungsallianz gestärkt werden sollte, mußten die Bedrohungsanalysen gesteigert werden. Die von KSE und Wiener Dokument geschaffene Vertrauensbasis in Europa trat in den Hintergrund und machte einer Fülle von «transnationalen Sicherheitsbedrohungen» Platz, die zwar nur sehr allgemein benannt, aber sehr hoch bewertet wurden. Statt ihnen die stabile Sicherheitslage in Europa entgegenzuhalten, die durch die (gerade von der Bundesrepublik getragenen und geförderten) Abrüstungs- und Verifikationsbemühungen zwischen Ost und West entstanden war, folgten auch die Bonner Analysen den Washingtoner Vorgaben.[24]

Diese Haltung war den Westeuropäern während der Clinton-Administration leichtgefallen, weil sie mit ihr in vielen Punkten übereinstimmten. Clintons Politik des «enlargement» lag ganz auf der europäischen Linie, seine Aufmerksamkeit für die Innen- und Sozialpolitik auch. Noch in seiner zweiten Amtsperiode hatte sich Bill Clinton auch um eine gemäßigte amerikanische Außenpolitik verdient gemacht. Er fing den starken Druck auf die Errichtung eines amerikanischen Raketenabwehrsystems ab, indem er Rußland für eine kleine Lösung zu gewinnen versuchte. Er gab den unter konservativen Politikern hoch geschätzten Begriff der «rogue states» auf, ersetzte ihn durch «states of concern». Damit wurden sie wieder politikfähig. Clinton unterstützte die Sonnenschein-Politik des südkoreanischen Präsidenten Kim Dae-Jung und plante noch kurz vor Amtsende einen Staatsbesuch in Pyöng Yang. Geradezu spektakulär geriet sein Einsatz für einen Friedensschluß im Nahen Osten, der letztlich nur noch an der Unnachgiebigkeit Arafats in der Flüchtlings- und der Jerusalem-Frage scheiterte.

Hatte Präsident Clinton am amerikanischen Führungsanspruch festgehalten und ihn auch die europäischen Verbündeten spüren lassen, so hat er ihn in einer Weise ausgefüllt, die auch viele europäische Wünsche zufriedenstellte. Obwohl Bill Clinton sich immer mehr vom Weltherrn zum Feldherrn wandelte, war er ein «eher interventionsscheuer Präsident» geblieben.[25]

Darin lag noch kein Konzept von Weltführung. In gewisser Weise erging es dem amerikanischen Präsidenten wie der NATO. Er verfügte über ein riesiges militärisches Machtpotential, besaß aber keinen Plan, zu dessen Verwirklichung dieses Potential sinnvoll eingesetzt werden konnte. Oder umgekehrt: für das moderne außenpolitische Programm seiner ersten Jahre, Multilateralismus, Ausbreitung von Demokratie und Marktwirtschaft war ein großes Gewaltpotential unnötig. Es zu besitzen, konnte als Dokument der Machtfülle vorteilhaft sein; es taugte aber nicht zur Durchführung des Programms.

Im Sachbereich der wirtschaftlichen Wohlfahrt tat sich Clinton sehr viel leichter. Sein Drängen nach einer neuen Welthandelsorganisation, in die sich auch die USA einordnen würden, traf auf die Zustimmung der meisten Staaten (wenngleich nicht aller Interessen). Die Erweiterung der Nordamerikanischen Freihandelszone nach Mexiko löste den Protest amerikanischer Gewerkschaften aus, enthielt aber ein gestalterisches, auch der Entwicklung Mexikos zugute kommendes Konzept.

Im Sachbereich der Sicherheit gab es kein Äquivalent. Es zu finden war auch nicht leicht. Ein halbes Jahrhundert lang hatte die amerikanische Weltführung darin bestanden, die Bedrohung durch die Sowjetunion abzuwehren. Die Lücke, die der Sieg hinterließ, war groß und schwer zu füllen. Reichte es wirklich aus, in der Welt als «Katalysator von Koalitionen gebraucht zu werden, als Friedensmakler»? Freunde und Alliierte zu unterstützen war richtig, aber keine Weltordnung. Militärische Gewalt weltweit einsetzen zu können, war ein Monopol der Supermacht USA. Damit ließ sich bestenfalls etwas verhindern, nichts positiv gestalten.[26]

Demokratie und Marktwirtschaft zu verbreiten, war ein ordnungspolitisches Programm, das die Strukturen einer neuen Weltordnung legen konnte. Aber für dieses Programm gab es keine Strategie und nur sehr wenig Geld, so daß es später selbst von seinem Protagonisten Anthony Lake mit der Erweiterung der NATO identifiziert wurde.

Die schiere Machtfülle legte es der Weltführungsmacht nahe, jede Beeinträchtigung oder gar Konkurrenz zu unterdrücken. Aber auch das war ein Negativprogramm. Statt sich auf den Regionalismus einzustellen und in der Zusammenarbeit mit den Vormächten der Region sich auch an deren Ordnungen zu beteiligen und von ihnen zu profitieren, versuchte Washington, diese Teilordnungsversuche der Regionen zu behindern. Auch die Clinton-Administration verfolgte in ihrer Asienpolitik vornehmlich das Ziel, ihre Vormachtposition durch keinen Konkurrenten, und sei es auch nur perspektivisch, schmälern zu lassen.

Die Beibehaltung und ständige Vergrößerung des militärischen Gewaltpotentials erwies sich als ein bestimmender Parameter jeglicher Weltführungsprogrammatik. Hier zeigte sich ein wichtiges Erbe der Staatenwelt. In ihr war das militärische Gewaltpotential die größte Quelle der Macht, die es zu vergrößern, mindestens zu behalten, keinesfalls zu verlieren galt. Erobern oder erobert werden war die entscheidende Alternative. In der Gesellschaftswelt, in der die territoriale Sicherheit nur in Ausnahmefällen in Frage steht (wie im Nahen Osten), beruht Macht auf der Fähigkeit, andere dazu zu veranlassen, etwas zu tun, was sie sonst nicht getan haben würden. Die Fähigkeit zur Gewaltanwendung darf dabei nicht fehlen. Im Katalog der zweckmäßigen Mittel vorgelagert aber finden sich die Strategien des Überzeugens, Überredens, der Anreize, des Vorbilds, sicherlich auch die des sanften Drucks.

Mit Hilfe des Marshallplans, der alle diese Elemente vereinte, hatte Washington in den fünfziger Jahren Westeuropa neu geordnet, erfolgreich und auf Dauer. Als es sich nach 1952 auf die Rolle des Weltpolizisten verlegte, endete es konsequent in Vietnam. Richard Nixon hatte in der nach ihm benannten Doktrin die richtige Konsequenz daraus gezogen und die amerikanische Weltführungspolitik zurückgenommen auf Hilfe zur Selbsthilfe. Dieses Konzept war nach 1990 angemessener denn je.

Der «assertive multilateralism» des frühen Clinton hatte diese Form der Weltführung richtig aufgenommen, kollidierte aber mit den Machtverhältnissen in Washington und der im Sicherheits-Establishment institutionalisierten Tradition. Als Taktiker, der er war, akzeptierte Clinton die Bedingungen seines Handelns, die er nicht ändern konnte. Er betrieb die «coercive diplomacy», die ihm von der Existenz des amerikanischen Militärpotentials in die Hand gedrückt wurde, aber er tat es eben nur zögerlich, verlor sein ursprüngliches Konzept von Weltordnung nie ganz aus den Augen.

Daraus entstand die Aura der Ambivalenz, die die amerikanische Weltordnungspolitik in der Ära Clinton umgab. Sie verschwand schlagartig, als mit seinem Nachfolger George W. Bush eine politische Elite das Weiße Haus übernahm, deren Vorstellungen von Weltordnung sehr viel besser mit den Fähigkeiten harmonierten, über die das Militär verfügte. Vereinfacht ausgedrückt: Das Weltordnungskonzept der Bush-Administration war das Programm, das dem bereits vorhandenen Instrument deckungsgleich entsprach.

3. Politikwechsel in den USA

Die Formel des 2001 unter schwierigen Umständen gewählten amerikanischen Präsidenten George W. Bush von der Weltführung durch «distinctly American internationalism» hatte die Betonung auf den ersten beiden Worten. Sein Internationalismus war nicht liberaler, sondern nationaler Provenienz. Darin lag nicht notwendigerweise ein Widerspruch. Hegemoniale oder imperiale Führung bedeutete immer, mit der Durchsetzung der eigenen Interessen eine Ordnung zu errichten, von der auch die davon betroffenen Staaten profitieren konnten. Freilich hatten sie dabei nichts zu sagen.

Von den Vereinten Nationen, die Vorgänger George Bush wenigstens noch deklaratorisch in den Mittelpunkt seiner Ordnungsvorstellung gestellt hatte, oder gar vom «assertive multilateralism» der Regierung Clinton wurden in den «ausgeprägt amerikanischen Internationalismus» nicht einmal Spurenelemente aufgenommen. Der Sohn von George Bush trat also politisch nicht in die Fußstapfen seines Vaters, sondern in die Ronald Reagans, der ebenfalls in seiner ersten Amtsperiode einen auf die amerikanische Militärmacht gestützten Unilateralismus durchzusetzen versucht hatte. Die führenden Personen in der Administration George W. Bush, Vizepräsident Dick Cheney, der Verteidigungsminister Donald Rumsfeld und sein Stellvertreter Wolfowitz hatten alle schon in der Reagan-Administration gedient. Der Vorsitzende des Defense Advisory Boards Richard Perle war seinerzeit der Chefarchitekt der amerikanischen Sowjetunionpolitik gewesen.[27]

George W. Bush erteilte von Anfang an jeglichem Multilateralismus eine schroffe Absage. Das galt für das Kyoto-Protokoll zur Verringerung der Treibhausgasemissionen, den umfassenden nuklearen Teststoppvertrag (Comprehensive Test Ban Treaty), die Biowaffen-Konvention, den ABM-Vertrag, die Errichtung des Internationalen Strafgerichtshofs und schließlich den Ottawa-Vertrag über die weltweite Ächtung von Anti-Personen-Minen.

War die Rüstungskontrolle als kooperativ gehandhabte Teilweltordnung im Congress schon seit längerem auf zunehmende Skepsis gestoßen, so hatten die Präsidenten bisher noch immer daran festgehalten. George W. Bush war der erste, der davon abwich, und an die Stelle kooperativer Vereinbarung die unilaterale Sicherheitsgewährleistung setzen wollte. Das NMD-Projekt bildete den Prototyp dieser neuen Außenpolitik.

Donald Rumsfeld hatte es zunächst als Chef der Raketenlobby über die Jahre hin propagiert, dann als Vorsitzender einer vom Congress eingesetzten überparteilichen «Kommission zur Einschätzung der ballistischen Bedrohung der Vereinigten Staaten» nachhaltig gefördert. Er versuchte, die Analyse der amerikanischen Nachrichtendienste aus dem Weg zu räumen, die eine solche Bedrohung vor 2010 für ausgeschlossen hielten.[28] Als Vorsitzender einer weiteren Kommission warnte Rumsfeld die USA vor möglichen Angriffen auf ihre im Weltraum stationierten Satelliten.

In beiden Fällen empfahl der spätere Verteidigungsminister nicht die multilaterale Rüstungskontrolle, sondern ein unilaterales Vorgehen in Gestalt eines Raketenabwehrsystems beziehungsweise eines raumgestützten Satellitenschutzes. Beides wurde zum Programm der Bush-Administration. Sie wollte Amerikas einzigartige Position als Supermacht aufrechterhalten, ohne sich irgendwelchen, mit anderen Staaten vereinbarten Einschränkungen unterzuordnen, nur um «einen besseren Grad von Ordnung zwischen den Staaten zu erzielen».[29]

Daß sie damit nicht nur alle Welt, sondern gerade auch die westeuropäischen Verbündeten vor den Kopf stieß, focht die Bush-Administration nicht an. Dem rechten republikanischen Lager mit seiner «America First»-Orientierung verhaftet, hatte diese Administration den als Bestandteil amerikanischer Außenpolitik seit langem nachweisbaren Unilateralismus so weit gedehnt, daß er zum Rahmen der gesamten Weltordnung wurde. Ob er inhaltlich diese Ordnung überhaupt bestimmen konnte, blieb dabei völlig offen. Unverkennbar aber war der Bezug zu dem außenpolitischen Konzept der «Festung Amerika», das auf dem rechten republikanischen Flügel schon immer heimisch gewesen war.

Dieses Konzept wollte die Vereinigten Staaten nicht aus der Welt zurückziehen – der Isolationismus war 1948 mit der Vandenberg-Resolution endgültig eingemottet worden –, sondern militärisch instand setzen, nicht nur jede Bedrohung des Mutterlandes, sondern auch jede Beschädigung nationaler Interessen abzuwehren. Das war als Credo amerikanischer Außenpolitik, nicht als Herstellung von Weltordnung gedacht. Dazu wurde es erst von der Bush-Administration weiterentwickelt. Mit Hilfe ihrer dominanten militärischen Macht wollte sie selbst die Spielregeln und Institutionen der Internationalen Politik bestimmen und auf diese Weise den Frieden sichern.[30]

Dieses Konzept von Weltordnung ging über die «wohlwollende Hegemonie», die die USA während des Kalten Krieges im westlichen Lager praktiziert hatten, weit hinaus, nahm durchaus schon imperiale Züge an. Auch auf seiner zweiten Europa-Reise, im Juli 2001, konnte der amerikanische Präsident einschlägige europäische Vorwürfe nicht ausräumen.

Diese Steigerung der amerikanischen Hegemonie zur selektiven Weltherrschaft durchzusetzen, war innen- wie außenpolitisch nicht so leicht. Die regionalisierte, an ihrer wirtschaftlichen Entwicklung arbeitende Gesellschaftswelt fühlte sich wohlgeordnet. Der Balkan war zwar nicht befriedet, aber doch beruhigt worden, und im Nahen Osten hatten die Vermittlungsversuche Bill Clintons gezeigt, daß der Friedensschluß reale Chancen besaß. Es gab keinen offenkundigen Bedarf an unilateraler und machtgestützter Weltführung, keinen Anlaß, das amerikanische Militärpotential nachhaltig zu steigern.

Die Erhöhung des Verteidigungsbudgets für das am 1. Oktober 2001 beginnende Haushaltsjahr 2002 um 32,6 Milliarden USD stieß denn auch auf scharfe Kritik der Demokraten. Sie befürchteten, wohl nicht zu Unrecht, daß auf der Grundlage der beschlossenen Steuersenkung um 1,3 Billionen Dollar diese Erhöhung des Verteidigungsetats nur zu Lasten des Sozialetats finanziert und damit «Reagans Revolution» weitergeführt werden sollte.[31] Auch wollten die Streitkräfte keine Umverteilung der Rüstungsgelder zugunsten des Raketenabwehrsystems hinnehmen.

3.1 System- oder elitenbedingt?

Der abrupte Politikwechsel, der sich mit der Ablösung der Clinton- durch die Bush-Administration vollzog und dem radikalen Wandel von Jimmy Carter zu Ronald Reagan ähnelte, wirft auch die Frage auf, was diese Wandlungen ausgelöst hat. In der ehrwürdigen Theorie des Realismus und seiner morganatischen Tochter, der Realpolitik, wird die Außenpolitik eines Staates von seiner absoluten und relativen Machtposition innerhalb des internationalen Systems bestimmt. Großmächte betreiben Großmachtpolitik, eben weil sie Großmächte sind. Eine Supermacht kann gar nicht anders, als die entsprechende hegemoniale oder imperiale Weltpolitik zu betreiben.[32] Daran ist vieles richtig. Ein Kleinstaat kann, selbst wenn er es wollte, keine Großmachtpolitik betreiben, weil er, jedenfalls im Sachbereich der Sicherheit, nicht über die Mittel dazu verfügt. Im Sachbereich der wirtschaftlichen Wohlfahrt kann er, wie die Schweiz, aber auch das zu den Mittelmächten zählende Japan zeigen, sehr wohl den Einfluß einer Großmacht ausüben.

Dementsprechend kann eine Supermacht wie die USA nicht von dem Schwergewicht absehen, das sie nun einmal auf die Waage der Weltpolitik bringt. Von ihren Entscheidungen werden Regionen, gegebenenfalls die ganze Welt betroffen. Eine Supermacht wird also immer Supermachtpolitik betreiben. Das ist formal richtig, enthält aber keine inhaltliche Aussage.

Das nicht zu berücksichtigen, ist ein Geburtsfehler des Realismus, den er erst langsam zu korrigieren beginnt. Er entstand als Konzept und Theorie im 19. Jahrhundert, als sich die Staaten im autoritären Aufbau ihrer Herrschaftssysteme und der agrarischen Struktur ihrer Wirtschaften ähnelten. Mit der Industrialisierung und der Demokratisierung differenzierten sie sich, so daß ihr außenpolitisches Verhalten nicht von ihrer Machtposition determiniert, sondern von dem Grad der Demokratisierung bestimmt wurde, den das Herrschaftssystem aufweist.

Die Liberale Schule der Internationalen Beziehungen behandelt seitdem den Staat nicht mehr, wie es der Realismus noch immer macht, als eine geschlossene, nach außen einheitlich agierende Größe. Vielmehr zieht diese Schule zur Erklärung des außenpolitischen Verhaltens das Herrschaftssystem und die Innenpolitik des betreffenden Staates heran. Damit vermag sie die Außenpolitik nicht nur zu beschreiben, sondern auch zu erklären. Die Liberale Theorie hat nachgewiesen, daß demokratische Herrschaftssysteme, jedenfalls im Verhältnis untereinander, friedlich sind, daß es vom Grad der Ausbildung der Demokratie abhängt, in welchem Ausmaß partikulare oder gesamtgesellschaftliche Anforderungen in die Außenpolitik eines solchen Staates einfließen.[33]

Damit unterscheiden sich aber nicht nur Demokratien von Nicht-Demokratien. Es lassen sich auch bei Demokratien über Zeit unterschiedliche Außenpolitikstile nachweisen, die durch die Entwicklung der Demokratie in den einzelnen Phasen beeinflußt werden. Entgegen der Theorie des Realismus kann ein Staat nicht als eine Größe angesehen werden, die über Zeit unveränderlich bleibt. Das nach dem Ende des Kalten Krieges wiedervereinigte Deutschland ist überhaupt nicht identisch mit dem der dreißiger Jahre, auch nicht mit der Weimarer Republik. Die osteuropäischen Staaten ähnelten nach ihrer «sanften Revolution» nicht mehr denen, die sie als Mitglieder des Warschauer Pakts gewesen waren.

Aber auch diejenigen Staaten, deren innere Entwicklungen keine derart drastischen Brüche aufweisen, zeigen ein variables Außenverhalten. Die USA des Jahres 2002 sind nicht mehr zu vergleichen mit denen, die 1941 in den Krieg eintraten. Die fünf Jahre des Zweiten Weltkriegs hatten die amerikanische Innenpolitik spürbar verwandelt, auch ihre Außenpolitik. Das Land, das 1948 in den Ost-West-Konflikt verwickelt wurde, tat sich damit dennoch sehr schwer. Es verstand sich noch immer als bürgerliche Demokratie, die die Waffengewalt nur zur Verteidigung einsetzt und die Wohlstandssteigerung ihrer Bürger nicht nur als obersten, sondern als einzigen Zweck der Staatsbildung ansieht.

Als die USA 1990 als Sieger aus dem Konflikt hervorgingen, hatte sich der Aufbau der Gesellschaft, die Verteilung von Macht und Einfluß grundlegend geändert. Sie verfügten jetzt über einen großen Staatsapparat mit einem bedeutenden verteidigungspolitischen Bereich darin; andererseits hatte sich die demokratische Mitbestimmung ausgeweitet. Die vielbeschworene (aber eigentlich nie nachgewiesene) Überparteilichkeit der Außenpolitik war der Vereinnahmung durch die Parteien gewichen, die ihre Klientel mit unterschiedlichen Politiken bedienten. So hatte sich die Außenpolitik des Demokraten Jimmy Carter grundlegend von der des auf ihn folgenden Republikaners Ronald Reagan unterschieden. Grob vereinfachend läßt sich sagen, daß die eine sich am Mittelstand und den Arbeitnehmern orientierte, die andere an den Unternehmern und den Wohlhabenden. Carter versuchte, die demokratische Kontrolle zu erweitern, Ronald Reagan, sie einzuschränken.

Die Machtfülle der USA war unter beiden Administrationen gleich. Ronald Reagan verdoppelte den Rüstungshaushalt, obwohl der amerikanische Generalstab nie bezweifelt hatte, daß der Rüstungsaufwand der Carter-Administration für die siegreiche Auseinandersetzung mit der Sowjetunion vollkommen ausreichte. Auf einer identischen Machtposition also entfalteten sich ganz verschiedene Außenpolitiken. Verantwortlich dafür waren die Entscheidungen der jeweiligen Eliten, die das Weiße Haus beherrschten und die Mehrheiten im Congress zusammenbrachten.[34]

Der Politikwechsel zwischen der Clinton- und der Bush-Administration fand gleichfalls auf einer identischen Machtposition statt. Die USA des Jahres 2001 nahmen in der Weltpolitik den gleichen Rang ein, wie die des Jahres 2000. Die Ursachen für den Politikwechsel müssen daher im Elitenwechsel gesucht werden. Während Präsident Clinton – in europäischen Begriffen ausgedrückt – eine Mitte-Links-Koalition repräsentierte, kam mit George W. Bush der rechtskonservative Flügel der Republikanischen Partei an die Macht im Weißen Haus, also eine extreme Position. Sie hatte in den Wahlen vom November 2000 keine gesellschaftliche Mehrheit gewonnen, hatte nur infolge der Eigenheiten des amerikanischen Wahlsystems und des mit einem Hauch von Staatsstreich umgebenen Eingriffs des Obersten Gerichtshofs das Weiße Haus erobern können. Die in beiden Kammern des Congress erhalten gebliebene Mehrheit der Republikanischen Partei war allerdings tief mit konservativen Positionen durchsetzt, eine Folge des Generationswechsels in den Midterm-Wahlen von 1994.

Die politische Elite, die George W. Bush als ihren Kandidaten aufgebaut, finanziert und gestützt hatte, und jetzt mit ihm an die Hebel der präsidentiellen Macht in Washington gelangte, war repräsentativ weder für die USA, noch für die Republikanische Partei, deren Ostküsten-Establishment die Administration George Bush (1988–1992) gestützt hatte. Die Koalition des Sohnes trat das ideologische Erbe Ronald Reagans an, der allerdings 1980 mit einem überzeugenden Wähler-Votum an die Macht gekommen war. Mit George W. Bush kehrte die Reagan-Koalition von Big Business, insbesondere der Energie- und Rüstungsindustrie, den Mittelklassen, Neo-Konservativen und den religiösen Fundamentalisten in die Entscheidungszentren Washingtons zurück. Die Spitzenpositionen der Administration gingen an ehemalige Reagan-Politiker. Mit Verteidigungsminister Donald Rumsfeld kam die amerikanische Raketenindustrie zum Zuge, mit Dick Cheney die Energieindustrie (Enron), darin auch die Ölindustrie. Mit ihr war Präsident George W. Bush als texanischer Unternehmer selbst verbunden, wenn auch nicht so stark, wie es sein Vater gewesen war, dessen Einfluß in Washington groß blieb.

Der gemeinsame Nenner dieser über den privilegierten Zugang zum Präsidenten verfügenden Interessengruppen war die Stärkung der amerikanischen Macht, von der sie zu profitieren hofften. Darin waren sie sich auch mit ihrer politischen Basis einig, deren Glaube an die Macht allerdings stark mit religiösen Überzeugungen durchsetzt und deswegen schwer zu steuern war. Solche Differenzen oberhalb des kleinsten gemeinsamen Nenners sind für die gesamte amerikanische Politik charakteristisch.[35] Die Kunst jedes Präsidenten besteht darin, die ihn tragende Koalition von Interessen und Ideologien durch die Betonung verbindender Politikthemen bei der Stange zu halten. In den ersten acht Monaten seiner Amtszeit konnte Bush, um sein Programm zu verwirklichen, nur auf die Gunst der frühen Stunde hoffen. Im traditionellen Rhythmus der amerikanischen Politik werden alle Präsidenten in der zweiten Hälfte ihrer Amtsperiode auf einen politischen Mittelkurs vor- oder zurückgedrängt, der von der die ameri-

kanische Gesellschaftsordnung charakterisierenden Macht-
und Einflußverteilung vorgeschrieben wird.

Für sein die Politik Ronald Reagans fortsetzendes Programm der Stärkung des Macht- und der Schwächung des So-
zialstaates mußte George W. Bush den politischen Hebel also
rasch herstellen. Nur im Zeichen außenpolitischer Bedrohung
läßt sich der innenpolitische Gürtel enger schnallen. Ronald
Reagan war das leichtgefallen: Die Bedrohung durch die
Sowjetunion war vorhanden, sie brauchte nur durch das von
ihm speziell eingesetzte «Team B» entsprechend vergrößert
dargestellt zu werden.[36]

George W. Bush hingegen fand eine relativ beruhigte Welt
vor. Sein Vorgänger Bill Clinton hätte um ein Haar sogar den
Nahost-Konflikt aus der Welt geschafft. Er hatte mit dem
Serbien-Feldzug die NATO gestärkt und die amerikanische
Führungsposition wieder hergestellt, die Beziehungen zu
China in eine «strategische Partnerschaft» umgewandelt und
die zu Rußland stabilisiert. Zwar gab es den Terrorismus, der
1998 die amerikanischen Botschaften in Kenia und Tansania
und im Jahr 2000 das amerikanische Kriegsschiff USS Cole
stark beschädigt hatte. Eine nationale Bedrohung aber war das
nicht; den USA war der große Gegner, dessen Bekämpfung
den Rahmen der amerikanischen Politik in den letzten 50 Jahren abgegeben hatte, schlicht abhanden gekommen.

Natürlich konnte man immer darauf hinweisen, daß es
Gegner gab. Als Kandidat hatte George W. Bush die Parole
ausgegeben, daß er zwar nicht wüßte, wer und wo diese Gegner seien, «aber wir wissen, daß es sie gibt».[37] Aber damit ließ
sich weder das außenpolitische Hauptprogramm seiner Administration, das große Raketenabwehrsystem, innenpolitisch
durchsetzen, noch die Steigerung der Rüstungsausgaben, mit
der Vorgänger Ronald Reagan die Kürzung der Sozialpolitik
erzwungen hatte.

Die dritte Strategie Ronald Reagans, den Staatshaushalt
durch massive Steuersenkungen zu verkleinern, konnte Präsi-

dent Bush im Juni 2001 relativ mühelos durch den Congress bringen. Vorgänger Clinton hatte die von Reagan aufgehäuften Schulden abgetragen, der Haushalt war so gut wie ausgeglichen – auch wenn Präsident Clinton dazu Geld aus dem Treuhandvermögen der Rentenversicherung benutzt hatte.[38] Steuersenkungen sind in den USA immer populär, selbst wenn sie, wie es der Macht- und Einkommensverteilung der USA entspricht, traditionell die Reichen bevorzugen und die Armen benachteiligen. Bushs Steuerreform wird über die Jahre die ganz Reichen um sechs bis sieben Prozent reicher machen, während der Mittelstand höchstens zwei Prozent und der arme Rest weniger als ein Prozent hinzubekommen werden.[39]

Das Aufrüstungsprogramm war schon schwieriger zu begründen. Der im Juni 2001 vorgelegte Verteidigungsetat für das am 1. Oktober beginnende Haushaltsjahr sah eine Steigerung des Verteidigungshaushalts um sieben Prozent auf 329 Milliarden Dollar vor. Das war der höchste Zuwachs seit den Tagen Ronald Reagans. Innerhalb dieses Programms wurden die Aufwendungen für die Erforschung und Entwicklung eines Raketenabwehrsystems um fast 50 Prozent, nämlich auf 8,3 Milliarden US-Dollar erhöht.[40] Diese Steigerung galt im Congress nicht als akzeptabel, weil sie entweder das Haushaltsdefizit wieder aufreißen oder aber zur Kürzung sozial- und innenpolitischer Vorhaben führen würde.[41] Wenn die außenpolitische Situation so stabil blieb, wie sie war, würde es der Regierung nicht leichtfallen, die notwendigen Gelder für das von ihr gewünschte Aufrüstungs- und Raketenverteidigungsprogramm bewilligt zu bekommen.

4. Weltpolitik vor dem 11. September

Angesichts des Erfahrungswertes, daß 90 Prozent der amerikanischen Außenpolitik innenpolitische Ursachen haben, wird man diesen Hintergrund im Auge behalten müssen, wenn man die Außenpolitik der Bush-Administration in den Monaten vor dem 11. September Revue passieren läßt. Bill Clinton hatte das Schwergewicht Amerikas eingesetzt, um dessen Führungsanspruch zu wahren und, wenn auch halbherzig, wenigstens einige politische Konflikte in der Welt zugunsten ihrer Lösung zu bearbeiten. Sein Nachfolger Bush folgte einem ganz anderen Skript. Er benutzte die amerikanische Führungsmacht, um den Interessen der USA zu nützen. Bei deren Bestimmung öffnete er sein Ohr nicht nur denjenigen Lobbies, die seine Kandidatur unterstützt hatten, sondern auch denen im Ausland, die traditionell gute Beziehungen zum rechten Flügel der Republikanischen Partei unterhalten hatten. Bushs Außenpolitik wies daher von Anfang an ein sehr viel kräftigeres Profil auf, markierte deutlich, was nützlich oder was schädlich im Sinne Washingtons war, und verhielt sich entsprechend.

Der Politikwechsel in der Weltführungsmacht veränderte damit das in der Welt herrschende Ordnungsgefüge. Stärker als je zuvor wurde es jetzt auf die USA ausgerichtet, und darin wiederum auf die außenpolitischen Bedürfnisse der politischen Gruppierungen, die George W. Bush zum Kandidaten gemacht und schließlich als Präsident durchgesetzt hatten.

Auch hier lag eine Parallele zur Amtszeit Präsident Reagans und dessen Amerikazentrismus vor. Die nach ihm benannte Doktrin verlangte nichts weniger, als die gesamte Weltpolitik der USA auf ihre Stärkung gegenüber der Sowjetunion auszurichten und jeden Politiker, gleich welcher Couleur, zu begünstigen, der diesem Ziel diente.

Dem gleichen Freund-Feind-Denken war die Weltpolitik der frühen Bush-Administration verhaftet. Sie nahm keine Zwischentöne auf, sondern folgte einem sehr rigiden Entweder-Oder. Diese Politik deckte über die Welt ein schachbrettartiges Ordnungsmuster. Wer Washington aktiv unterstützte, gehörte zu den Guten und fand Gehör. Wer neutral, unkooperativ oder sogar antagonistisch sich verhielt, wurde unweigerlich zum Feind der USA erklärt. Nicht umsonst kehrte der Begriff des «Schurkenstaates», den Clinton eliminiert hatte, mit George W. Bush wieder.

Der daraus resultierende Einfluß auf die Weltordnung dichotomisierte sie: dem von den USA geführten und auf die Berücksichtigung amerikanischer Interessen geradezu gedrillten Lager standen «die anderen» gegenüber. Deren Kern bildeten die elf vom Außenministerium des Terrorismus verdächtigten Staaten. Dieser Kreis war nicht geschlossen, sondern offen; er konnte jederzeit je nach amerikanischer Interessenlage um weitere Staaten vergrößert werden. Nur den NATO-Verbündeten wurden gewisse Freizügigkeiten gestattet, weil ihre Kooperation richtig und ihre Obedienz letztlich gesichert war. Sie gehörten durch ihre Beitrittsurkunde zum guten Lager.

Etwas überspitzt kann man sagen, daß der jüngere Bush die Weltpolitik profiliert auf den Nutzen derer ausrichten wollte, die unter seiner Administration in Washington das Sagen hatten. In Europa machte das Wort vom «Bully Bush» die Runde.[42] Die Europäer fühlten sich übergangen, als Bush, ohne sie zu informieren, 50 russische Diplomaten aus Washington auswies und im Juli 2001 bei seinem Besuch in Warschau die Erweiterung der NATO bis hin zum Schwarzen Meer in Aussicht stellte. Die Westeuropäer sahen sich an den politischen Rand gedrängt und die OSZE zur Bedeutungslosigkeit verdammt. George W. Bush schien den Multilateralismus gänzlich durch den Bilateralismus ersetzt und die weltpolitischen Fäden ausschließlich in die Hand Amerikas genommen zu haben. Sie fürchteten eine «Machtumverteilung in Europa mit amerikanischem Vorzeichen».[43]

Präsident Bush schlug aber auch auf dem besonders sensiblen Gebiet der Nicht-Weiterverbreitung von Massenvernichtungswaffen neue Töne an. Seine Regierung lehnte im Mai 2001 das mühsam erarbeitete Protokoll zur Biowaffen-Konvention ab, das endlich eine Möglichkeit zur Verifikation schaffen wollte. Hier deutete sich eine generelle Reserve der Regierung Bush gegenüber der kooperativen Rüstungskontrolle als Mittel zur Nicht-Weiterverbreitung von Massenvernichtungswaffen an. Wodurch sie ersetzt werden sollte, war zwar nicht klar, aber in Umrissen auch schon zu erkennen: ein notfalls mit Gewalt durchgesetztes amerikanisches Diktat. Seiner Absicherung gegen mögliche Vergeltungsschläge diente das Raketenabwehrprogramm, das vom neuen Präsidenten zum sicherheitspolitischen Hauptziel erklärt worden war. Auf dem Gipfeltreffen im Juni 2001 in Göteborg kam es darüber zwischen Amerikanern und Westeuropäern zu scharfen Meinungsverschiedenheiten.

Noch mehr Sorgen machten sich die Europäer über den abrupten Kurswechsel des jüngeren Bush in der Einstellung zu den großen Konflikten der Welt. Er war ganz offenbar weniger daran interessiert, sie lösen zu helfen, als sie für seine politischen Zwecke zu steuern. Hatte Bill Clinton die Annäherungspolitik des südkoreanischen Staatspräsidenten Kim Dae-Jung an Nordkorea («Sonnenscheinpolitik») begrüßt und so weit gefördert, daß im Januar 2001 Nordkorea zu einem vertraglichen Verzicht auf Testprogramme für Langstreckenraketen und auf die Herstellung von Massenvernichtungswaffen bereit war, so erklärte Bush die mögliche Vereinbarung für überprüfungsbedürftig. Kim Dae-Jung, der im März 2001 Präsident Bush besucht hatte, kehrte tief enttäuscht und entmutigt zurück. Die Europäer waren so verärgert, daß sie ihrerseits eine EU-Delegation nach Korea schickten, um den Schaden zu reparieren.

Die stets sensitiven Beziehungen zwischen Taiwan und der Republik China störte Präsident Bush im Frühjahr 2001 empfindlich. Er gab nicht nur, was dann als Versprecher wieder zurückgenommen wurde, eine militärische Sicherheitsgarantie für die Insel ab. Er nötigte ihr im April eine riesige Waffenlieferung auf, zu der mit acht dieselgetriebenen Unterseebooten erstmals auch Angriffswaffen gehörten. Hatten sich alle amerikanischen Regierungen, bis auf die Ronald Reagans, zumindest einer rhetorischen Zurückhaltung gegenüber den Unabhängigkeitsbestrebungen Taiwans befleißigt, ließ die Bush-Regierung jede Rücksicht auf chinesische Empfindlichkeiten fallen. Schon immer hatte der rechte Flügel der Republikanischen Partei, unterstützt durch die Taiwan-Lobby des einstmals so genannten «Committee of the One Million», versucht, den 1979 erfolgten Abbruch der amerikanischen Beziehungen zu Taiwan wenn nicht rückgängig, so doch politisch wirkungslos zu machen. Unter Ronald Reagan waren diese Bestrebungen besonders weit gediehen. Unter dem jüngeren Bush wurden sie wieder aufgenommen.

Die Wirkung auf die Volksrepublik China wurde noch verstärkt durch die brüskierende Handhabung des Flugzeugzusammenstoßes über der chinesischen See und der Notlandung des amerikanischen Spionageflugzeugs auf dem Festland im März 2001. Sie erinnerte in vielem an das Verhalten Präsident Eisenhowers gegenüber Moskau beim U-2-Zwischenfall 1960. Nicht die Spionage selbst bildete den Affront – spioniert wird von allen Seiten –, sondern die im demonstrativen Eingeständnis liegende, bewußte Diskriminierung des Objekts dieser Spionage. Der Zwischenfall wurde schließlich beigelegt, aber die Zusammenarbeit zwischen dem amerikanischen und dem chinesischen Militär, seit Jahren bewährt, wurde unterbrochen und auch nach dem 11. September lange Zeit nicht wiederhergestellt.

Die größten Folgen des ordnungspolitischen Kurswechsels der Bush-Administration zeigten sich im Nahen Osten. Alle Vorgänger-Regierungen hatten sich, wie intensiv auch immer, darum bemüht, den Konflikt zwischen Israelis und Palästinensern beizulegen, wenigstens zu mildern. Präsident Clinton hatte im Sommer 2000 in Camp David sogar ein politisches Abkommen zustande gebracht, das an der Intransigenz Arafats scheiterte, aber in anschließenden Verhandlungen weiter bearbeitet wurde. Präsident George W. Bush hingegen, dessen

Amtsantritt im Januar 2001 zeitlich zusammenfiel mit dem des neuen israelischen Ministerpräsidenten Ariel Sharon, zog demonstrativ Amerikas Hand von diesem Konflikt zurück. Die Folgen konnten niemanden überraschen: die Hardliner beider Seiten fühlten sich ermutigt, wenn nicht sogar ermuntert. Palästinensische Intifada und die Reaktion des israelischen Militärs eskalierten in einen asymmetrisch geführten, aber zunehmend blutiger werdenden Krieg.

Höchst aktiv engagierte sich hingegen die Administration Bush gegenüber dem Irak. Seine großflächige Bombardierung im Februar 2001 wurde in der Region als das Markenzeichen der neuen Regierung aufgefaßt. Es kündete von einem zweiten außenpolitischen Hauptziel der Bush-Administration, nämlich dem Sturz des Regimes Saddam Hussein. Damit sollte das «unfinished business», das Vater Bush in den Augen der Regierung seines Sohnes hinterlassen hatte, erfolgreich zu Ende gebracht werden. Als unermüdlicher Anwalt dieser Politik betätigte sich das Defense Policy Board unter Richard Perle. Den Beschluß, den Irak anzugreifen, faßten Verteidigungsministerium und Präsident offenbar schon im Sommer 2001.

Im August 2001, also vor dem Mordanschlag des 11. September, hatte sich unter den Händen der Bush-Administration die weltpolitische Lage erheblich verschlechtert. Im Nahen Osten tobte ein Krieg, der die Region zu destabilisieren drohte. Amerikas Beziehungen zu Rußland und China hatten sich deutlich abgekühlt. In den USA wurde offen davon gesprochen, Krieg gegen den Irak zu führen. Die innerkoreanische Aussöhnung war gestoppt, das taiwanesisch-chinesische Verhältnis eingetrübt worden. In der Atlantischen Gemeinschaft hatten sich Risse gezeigt, die in diesem Ausmaß bisher nicht aufgetreten waren.

Zwar gab es nach wie vor keine direkte Bedrohung der Vereinigten Staaten oder ihrer Alliierten; von einer Kriegsgefahr konnte überhaupt nicht die Rede sein. Aber die Zeichen der

Weltpolitik standen nicht mehr auf Konfliktlösung durch Kooperation und Kompromiß. Vielmehr war die Anwendung militärischer Gewalt aus ihrer Beschränkung auf die Verteidigung gelöst und als politisches Instrument wieder in den Vordergrund geschoben worden.

Sie war innenpolitisch nicht akzeptiert worden. Aus den Reihen der Demokraten im Congress mehrten sich die Stimmen, die vor einer Übermilitarisierung der amerikanischen Außenpolitik und vor ihrer Isolierung warnten. Das Raketenabwehrprogramm kam voran, aber nur schleppend. Auf der Frühjahrstagung der NATO-Verteidigungsminister im Juni 2001 in Brüssel warb der amerikanische Verteidigungsminister Donald Rumsfeld eindringlich, aber ohne großen Erfolg, um Einsicht und Zustimmung der europäischen Alliierten. Sie blieben skeptisch, vor allem gegenüber der von Rumsfeld als unausweichlich dargestellten Konsequenz, den ABM-Vertrag von 1972 zu verlassen. Dieser Punkt stieß auch im amerikanischen Senat auf kritische Ohren. Ihnen gegenüber verwies Rumsfeld immer wieder auf die grundsätzlich geänderte Bedrohungslage der USA, die sich nicht mehr sechs, sondern zwölf Nuklearstaaten gegenüber sähen und 28 Staaten im Besitz von ballistischen Raketen, dreimal so viel wie 1990.[44]

Ob es der Bush-Administration gelingen würde, ihr sicherheitspolitisches Hauptprogramm durchzusetzen, war nicht zuletzt auch deswegen fraglich, weil die bisherigen Tests mit der Raketenabwehr durch die Bank gescheitert waren. Washingtons Hinweise auf die seit dem Ende des Ost-West-Konflikts veränderte Bedrohungslage wurden weitgehend abgenickt, galten aber doch als akademisch. Und schließlich standen für die von möglichen «Schurkenstaaten» irgendwann einmal ausgehende nukleare Bedrohung noch immer die Strategien der Abschreckung zur Verfügung. Sollten sie nicht ausreichen oder zu inflexibel sein, konnte versucht werden, Raketen in ihrer Startphase von land- und seegestützten Systemen abfangen zu lassen. Diese Technologie stand zur

Verfügung; sie wurde von namhaften amerikanischen Militärs und schließlich auch von Rußland empfohlen.[45]

Die Welt war im Spätsommer 2001 unruhiger geworden, vor allem durch die palästinensische Intifada und die brutale Unterdrückungspolitik der Regierung Sharon. Aber sie bot noch immer keinerlei Handhabe, um in den USA, bei den europäischen Verbündeten und in der Welt akzeptabel zu machen, was die Bush-Administration vorhatte: das amerikanische Gewaltpotential beträchtlich zu erhöhen, es abzusichern gegen irgendwelche Vergeltungsschläge und so die USA instand zu setzen, die Weltordnung zu bestimmen.

Hatte Präsident Nixon mit seiner Doktrin von 1969 die USA aus der Rolle des Weltpolizisten herausgelöst und in die eines Schiedsrichters versetzt, der die Verhaltensregeln der Staaten bestimmt und nur im Falle einer Abweichung korrigierend und ausgleichend eingreift; hatte Jimmy Carter die Konsequenzen aus dem Vietnam-Debakel bis zur Rücknahme jedes militärischen Engagements in der Dritten Welt vorangetrieben, so wollte der jüngere Bush die Korrektur fortsetzen, die Ronald Reagan, gestützt auf die gewachsene Struktur des sicherheitspolitischen Entscheidungsapparates der USA schon eingeleitet hatte. George W. Bush konnte hier ansetzen. Er brachte ein, was sein Vorgänger Clinton abgelehnt hatte: den politischen Willen, das riesige Gewaltpotential der USA auch zu benutzen.

Was dem jüngeren Bush fehlte, war die Gelegenheit. Sie wuchs ihm zu, als am 11. September 2001 der von Terroristen verübte Massenmord in New York und Washington in grauenerregender Weise demonstrierte, daß sich die Sicherheitslage der Vereinigten Staaten in der Tat grundlegend verändert hatte.

«Die civil society tritt wieder zurück zugunsten der wie noch kaum je zuvor wieder auflebenden ‹Staatensicherheit›. Und das nur, weil man ... einen Privatangriff als ‹act of war› ansah und seitdem jeglichen Terrorakt als Angriff à la Pearl Harbor ansieht, was Amerika, d. h. dem Bush-Regime erlaubt, sich in permanenter Kriegssituation anzusehen. Also, sich militärisch einzumischen, wo immer man es im security interest für nötig hält. Innenpolitisch erlaubt der permanente Kriegszustand dem ‹commander-in-chief› immer autoritärer vorzugehen, was die Grundlagen einer liberal democracy gefährdet. Hinter und durch Bush herrschen die big corporations wie nie zuvor.»
Quelle: John H. Herz in einem Brief vom 29. 5. 2002 aus Scarsdale, NY, an den Verfasser.

III. Selektive Weltherrschaft

Wie George F. Kennan, der diplomatische Ekkehard der amerikanischen Außenpolitik, gesagt hat, kommt es nicht darauf an, was einem begegnet, sondern was man daraus macht. Begegnet war den USA etwas gänzlich Unerwartetes, nämlich ein Angriff von 19 Zivilisten vornehmlich aus arabischen Ländern. Sie starteten aber nicht von dort, sondern aus den USA selbst. Sie benutzten keine Waffen, sondern zu Brandbomben umfunktionierte Zivilflugzeuge. Und sie richteten unermeßlichen Schaden an. Mehr als 3000 unschuldige Menschen kamen ums Leben. Das World Trade Center, Symbol amerikanischer Wirtschaftsmacht, versank im Erdboden. Das Pentagon, Symbol amerikanischer Militärmacht, wurde sichtbar beschädigt. Die Supermacht hatte eine empfindliche Niederlage erlitten, ihr Prestige war angeschlagen.

Daß dies nicht das Werk einer rivalisierenden Supermacht, nicht das Ergebnis eines massiven Angriffs zu Lande, zu Wasser oder aus der Luft, sondern das Werk einer Handvoll Zivilisten war, zeigte, wie drastisch sich die Welt und wie dramatisch sich darin die Bedrohungslage der USA geändert hatte. Es gab dringenden Anlaß, auf drei Fragen eine Antwort zu suchen:

- Mußte nicht Sicherheit ganz neu definiert werden, ganz anders als gewohnt? Der Sicherheitsapparat war total auf die Abwehr von außen kommender organisierter militärischer Gewaltanwendung ausgerichtet, gegebenenfalls auch auf die aktive Intervention im Ausland. Die neue Bedrohung aber kam nicht von außen, sondern von innen.

- Wie konnte man Terroristen habhaft werden oder auch nur beikommen, die sich erst im terroristischen Akt selbst zu erkennen gaben, vorher als Zivilisten getarnt und hinterher tot waren? Die Attentäter des 11. September hatten monatelang ganz legal und offen in den USA gelebt und sich auf ihre Tat vorbereitet. Solche «Mobilmachung» verläuft völlig unabhängig. Sie kann jederzeit an jedem Ort wiederholt werden. Sich vor derartiger Bedrohung zu sichern, erfordert ein neues Verständnis von Sicherheit und vollkommen neue Strategien.

- Und schließlich: Warum wurde dieser entsetzliche Angriff ausgerechnet gegen die USA geführt, deren Weltführungspolitik von den meisten Staaten der Welt als «gütige Hegemonie» akzeptiert und deren Lebensstil, the American Way of Life, von allen Gesellschaften hoch geschätzt und nachgeahmt wurden?

Diese Fragen zu beantworten, fällt um so schwerer, als der terroristische Akt, seiner Natur nach, anonym blieb. Zwar sind die Namen der Attentäter des 11. September 2001 bekannt, viel mehr aber auch nicht. Daß Osama Bin Laden Freude und Genugtuung öffentlich bekundet hat, beweist nicht, daß er den Überfall begangen, ausgedacht und angeordnet hat. Selbst wenn die Attentäter Mitglieder von Al-Kaida gewesen sein sollten, trägt dieses Faktum noch immer nichts zur politischen Identifikation des Attentats bei. Al-Kaida ist ein Sammelname für ein weit verzweigtes Netzwerk nur locker miteinander verbundener Gruppen in mehr als 60 Staaten dieser Welt.

Die Anonymität der Terroristen und ihrer verbrecherischen Handlung stellt ein großes Handicap für ihre Verfolgung und Ausschaltung dar. Es ist um so größer, als die Anonymität dazu einlädt, sie taktisch auszunutzen: Was unbekannt ist und bleibt, toleriert jegliche Deutung. Die richtige zu liefern, ist die oberste Aufgabe jeder Regierung; die Kompetenz dazu zu haben, der oberste Ausweis ihrer Macht. Wenn das Glas Wasser als halbvoll zu gelten hat, folgt eine ganz andere Versorgungspolitik daraus, als wenn es als halbleer gilt. Jeder Politiker wird, wenn er seine Definitionsmacht ausübt, sowohl an seine Informationsverpflichtung gegenüber seiner Gesellschaft wie auch an seine politischen Interessen denken. Es kann als sicher unterstellt werden, daß in der Administration George W. Bush über die richtige Deutung der Katastrophe des 11. September lange und kontrovers nachgedacht und diskutiert worden ist, daß es erhebliche Interpretationsdifferenzen gegeben hat, die weit über den Tag hinaus nachwirkten. Ihre Spuren lassen sich auch in den öffentlichen Verlautbarungen einzelner Minister, vor allem des amerikanischen Außenministers Colin Powell, deutlich erkennen.

1. Die Ausdeutung des 11. September

In der von Präsident Bush festgelegten und jedenfalls von ihm formulierten Politik seiner Administration setzte sich sehr rasch eine bestimmte Deutung des Vorgangs durch. Bereits neun Tage nach dem entsetzlichen Attentat, am 20. September 2001, gab Präsident George W. Bush vor einer gemeinsamen Sitzung des Congress Antwort auf die drei Fragenkomplexe.[1]
• Sicherheit muß keinesfalls neu definiert, sondern nur um eine neue Dimension, die der inneren Sicherheit, erweitert

werden. Deswegen wurde das Amt für Innere Sicherheit eingerichtet. Seine Arbeit galt als «sehr wichtig», aber nicht als entscheidend. Als «einziger Weg, Terrorismus als Bedrohung unserer Lebensweise zu bekämpfen», galt der Versuch, «ihn zu stoppen, zu vernichten und ihn auszumerzen, wo immer er entsteht».

• Als wichtigsten Entstehungsort legte Präsident Bush Afghanistan fest, dessen Taliban-Regime von Al-Kaida unterstützt wird. Daß dieses lose Netzwerk islamischer Extremisten, geführt von Osama Bin Laden, für das Attentat verantwortlich war, belegten die «von uns gesammelten Beweise». Zwar gibt es Al-Kaida-Gruppen in mehr als 60 Staaten der Welt; aber lokalisiert wurden ihre Anhänger von Präsident Bush im wesentlichen in den Lagern in Afghanistan. In diesem Land war die Vision von Al-Kaida schon Wirklichkeit geworden. Deswegen machte Bush für das Attentat vom 11. September nicht nur die Al-Kaida-Kämpfer verantwortlich, sondern auch das Taliban-Regime. Durch seine Beihilfe zum Mord beging es selber Mord.

Präsident Bush war sich seiner Sache so sicher, daß er in dieser Rede vom 20. September das Taliban-Regime ultimativ aufforderte, die führenden Mitglieder von Al-Kaida bedingungslos auszuliefern. Andernfalls würde Kabul das «gleiche Schicksal wie die Terroristen ereilen».

Nun gab es sicher gute Gründe, Osama Bin Laden und sein Netzwerk Al-Kaida mit diesem Attentat in Verbindung zu bringen. Beide wurden vom UN-Sicherheitsrat schon gesucht wegen der Anschläge auf die amerikanischen Botschaften in Afrika. Es war auch klar, daß führende Regierungsmitglieder der Taliban zu Osama Bin Laden nicht nur familiäre, sondern auch enge politische Beziehungen unterhielten und daß das Regime in Kabul der Al-Kaida Unterschlupf und die Unterhaltung ihrer Ausbildungslager ermöglichte.

Deswegen waren aber die Taliban noch kein Produkt der Terrororganisation. Sie waren das Geschöpf der Politik Pakistans, die das in Afghanistan nach dem Auszug der Sowjet-union herrschende Chaos ausnützte, um mit der Entsendung der «Gotteskrieger» dort ein der Politik Pakistans willfähriges Regime zu errichten. Es sollte vor allem Islamabad bei der Auseinandersetzung mit Indien um Kaschmir helfen. Ein islamischer Hintergrund war also vorhanden, auch einer des islamischen Extremismus. Er hatte aber weniger mit Osama Bin Laden, dem Söldner Saudi-Arabiens, sondern mehr mit dem islamischen Regime in Pakistan zu tun.

Das Taliban-Regime mit Al-Kaida zu identifizieren, ging weit über die Realität hinaus. Die Taliban handelten menschenverachtend, sie unterdrückten die Rechte der Frauen, der Kinder, der Andersgläubigen. Sie waren in Glaubensdingen totalitär. Aber diese Eigenschaften teilten sie mit manchen anderen islamischen Regierungssystemen, vor allem dem in Saudi-Arabien. Gab es Anlaß, solche Regime zu kritisieren und beseitigen zu helfen, so reichte er nicht aus, um einen Feldzug gegen sie zu legitimieren.

Präsident Bush gab also auf zwei der drei Fragen sehr eindeutige Antworten. Die Sicherheit der USA wurde zwar auch von innen, vor allen Dingen aber von außen bedroht, und zwar nicht nur vom terroristischen Netzwerk Al-Kaida, sondern auch von Afghanistan und den anderen Staaten, die dieses Netzwerk beherbergten oder gar förderten. Aus dem Novum des 11. September, eines mörderischen Angriffs von 19 Zivilisten aus dem Innern der USA, wurde unter den Worten des amerikanischen Präsidenten eine traditionelle Bedrohung von außen durch Terroristen und «Staaten …, die ihnen Hilfe oder Unterschlupf gewährten». Jeder Staat, sagte Bush, der sich solcher Förderung schuldig macht, wird «von den USA als feindliches Regime betrachtet».

Was außergewöhnlich am 11. September gewesen war, wurde auf diese Weise eingebettet in das gewohnte, traditionelle Paradigma der Verteidigung. Damit rückte der Akzent nach außen. Die Binnenseite wurde nicht gänzlich vernachlässigt –

die USA haben mehrere tausend Ausländer, vor allem aus arabisch-islamischen Ländern, die in den USA waren, verhaftet; die Sicherheitsvorkehrungen an den Flugzeugen wurden verschärft; das Amt für Innere Sicherheit entfaltete eine rege Tätigkeit. Aber im Vordergrund der politischen Agenda stand die weltpolitische Dimension, mit der sich die Bush-Administration fürderhin fast ausschließlich, jedenfalls vorrangig befaßte.

Bush nannte den Terrorismus in einem Atemzug mit dem Faschismus, dem Nationalsozialismus und dem Totalitarismus, reihte ihn also ein in die großen internationalen Auseinandersetzungen des 20. Jahrhunderts, den Zweiten Weltkrieg vor allem und den Ost-West-Konflikt. Eine solche geschichtsmächtige Parallele hatte Präsident Truman gezogen, als er am 12. März 1947 mit der nach ihm benannten Doktrin die Auseinandersetzung mit der Sowjetunion mit dem Kampf gegen den Nationalsozialismus und das faschistische Deutschland verglich. Beiden Konflikten lag eine ideologische Komponente zugrunde, beide aber wurden vornehmlich als zwischenstaatliche Konflikte ausgetragen. Diese Verbindung wollte offenbar auch George W. Bush herstellen. Der Kampf gegen den Terrorismus und den ihm unterliegenden islamistischen Extremismus nahm er zum Anlaß, um den weltweiten Kampf gegen alle Staaten zu verkünden und zu begründen, die sich in irgendeiner Form mit dem Terrorismus verbanden.

Zwar wußte natürlich auch Bush, daß diese weltweite Auseinandersetzung nicht, oder nur in ausgewählten Fällen, als regelrechter zwischenstaatlicher Krieg geführt werden konnte. Verteidigungsminister Donald H. Rumsfeld beschrieb am 27. September 2001 die «neue Art von Krieg»,[2] die neue Form der Bekämpfung, die sich vor allem neuer Technologien bedienen, asymmetrisch verfahren und deswegen auch nicht leicht zu erkennen sein würde. Gewaltsam aber würde sie in jedem Fall sein, weil nur auf diese Weise der Terrorismus gestoppt, vernichtet und ausgemerzt werden konnte.

Indem er den Konflikt mit Al-Kaida auf das gleiche Niveau hob, auf dem der mit den Achsenmächten und dem Warschauer Pakt stattgefunden hatte, legte Präsident Bush die Größenordnung fest, die er der Auseinandersetzung mit dem Terrorismus beimaß. Damit wurde auch der militärische Aufwand umschrieben, den die USA leisten mußten, um dieser Gefahr Herr zu werden.

Demnach wurde Al-Kaida ein weltpolitisches Programm globalen Ausmaßes unterstellt. Die Terroristen wollten nicht nur die gemäßigten Regierungen in den arabischen Staaten des Nahen Ostens und vor allem die Israels stürzen, sondern auch Christen und Juden aus Asien und Afrika vertreiben. Sie hatten das Attentat unternommen, weil sie die demokratischen Freiheiten wie das demokratische Herrschaftssystem «hassen». Das Attentat des 11. September war nicht nur dazu bestimmt, unschuldige Amerikaner zu töten, sondern die amerikanische Lebensweise zu vernichten. Bush sah darin die gesamte westliche Zivilisation herausgefordert.

Eine Begründung für diese Bewertung gab der Präsident nicht. Es ging ihm wohl in erster Linie darum, den Konsens der amerikanischen Gesellschaft noch stärker zu mobilisieren, als es die Katastrophe des 11. September ohnehin getan hatte. Schon Truman hatte die Gefährdung durch die Sowjetunion übertrieben, um die Zustimmung der amerikanischen Gesellschaft dafür zu erhalten, amerikanischen Einfluß dem englischen in Griechenland und der Türkei nachrücken zu lassen. Dieses konsenstaktische Manöver hatte seinerzeit schwere Folgen für die Handhabung des Ost-West-Konflikts gehabt. Insofern darf die von Präsident Bush verbreitete Deutung nicht unterschätzt werden.

Sie diente dazu, die traumatische Wirkung des Massenmords auf die amerikanische Gesellschaft aufzufangen durch die Großzeichnung der Entschlossenheit der Regierung, die Schuldigen zu bestrafen. Alle möglichen Regierungen waren gewarnt, mit dem Terrorismus gemeinsame Sache zu machen, ihn als praktikables Instrument zur Verunsicherung der westlichen Industriestaaten zu verstehen. Aber wenn Bush die Staaten der Welt vor die Alternative stellte: «entweder sind sie auf unserer Seite oder auf der Seite der Terroristen», dann bot er eine manichäische Weltsicht an, die für eine differenziertere Analyse und eine gezieltere Strategie gegen den Terrorismus kaum noch Platz ließ. War die Attacke vom 11. September der Auftakt zu einer Auseinandersetzung zwischen Gut und Böse, zwischen Schwarz und Weiß, rechtfertigte sich jeglicher strategischer Aufwand.

Und nicht nur das. Es rechtfertigte sich auch jede Aktion gegen jeden Staat auf dieser Welt, insofern ihn die USA der Kooperation mit dem Terrorismus verdächtigten. Dieser Vorwurf war leicht bei der Hand. Weil die Anonymität zu den Charakteristika des Terrorismus gehört, kann seine Aktivität überall und jederzeit unterstellt werden. Wie man im Mittelalter sehr rasch der Hexerei verdächtigt, abgeurteilt und hingerichtet wurde, konnte schon die Vermutung terroristischer Machenschaften eine amerikanische Intervention auslösen.

Beweise waren da weniger wichtig als die Schnelligkeit des Zugriffs. In der amerikanischen Regierung wurde offen von Präemption gesprochen. Jedenfalls drohte Präsident Bush am 20. September 2001 allen Staaten, die Terroristen unterstützten oder beherbergten, die gleiche Bestrafung an wie den Taliban, die das «Schicksal wie die Terroristen ereilen» würde. Der Prototyp dieses Kampfes gegen Terroristen und ihre Gaststaaten begann am 8. Oktober 2001 in Afghanistan.

Freilich war dieser Prototyp sehr selektiv ausgewählt worden. Wie Präsident Bush in der gleichen Rede vom 20. September 2001 sagte, gab es mehr als 60 Länder, in denen terroristische Organisationen existierten, also 60 Aspiranten auf die gleiche amerikanische Strategie. Unter ihnen mußte ganz besonders Saudi-Arabien hervorragen. Aus diesem Land stammten die meisten Attentäter des 11. September, auch

Osama Bin Laden. Es war kein Geheimnis, daß Saudi-Arabien über verschiedene Hilfswerke terroristischen Gruppierungen Unterstützung gewährt hatte. Das theokratisch-autoritäre System der Taliban orientierte sich an dem Saudi-Arabiens. Ihren Wahabitismus hatten die Taliban direkt von dort übernommen. Wenn es also ein Land gab, gegen das sich die Drohung Präsident Bushs richten mußte, dann war es die saudische Monarchie. Mit ihr aber waren die Vereinigten Staaten seit Jahrzehnten eng verbunden. Saudi-Arabien lieferte Öl zu Vorzugspreisen, die USA garantierten die Sicherheit des Landes und von dort auch die der Region. Amerikas wichtigster Luftwaffenstützpunkt, die Prince Sultan Air Base, stand in der saudischen Wüste. An einen Feldzug gegen Riad auch nur zu denken, war daher völlig absurd.

Wohl aber ließ sich die in Afghanistan vorgenommene Verschiebung des Kampfes gegen die Terroristen hin zu einem Kampf gegen das Land und das Regime sehr gut wieder zurückführen auf den Kampf gegen terroristische Gruppen. Dazu ließ sich Saudi-Arabien wohl auch gewinnen.

Andererseits mußte die Objektverschiebung wiederum vergrößert werden. Das außenpolitische Hauptziel der Bush-Administration, Saddam Hussein aus dem Irak zu vertreiben, ließ sich beim besten Willen nicht in den Kampf gegen den Terrorismus einordnen. Washington bemühte sich sehr intensiv um alle möglichen Nachweise, fand aber keinen.[3] Von den beiden anderen notorischen «Schurkenstaaten» war Nordkorea des Terrorismus völlig unverdächtig. Der Iran hatte sich so aufrichtig und so schnell in die Koalition gegen das Taliban-Regime eingereiht, daß er jedenfalls dessen Unterstützung nicht bezichtigt werden konnte.

Deswegen war eine neue Objektverschiebung fällig. Sie erfolgte in der Rede des Präsidenten zur Lage der Nation am 29. Januar 2002.[4] Bush formulierte hier ein «zweites Ziel» der amerikanischen Politik, nämlich die Terroristen daran zu hindern, in den Besitz von Massenvernichtungswaffen zu kommen, die ihnen von Schurkenstaaten zur Verfügung gestellt werden könnten. Zwar bezog der Präsident in dieser Rede[5] diese Staaten ein in den Kampf gegen den Terror, indem er ihnen dessen Unterstützung vorwarf. Dann aber schuf er für Nordkorea, Iran und Irak mit dem eigens für sie geprägten Begriff der «Achse des Bösen» eine eigene Kategorie. Sie war auf der Skala der Bedrohungen ebenfalls außerordentlich weit oben angesiedelt, wies mit dem Begriff der «Achse» auf den Kampf gegen den Faschismus, mit dem des «Bösen» auf den Kampf gegen die Sowjetunion hin, die Präsident Reagan (allerdings vor einer Versammlung von Geistlichen) als «Reich des Bösen» bezeichnet hatte. Konnte diesen Staaten keine direkte Beziehung zu Al-Kaida und dem Angriff des 11. September nachgewiesen werden, so zählten sie zur «Achse des Bösen» durch die Möglichkeit, daß sie Massenvernichtungswaffen herstellten, die sie Terroristen «zur Verfügung stellen und ihnen damit die Mittel geben (könnten), ihren Haß zu verwirklichen». Sie könnten darüber hinaus die Alliierten Amerikas angreifen und die USA erpressen. Die letzten Einwände räumte Präsident Bush mit dem pauschalen Hinweis zur Seite, daß «auf jeden Fall … der Preis der Gleichgültigkeit katastrophal» wäre.

Damit war der außenpolitische Kreis geschlossen, die Verbindung hergestellt worden zwischen dem Kampf gegen den Terrorismus, den Washington ab dem 11. September 2001 neu aufnehmen mußte, und dem gegen den Irak, der von Anfang an einen obersten Platz im Programm der Bush-Administration eingenommen hatte. Daß Iran und Nordkorea hinzugenommen worden waren, ermöglichte die griffige, aber undifferenzierte Vokabel der «Achse des Bösen», die wohl eher einem übereifrigen Redenschreiber des Präsidenten, als einer eingehenden Analyse zu verdanken war.[6] Vor allem der Iran paßte so gar nicht in diese Achse, aber auch Nordkorea nicht, mit dem Präsident Bush alsbald die kooperative Politik wiederaufnahm.

Übrig blieb allein der Irak. Er stand seit 1990 in der amerikanischen und westlichen Kritik. Der Sturz Saddam Husseins gehörte von Anfang an zu den Hauptzielen der Bush-Administration, für das ihre maßgebenden Politiker schon lange vor ihrem Amtsantritt geworben hatten.[7] Im Vorlauf der Rede Präsident Bushs zur Lage der Nation veröffentlichte Richard Perle einen Aufruf zum Sturz des irakischen Präsidenten.[8]

Jedenfalls zeigte Bush in dieser Rede das außenpolitische Programm seiner Administration vollständig vor. Seine ursprünglichen Ziele, die amerikanische Militärmacht weiter auszubauen, ein Raketenabwehrsystem gegen mögliche Vergeltungs- oder Erpressungsschläge zu errichten und einen Regime-Wechsel im Irak herbeizuführen, waren erhalten und in die neue Aufgabe der Terror-Bekämpfung eingebaut worden. Sie waren nach der Katastrophe des 11. September eine Weile in den Hintergrund gedrängt worden. Als die Traumatisierung der Regierung nachließ, erkannte sie die Möglichkeit, im Zeichen der Terrorismus-Bekämpfung das ursprüngliche außenpolitische Programm erheblich zu befördern. Afghanistan galt nunmehr als der erste Schritt in einem langen, unübersehbaren Feldzug, in den über die Hilfskonstruktion der «Achse des Bösen» auch der Irak integriert werden konnte.

Vor allem aber hatte die Bush-Administration durch die mörderische Attacke des 11. September ein Handlungsmandat nicht nur von der amerikanischen Gesellschaft, sondern auch von der Weltöffentlichkeit erhalten, das ihr auf Monate hin beträchtliche Handlungsspielräume ermöglichte. Schon immer dem Unilateralismus als der eigentlich richtigen Strategie der USA verpflichtet, sah sich Bush durch das Attentat des 11. September zum Alleingang berufen. Die Machtmöglichkeiten Washingtons erstrahlten in hellem Licht. Es durfte nicht nur, es mußte jetzt handeln. Mit der Bekämpfung des Terrorismus war der Weltführungsmacht eine ordnungspolitische Aufgabe zugefallen, die nur sie zu lösen vermochte. Washington fühlte sich vom Schicksal berufen, die Welt zu retten.

Mit dem Begriff der «Achse der Bösen» hatte Bush den Konflikt auf die Ebene der Moral transponiert, so daß er auch eine metaphysische Qualität bekam. Statt den politischen Ursachen des Terrorangriffs Aufmerksamkeit zu widmen, immunisierte er die Konfliktanalyse: im Kampf des Guten gegen das Böse gehe es nicht um Interessen, sondern um die Werte der zivilisierten Welt. Für sie gab es keine Kompromisse, sondern nur den entschlossenen Kampf.

So schrecklich wie der Terrorangriff des 11. September gewesen war, so verdiente er diese ihm zugewiesene Rangordnung nicht. Daß Bush sie trotzdem wählte, dürfte verschiedene Gründe gehabt haben. Dazu zählen gewiß auch persönliche: Bush spürte die Selbstverpflichtung, das Gute zu tun, indem er das seiner Ansicht nach Richtige tat. Diese Betonung erwies sich aber auch als politisch zweckmäßig. Zur Basis des Präsidenten auf dem rechten Flügel der Republikanischen Partei hatten sich seit den Zeiten Ronald Reagans viele Mitglieder der «christlichen Rechten» hinzugesellt, die früher eher zu der Demokratischen Partei gehört hatten. Für diese konservativen Protestanten bildete die Bibel auch eine politische Handlungsanleitung. Sie waren also für metaphysische Begründungen aktueller Politik besonders zugänglich.

Solche Zuordnung konnte es aber auch erleichtern, den Konsens der amerikanischen Gesellschaft für die Bush'sche Außenpolitik zu mobilisieren. Jeder Lobbyist in den USA weiß, daß er sein Anliegen nur dann erfolgreich durchsetzen wird, wenn er es als Teil der politischen Kultur Amerikas präsentieren kann. Wenn Präsident Bush den Kampf gegen den Terrorismus in das gesellschaftliche Selbstverständnis der amerikanischen Außenpolitik implantieren konnte, wonach sie stets auf die Verbreitung von Frieden, Demokratie und Wohlstand ausgerichtet war, ließ sich die öffentliche Zustimmung leicht erreichen.

Vor allem aber konnte mit seiner metaphysischen Überhöhung der neue Konflikt bequem in die gleiche Größenordnung erhoben werden, die zuvor der Ost-West-Konflikt eingenommen hatte. Auf solche Ausmaße war der amerikanische Verteidigungsapparat eingestellt, an sie die amerikanische Gesellschaft gewöhnt.

Hier hatte seit 1990 eine Lücke geklafft. Die amerikanische Kampfbereitschaft war geblieben, aber es gab keinen Feind mehr. Natürlich hätten die USA – wie der Westen insgesamt – diese Lücke durch die Rezivilisierung ihrer Politik schließen können. Das wäre der demokratietheoretisch richtige Weg gewesen, war aber offenbar nur schwer gangbar. Die amerikanische Politikwissenschaft hat nachgewiesen, daß auch die USA immer Feinde gebraucht haben, die, «wenn sie nicht von selbst verfügbar waren, ... geschaffen wurden».[9]

Dieses Problem verdient mehr Aufmerksamkeit, als es bisher bekommen hat. Aber es beleuchtet die Tatsache, daß jede Konfliktbestimmung durch eine Regierung immer auch ein Machtelement enthält. Es gibt in der Politik keine objektiven, sondern immer nur definierte, also bearbeitete Bedrohungsanalysen. Wenn Präsident Bush den terroristischen Akt vom 11. September als den Beginn eines Krieges gegen die Vereinigten Staaten deutete, dann rechtfertigte er damit vor allem den weltweiten Einsatz amerikanischen Militärs.[10]

Diese Interpretation traf auf wohlbestellten Boden. Seit längerem schon hatten maßgebende Wissenschaftler und Publizisten die USA auf den imperialen Weg verwiesen. Als «einzige Weltmacht» mußte sie die Vorherrschaft anstreben.[11] Robert Kaplan schrieb dem «sanften imperialen Einfluß» der USA die Fähigkeit zu, der ganzen Welt Sicherheit und Prosperität zu verschaffen.[12] Der Historiker Paul Kennedy, der noch zehn Jahre zuvor den Niedergang der amerikanischen Weltmacht diagnostiziert hatte, bescheinigte ihr nun historisch einmalige, unvergleichliche Stärke, die ihr eine imperiale Politik geradezu aufzwang.

Nachdem diese Wissenschaftler den Begriff des Imperialismus enttabuisiert hatten – was bis dahin im Selbstverständnis der amerikanischen Außenpolitik ganz unmöglich gewesen war –, folgten konservative Journalisten auf dem Fuße. Vom isolationistischen Flügel des rechten Imperialismus bis hin zu linken Kritikern hielt man die Stunde des Imperialismus der USA für gekommen.[13]

Diese Diskussion hatte lange vor dem 11. September begonnen, sie enthielt den intellektuellen Reflex auf die Tatsache, daß nach 1990 die USA in der Tat die einzige globale Supermacht bildeten. Daraus entstanden Verpflichtung und Versuchung. Hatten die USA schon zuvor als westlicher Hegemon eine führende Rolle im Westen gespielt und dort, wie in der ganzen Welt, als «Balancer» gewirkt,[14] so waren sie nach 1990 in die Rolle des Ordnungsstifters gedrängt worden.

Die entscheidende Frage war nicht, ob sie sie wahrnehmen würden – die Antwort darauf hatten sie 1945 schon gegeben –, sondern in welcher Weise. Schon Samuel Huntington hatte in seinem berühmten Buch über den «Kampf der Kulturen» darauf hingewiesen, daß ein überzogener Hegemonialanspruch unweigerlich die Gegenkräfte mobilisieren und damit sich selbst schaden würde. Warnende Stimmen verwiesen auch auf die amerikanische Tradition. War nicht die Gründung der USA als anti-imperialer Akt zu verstehen gewesen, und hatten sich die Vereinigten Staaten nicht gerade auch in der ersten Hälfte des 20. Jahrhunderts gegen den Kolonialismus der westeuropäischen Staaten und gegen den Imperialismus gewendet? Wenn die Bush-Administration den 11. September also wirklich zum Anlaß nehmen wollte, die eigenen Ordnungsvorstellungen der Welt mit Gewalt aufzuzwingen, instrumentalisierte Washington nicht nur die Katastrophe, sondern verstieß auch gegen die lange Tradition des außenpolitischen Selbstverständnisses der USA.[15]

Konnte die Welt einen solchen Versuch akzeptieren? Er würde sich deutlich unterscheiden von der «Sicherheitshegemonie», die die USA während des Ost-West-Konflikts ausgeübt und damit durchweg auch die Zustimmung der Betroffenen ausgelöst hatten. Schlug die «gütige Hegemonie» aber in klassischen Imperialismus um, war ein solches Resultat keinesfalls zu erwarten.[16]

Schließlich: Waren nicht während des Kalten Krieges die europäischen Imperien zusammengebrochen, nach seinem Ende auch die Sowjetunion, gefolgt von Jugoslawien? Die Tendenz in der Gesellschaftswelt war nicht auf die Errichtung neuer großer Reiche gerichtet, sondern auf deren Auflösung. Die zunehmende Anzahl der Bürgerkriege verwies darauf, daß selbst in einem Staat Waffengewalt gegen die Herrschaft angewendet werden würde, wenn sie von der Gesellschaft nicht mehr akzeptiert wurde.

Um die Akzeptanz der USA in der Welt hatte es schon vor dem 11. September ganz anders ausgesehen, als die amerikanischen Bürger es sich vorstellten. Die Welt kritisierte nicht die amerikanischen Werte, sondern die Idiosynkrasie, mit der die amerikanische Politik diese Werte für die USA akkumulierte und keine Rücksicht auf die Folgen nahm, die dadurch in der außeramerikanischen Welt entstanden.[17] Nicht zuletzt in Europa nahm die Kritik an der unilateralen Außenpolitik zu, die die Bush-Administration demonstrativ betrieb. Während in der amerikanischen Öffentlichkeit Washingtons Politik gegenüber dem Irak und im Nahost-Konflikt mehrheitlich bejaht wurde, sank die Zustimmung dazu in Europa auf ein Drittel.[18] Auch in der Dritten Welt wurde der Aufstieg der USA zur alleinigen Supermacht mit «gemischten Gefühlen» angesehen.[19]

Auf dem Weg der Bush-Administration in die selektive Weltherrschaft standen also viele Warnlampen. Auch wirkte der höchst diffuse außenpolitische Entscheidungsprozeß der USA bremsend. Die Reden des Präsidenten zu schreiben, war leichter, als ihren Inhalt in der amerikanischen Politik durchzusetzen. Zwischen dem Außen- und dem Verteidigungsministerium herrschten seit alters her große Meinungsverschiedenheiten. In allen Ministerien drängten die relevanten

Wirtschaftsgruppen auf die Verwirklichung ihrer keineswegs immer homogenen, sondern höchst kompetitiven Interessen. Hinzu kam die Außenwelt. Westeuropa konnte sich zwar mit den USA militärisch nicht vergleichen, sein Wort wurde in Washington aber sehr wohl gehört.

Man muß sich also vor der Annahme hüten, als hätte dem furiosen, den Alleingang geradezu demonstrativ präsentierenden Auftakt der ersten neun Monate der Bush-Administration ein «Grand Design» zugrunde gelegen. Es gab die Absicht, eine energische, auf das Militär gestützte und alle Einschränkungen hinter sich lassende Weltpolitik zu betreiben. Aber erst nach dem 11. September wurde diese Absicht rücksichtslos in Politik umgesetzt. Von der «Besonnenheit», die die westlichen Medien dem amerikanischen Vorgehen nach dem 11. September bescheinigten, konnte nicht mehr die Rede sein. Bush brauchte Zeit, bis der militärische Aufmarsch im Mittleren und Nahen Osten vollendet war. Dann wurde die angekündigte Strategie mit einer Entschlossenheit umgesetzt, die den Handlungsspielraum, den der Massenmord des 11. September in der amerikanischen Öffentlichkeit und in der Welt verschafft hatte, bedenkenlos ausnutzte.

Im Zeichen des Terrors wurden in Zentralasien viele neue politische, geopolitische und wirtschaftspolitische Fakten geschaffen. Weitere waren vom Krieg gegen den Irak zu erwarten. Präsident Bush hatte eine Terrorismus-Bekämpfung weltweiten Ausmaßes angekündigt, und es war nicht daran zu zweifeln, daß er in diesem Prozeß eine selektive Weltherrschaft errichten wollte. Er ließ die letzten Bindungen Amerikas an die 1945 errichtete Weltordnung hinter sich und schuf mit seinen Handlungen Präzedenzien, aus denen sich leicht neue Normen ableiten ließen. Bush versetzte dem Multilateralismus, der Kooperation mit den anderen Staaten der Welt und sogar mit den langjährigen Verbündeten, einen weiteren Stoß. Er machte rechtliche Verpflichtungen rückgängig, die die Vorgänger eingegangen waren.

Ob es gelingen wird, diese Schäden an der Weltordnung der vergangenen 50 Jahre zu reparieren, steht dahin. Zwar ist auch nicht sicher, daß diese imperiale Machtpolitik sich durchsetzen läßt – in den USA nicht, in Europa nicht und auch nicht in der Welt. Aber zu konstatieren ist, daß die Administration von George W. Bush den Versuch dazu unternommen hat.

2. UNO Ade

Die für die Weltordnung wichtigste Entscheidung traf die Bush-Administration mit ihrem Entschluß, die Verteidigung gegen den Terrorismus und die Bestrafung der Attentäter vom 11. September total in die eigene Regie zu übernehmen und sie nicht vom Sicherheitsrat der Vereinten Nationen anordnen und damit legalisieren zu lassen. Der ältere Bush hatte noch größte Anstrengungen unternommen, um die Vertreibung des Irak aus Kuwait vom Sicherheitsrat beschließen zu lassen und dafür die erforderliche Einstimmigkeit der Ständigen Ratsmitglieder herzustellen. Zwar war der Sicherheitsrat dann an der «Operation Wüstensturm» nicht beteiligt.[20] Aber der Golfkrieg kam einer UN-Aktion sehr nahe. Er respektierte das in der Charta festgelegte Gewaltmonopol des Sicherheitsrates.

Bush Junior hingegen verwandte sehr viel Mühe darauf, den Sicherheitsrat und seine Kompetenzen aus dem politischen Geschäft zu lassen. Zwar erließ der Sicherheitsrat am 12. und am 28. September 2001 zwei von den USA eingebrachte Resolutionen. Sie ordneten aber keine Gewaltmaßnahmen an, sondern beschränkten sich darauf, in ihren Präambeln das «naturgegebene Recht zur individuellen und kollektiven Selbstverteidigung im Einklang mit der Charta» zu erwähnen.

Dieses Recht war ohnehin unbestreitbar. Wichtig wäre gewesen, die Gewaltanwendung – wie im Falle des Golfkrieges – im operativen Teil der Resolution regelrecht zu autorisieren. Die Entschließung 1368 vom 12. September forderte die Staaten aber lediglich zur Zusammenarbeit auf, um die Urheber der Terroranschläge vor Gericht zu stellen und terroristische Handlungen zu verhüten und zu bekämpfen. Im Punkt 5 dieser Entschließung erklärte sich der Sicherheitsrat bereit, «alle erforderlichen Schritte zu unternehmen, um auf die Terroranschläge vom 11. September 2001 zu antworten, und alle Formen des Terrorismus zu bekämpfen».

Von dieser Bereitschaft wurde in der vierzehn Tage später verabschiedeten Resolution 1373 kein Gebrauch gemacht. Ihr operativer Teil, für den die Autorität des Sicherheitsrats nach Kapitel VII der Charta reklamiert wurde, verlangte von den Staaten lediglich, die Finanzierung des Terrorismus zu unterbinden, die Kontrollmaßnahmen zu verbessern, die Zusammenarbeit zu intensivieren und Abwehrmaßnahmen gegen die Terroristen zu ergreifen. Diese detailliert angeordneten Maßnahmen waren allesamt wichtig, verlangten aber nicht den Einsatz des Militärs.[21]

Auch die Generalversammlung verabschiedete am 12. September 2001 nur eine Entschließung, die die Terrorakte verurteilte und internationale Zusammenarbeit zur Bestrafung der Täter und Abwehr weiterer terroristischer Angriffe einforderte. Wäre eine schärfere, die Gewaltanwendung im operativen Teil beschließende Resolution im Sicherheitsrat an einem Veto gescheitert, hätte die Generalversammlung nach der 1952 in der «Uniting-for-Peace»-Resolution getroffenen Regelung mit einer Empfehlung einspringen können.

Ein solches Veto war aber nicht zu erwarten. Hätte die Entschließung 1373 dem Sicherheitsrat die explizite Anordnung von Gewaltmaßnahmen abgefordert, hätte er – angesichts der weltweiten und einhelligen Verurteilung der terroristischen Angriffe des 11. September – sicherlich ohne Veto zugestimmt. Daß seine Entschließung eine solche Autorisierung der Gewaltanwendung nicht enthielt, kann also nicht durch die Antizipation eines Vetos erklärt werden.

Diese Hilfskonstruktion war von der NATO im Serbien-krieg 1999 benutzt worden, um zu erklären, daß sie den Sicherheitsrat nicht um eine Autorisierung ihres Gewalteinsatzes gebeten hatte. Außerdem ist ein antizipiertes Veto noch lange kein eingelegtes Veto. Erst das Scheitern eines Entwurfs im Sicherheitsrat durch den Widerspruch mindestens eines Ständigen Sicherheitsratsmitgliedes könnte beweisen, daß ein Vorhaben nicht zustande gekommen war.

Folglich muß man davon ausgehen, daß in dem amerikanischen Entwurf eine solche Gewaltanordnung gar nicht vorgesehen war. Zwar waren in Washington die Vereinten Nationen durch das Attentat wieder wichtiger geworden, so wichtig jedenfalls, daß man ihre Akklamation, wenn auch in einer vagen Form, für erstrebenswert hielt. Deswegen bezahlten die USA nun plötzlich einen Teil der 1,6 Milliarden USD, die sie der Organisation über Jahre hin geschuldet, deren Begleichung sie geradezu demonstrativ immer verweigert und erst gegen Ende der Clinton-Administration in einem Kompromiß wenigstens akzeptiert hatten. Nach dem 11. September gab der Congress mehr als 500 Millionen Dollar für die UN endlich frei. Washingtons Schulden verringerten sich damit auf etwa eine Milliarde Dollar. Das war immerhin ein Schritt in die richtige Richtung, wenn auch nur ein kleiner. Es war aber notorisch, daß er nur zustande kam, weil die Weltorganisation als «Legitimierungsinstanz» gebraucht wurde.[22]

Mehr wurde aber den Vereinten Nationen nicht abverlangt. Ob durch die beiden Erwähnungen des Rechtes auf Selbstverteidigung die amerikanischen Gewaltmaßnahmen in Afghanistan und die, die sich daran anschließen sollten, wirklich legalisiert worden waren, war mehr als zweifelhaft. In der Politik wurde es so dargestellt, in der juristischen Diskussion eher bezweifelt.[23]

Das Problem lag ohnehin weniger in der Legalisierung. Das Recht zur individuellen oder kollektiven Selbstverteidigung war unbestritten, gab aber keinen Freipaß ab. Fraglich war, ob die Gewaltanwendung legitim, also durch den Konsens der Weltgesellschaft getragen war. Das hätte sich am besten in der Anordnung durch den Sicherheitsrat ausgedrückt. Wäre der Sicherheitsrat im Falle des Terrorismus ähnlich eingeschaltet worden wie im Golfkrieg, hätte sich die gleiche Wirkung eingestellt. Nach einem Votum dieses Gremiums hätte niemand den Verdacht äußern können, daß der Krieg gegen Afghanistan weniger mit dem Terrorismus, als mit den geoökonomischen und geopolitischen Interessen der USA zu tun haben könnte. So aber konnte sich diese Unterstellung ungehindert verbreiten, vor allem in der arabischen und muslimischen Welt.

Ob die Bush-Administration gut beraten war, die Gremien der Vereinten Nationen lediglich als Resonanzboden für ihren Unilateralismus zu benutzen, muß also bezweifelt werden. Der politische Terrorismus adressiert sich ja gerade an die Öffentlichkeiten der Region und der Welt. Ein Votum des Sicherheitsrats hätte ihm den Anklang in diesen Öffentlichkeiten genommen, der Verzicht darauf hingegen verstärkte ihn.

Ohne die Zustimmung der betroffenen Gesellschaften aber läßt sich in deren Region weder eine Ordnung herstellen, noch der Terrorismus bekämpfen. Er ernährt sich vom Dissens, den er mit seinen Aktionen zu stärken und auszubeuten hofft. Insofern wäre es politisch nützlicher gewesen, die Militäraktion gegen Al-Kaida, die Taliban und Afghanistan wenigstens in dem Ausmaß im UN-Rahmen zu belassen, das die Regierung von Bush Senior eingehalten hatte. Ideal wäre es gewesen, darüber hinauszugehen und die gefangenen Angehörigen der Terroristenorganisation Al-Kaida dem Internationalen Strafgerichtshof zu überstellen. Das war zwar im Winter 2001/2002 noch nicht möglich, weil sein Statut erst im Juli 2002 in Kraft trat. Bis dahin hätten die USA die Gefangenen sozusagen in vorwegnehmender Auftragsverwaltung aufbewahren müssen.

Dieser große Fortschritt, einst gerade mit amerikanischer Hilfe maßgeblich in Gang gesetzt und 1998 in Rom von 120 Staaten begründet,[24] war in den USA auf wachsenden Widerstand gestoßen. Präsident Clinton hatte das Statut zwar in seinen letzten Amtstagen noch unterschrieben, aber keine Hoffnung mehr gehabt, es durch den Senat zu bringen. Kein amerikanischer Staatsangehöriger sollte je von einem internationalen Gericht verurteilt werden dürfen. Präsident Bush zog im Mai 2002 sogar die Unterschrift seines Vorgängers Clinton wieder zurück – eine präzedenzlose Maßnahme. Das Repräsentantenhaus drohte im Mai 2002 jedem Staat, der dem Statut des Gerichtshofs beitrat, den Entzug jeglicher Militärhilfe an und beauftragte die Regierung, amerikanische Staatsangehörige, gegen die vor dem Internationalen Strafgerichtshof verhandelt würde, notfalls mit Gewalt zu befreien.

Der Widerstand Washingtons gegen auch nur die kleinste, rechtlich gerechtfertigte Beeinträchtigung amerikanischer Bewegungsfreiheit ging so weit, daß ihm sogar die maßgeblich von den USA eingesetzten speziellen Kriegsverbrechertribunale für Jugoslawien und Ruanda geopfert werden sollten. Spätestens im Jahr 2008 sollen sie sämtlich eingestellt und nicht wieder erneuert werden, weil sie als Wegbereiter des Internationalen Strafgerichtshofs gelten und wirken könnten.[25]

Die extreme Ablehnung des Internationalen Strafgerichtshofs durch Washington war um so unverständlicher, als in dessen Statut so viele Kautelen eingebaut worden waren, daß ein politischer Mißbrauch ausgeschlossen war. Auch gehörte in die Jurisdiktion dieses Hofes nur der klare Fall des Kriegsverbrechens, des Verbrechens gegen die Menschlichkeit, nicht etwa der Krieg als Straftat. Würden im weltweiten Einsatz amerikanische Soldaten Kriegsverbrechen begehen, würde die internationale Gerichtsbarkeit greifen, wenn die amerikanische untätig blieb. Aber dem Selbstwertgefühl der Supermacht war schon der Gedanke unerträglich, daß amerikanisches Verhalten von einem internationalen Gremium beurteilt werden könnte.

Es gehört in dieses absolute Souveränitätsdenken, daß sich die USA jegliche Kritik an ihrer Behandlung afghanischer Kriegsgefangener auf der Insel Kuba von außen verbaten. Im amerikanischen Selbstverständnis war das Recht der Macht stets übergeordnet gewesen. Jetzt wurde das Verhältnis umgekehrt, das Recht zugunsten der Macht offen instrumentalisiert.

Der erklärte, bewußte Bruch mit der bisherigen Weltordnung ist die strukturell besonders schwerwiegende Konsequenz der Politik, die die Bush-Administration nach dem 11. September eingeschlagen hat. Diese Ordnung war seit 1945 häufig gebrochen worden, auch durch die Vereinigten Staaten, zum Beispiel mit der Invasion in Panama oder zuvor mit dem Vietnam-Krieg. Aber deswegen war das Ordnungsprinzip nicht aufgegeben, sondern beibehalten worden. Das Verbot, militärische Gewalt zu anderen Zwecken als denen der Verteidigung einzusetzen, wurde weiterhin akzeptiert, das Gewaltmonopol des Sicherheitsrats respektiert. Eine erste Bresche in diese Ordnung war 1999 mit dem Verzicht der NATO, für ihren Luftkrieg gegen Serbien ein UN-Mandat einzuholen, geschlagen worden. Die Administration G.W.Bush hat sie 2001 völlig eingerissen.

Diese Politik Washingtons scheint die These des Neo-Realismus zu bestätigen, daß Staaten sich nur so lange in eine internationale Organisation einordnen, wie dies ihren Interessen entspricht. Das ist trivial. Auch in internationalen Organisationen wird Politik gemacht. Ihre Mitglieder versuchen, mit dieser Politik ihre Interessen zu realisieren. Also muß die Frage gestellt werden, welches diese Interessen sind, wer sie definiert und wer davon profitiert.

Hat die Politik der Bush-Administration der Anforderung der amerikanischen Gesellschaft sowohl nach Sicherheit gegenüber den Terroristen, wie der nach einem akzeptablen

Aufwand-Ertrags-Verhältnis bei der Herstellung von Welt-ordnung wirklich entsprochen? Daß die Distanzierung der USA von den Vereinten Nationen in diesem gesellschaftlichen Interesse Amerikas lag, muß bezweifelt werden, zumal die UN in der amerikanischen Gesellschaft nach wie vor hoch angesehen waren. In Zeiten zunehmender Interdependenz ist die unilaterale Anwendung militärischer Gewalt weder das beste, noch das erfolgreichste Mittel, um des Terrorismus Herr zu werden. Die Gewaltanwendung kann verständlich, in manchen Fällen sogar unvermeidlich sein. Aber wer ihre Negativ-Folgen vermeiden, den Terrorismus erfolgreich bekämpfen will, sollte diese Gewalt im Auftrag oder jedenfalls mit der Zustimmung einer internationalen Organisation ausüben.

Die amerikanische Macht hätte sich dabei einer Selbstbeschränkung unterwerfen müssen, für sie aber einen politischen Mehrwert erhalten, der sich in geringerem Aufwand (ausgedrückt durch gesparte Steuergelder) und erhöhtem Nutzen (Erfolg gegen den internationalen Terrorismus) niedergeschlagen haben würde. Deswegen hätte es sehr wohl im Interesse der amerikanischen Gesellschaft gelegen, den Kampf gegen den Terrorismus innerhalb der Vereinten Nationen und mit ihnen zu führen statt im Alleingang.

Daß in der Außenpolitik alles möglich ist, was sich durchsetzen läßt, heißt noch lange nicht, daß es auch für alle den größten Nutzen bringt. Es ist richtig, daß die Bush-Administration den amerikanischen Unilateralismus nicht erfunden, sondern bereits vorgefunden hat. Aber sie hat ihn zu einem Extrem weiterentwickelt, das in der amerikanischen Weltpolitik seit 1945 seinesgleichen nicht findet.

Im Winter 2001/2002 lief die Bush-Administration mit dem Rückenwind der Katastrophe des 11. September mit Höchstgeschwindigkeit auf dem von ihr bevorzugten Kurs des Unilateralismus. Sie entwand sich nicht nur den Handlungsbeschränkungen durch die internationale Organisation, sondern sogar denen einer festen Koalition. Denn auch deren Mitglieder hätten die außenpolitische Strategie mitbestimmen und damit die Entscheidungsfreiheit Washingtons einschränken wollen. Auf solche Hilfestellung verzichtete die Bush-Administration. Nicht eine Koalition würde künftighin die Mission bestimmen, schrieb Verteidigungsminister Donald H. Rumsfeld am 27. September 2001 in der New York Times, sondern es «wird die Mission die Koalition definieren».

Vereinfacht ausgedrückt: Je nach der eigenen Zielsetzung würde sich Washington die passenden Partner für die entsprechende Koalition aussuchen. Hatte sie ihr Ziel erreicht, würde sie aufgelöst und durch eine andere ersetzt werden, die für das nächste Ziel entsprechend gut geeignet sein würde.

Nun war auch dieses Konzept nicht gerade neu. Es war schon während des Kalten Krieges angedacht und praktiziert worden, weil sich das Atlantische Bündnis partout nicht dazu bewegen ließ, außerhalb des Verteidigungszweckes und außerhalb des im NATO-Vertrag definierten Aktionsraumes («out of area») tätig zu werden. Je nach Einsatzregion suchte sich Washington die passenden und willigen Partner aus. Das ließ die NATO intakt und brachte Washington doch die notwendige Hilfe.

Neu war an der flexiblen Koalitionsbildung der Bush-Administration, daß sie jetzt nicht mehr als Seitenstrang amerikanischer Außenpolitik fungierte, die hauptsächlich in Institutionen wie den UN und der NATO betrieben wurde. Weil diese «Koalitionen», wie Rumsfeld gesagt hatte, an der Definition der Situation und der Art und Weise ihrer Bearbeitung nicht beteiligt würden, profitierte davon die amerikanische Entscheidungsfreiheit. Vergrößerte sich dadurch aber auch der Erfolg?

Die Vereinten Nationen waren geschaffen worden, um solchen Unilateralismus mit seiner Neigung zu Allianzen und Koalitionen, zu Gleichgewichtspolitik und Vergrößerung von Einflußsphären zu beseitigen. In der internationalen Organisation sollten alle Staaten veranlaßt werden, kooperativ ihre wechselseitige Sicherheit zu garantieren, also den Frieden durch Zusammenarbeit herzustellen. Sie büßten damit an Macht ein, gewannen aber an Sicherheit, weil sich alle Nachbarn auf den Gewaltverzicht verpflichtet hatten. Die Formel dafür hatte Alfred Fried schon in den zwanziger Jahren gefunden. Über die Mitarbeit in internationalen Organisationen verwandelten die Staaten «eigene Macht in fremde Pflichten».

Aus dieser Wirkung der internationalen Organisation verabschiedeten sich die Vereinigten Staaten mit der Formel von Verteidigungsminister Rumsfeld nun endgültig. Sie verließen sich ausschließlich auf die eigene Macht, kehrten dem Fortschritt von 1945 den Rücken, tasteten sich zurück in das 19. Jahrhundert, in dem jeder Staat so viel Macht anzusammeln versuchte wie möglich war. Es gab keine ständige internationale Organisation, sondern nur zwischenstaatliche Koalitionen, deren Wechsel das berühmt gewordene «europäische Mächtekonzert» zustande brachte. Es war nicht erfolglos, brachte Europa in der Zeit von 1815 bis zum Krim-Krieg Stabilität und in gewisser Weise auch Ordnung. Aber sie war notwendig instabil, weil das ständige Machtstreben durch die Gleichgewichtsbildung zwar gemildert, aber nicht aufgehoben werden konnte. Zwei Weltkriege führten den Beweis.

Ein solches System konnte einer Weltführungsmacht attraktiv erscheinen. Es schränkte deren Machtfülle in keiner Weise ein, sondern vermehrte sie noch durch die objektbezogene Zuarbeit einzelner Staaten. Allerdings galt das nur für die zwischenstaatlichen Beziehungen, jenes von den Regierungen und ihren Machtapparaten gebildete Segment der Internationalen Politik. Im 19. Jahrhundert noch dominant, bildet es heute nur einen Ausschnitt aus dem Beziehungsgeflecht, das von der Gesellschaftswelt dargestellt wird. Gesellschaftliche Akteure werden von dieser Koalitionsbildung überhaupt nicht betroffen, lassen sich von ihr auch nur am Rande beeinflussen. Die Wirtschaftswelt kann das Mächtekonzert ohnehin nicht betreten, ebenso nicht den großen Sachbereich der Partizipation an der Herrschaft mit den dazugehörigen Welt- und Konfliktbildern der Gesellschaften, ihrer religiösen, politischen und ideologischen Überzeugungen. Gerade hier aber ist der Terrorismus angesiedelt.

Der Konsens der Gesellschaften ist unter den modernen Bedingungen entscheidend für den Erfolg jeglicher Außenpolitik. Den USA gelang es relativ leicht, den pakistanischen Präsidenten Musharraf von der Unterstützung der Taliban abzubringen und ihn zu ihrem Gegner werden zu lassen. Ob ihm die Pakistanis dabei folgen werden, ist im Sommer 2002 völlig offen, vom pakistanischen Geheimdienst und dem pakistanischen Militär ganz zu schweigen.

Ob es gelingt, das verzweigte Netzwerk der Al-Kaida in den mehr als 60 Herbergsländern zu bekämpfen, hängt davon ab, daß man ihnen das Wasser der gesellschaftlichen Zustimmung abgräbt. Ein Ukas der jeweiligen Regierung dürfte dafür nichts nützen. Im Unterschied zu der des 19. gibt es in der Internationalen Politik des 21. Jahrhunderts viele Interdependenzen, die sich der Einwirkung durch militärische Macht von außen entziehen. Solange Israel mit seiner Unterdrückungspolitik der Palästinenser im Westjordanland und im Gaza-Streifen fortfährt, kann sich keine arabische Regierung erlauben, den von den USA gewünschten Feldzug gegen den Irak zu unterstützen. Sie riskierte ihren Sturz. Aus den gleichen Gründen hat das saudische Königshaus seine politisch stabilen und wirtschaftlich lukrativen Beziehungen zu den USA flankiert mit reichhaltiger Unterstützung des extremen Islamismus. Die arabischen Terroristen sind zu einem großen Teil das direkte Produkt saudischer Ambivalenzen. Ihnen ist mit einer Koalition der Regierungen nicht beizukommen.

Aber auch im Segment der zwischenstaatlichen Beziehungen ist die Renaissance einer auf die Terrorismus-Bekämpfung gerichteten Koalitionspolitik nicht immer optimal. Japans im Zeichen der Terrorismus-Bekämpfung erklärte Aufrüstungsbereitschaft hat die Alarmsirenen in China und in Südkorea in Gang gesetzt. Die Umwertung Pakistans von einem mit Boykott belegten Regelverletzer zum Alliierten im Kampf gegen Al-Kaida hat die amerikanisch-indischen Beziehungen belastet und den indisch-pakistanischen Konflikt um das Kaschmir-Tal erheblich verschärft.

Die Koalitionsbildung gegen den Terror hat auch ihre guten Seiten. Die gemeinsame Angst vor dem Terrorismus hat dazu beigetragen, daß die in der zweiten Hälfte der neunziger Jahre sich wieder auftürmenden Machtrivalitäten zwischen den Großmächten abgeflaut sind. Dadurch hat sich das amerikanisch-russische Verhältnis substantiell verbessert, bis hin zu einer erheblich erweiterten, nunmehr fast gleichberechtigten Teilnahme Rußlands an der NATO-Politik jenseits der Verteidigung. Auch das Verhältnis Washingtons zu China hat sich entspannt, weil Peking sich sofort in die Abwehrfront gegenüber dem Terrorismus einreihte. Präsident Bush erkannte daraufhin die Vorzüge der von seinem Vorgänger betriebenen Annäherungspolitik an das Festland.

Die Gemeinsamkeit in der Terrorismus-Bekämpfung stellte sich sogar im Verhältnis zwischen Washington und dem Iran ein, der den Kampf gegen Al-Kaida und die Taliban aktiv unterstützte. Daß Teheran wenig später von Bush wieder in die «Achse des Bösen» eingereiht wurde, erklärt sich nicht nur aus der traditionellen Schwankungsbreite der amerikanischen Außenpolitik, sondern auch daraus, daß die gemeinsame Abwehr der terroristischen Gefahr keineswegs alle zwischenstaatlichen Divergenzen zuzudecken vermag. Sowie dieser Zweck erreicht worden oder wieder in den politischen Hintergrund getreten ist, wird die Koalition ohnehin zerfallen – worauf sich deren Mitglieder schon heute einrichten.

Präsident Bush selbst hat bei der Beurkundung der neuen russisch-amerikanischen Partnerschaft im Mai 2002 in Moskau die amerikanische Raketenaufrüstung damit begründet, daß niemand wisse, wer 10 Jahre später in Moskau regiere.

Koalitionen sind Zweckbündnisse auf Zeit. Sie beruhigen die Machtkonkurrenz nicht – wie eine internationale Organisation oder auch eine Allianz –, sondern schaffen Zeiträume, in denen ihre Verschärfung um so besser vorbereitet werden kann.

Für die Terrorismus-Bekämpfung sind traditionelle Koalitionen deswegen besonders ungeeignet, weil sie die Regierungen vereinen, aber die politische Auseinandersetzung mit dem Terrorismus ihnen überlassen müssen. Jenseits der Nahtstelle, an der die außenpolitische Kooperation zur Terrorismus-Bekämpfung übergeht in deren jeweilige innenpolitische Instrumentalisierung, versagt das Koalitionsprojekt notwendig. Es mußte hinnehmen, daß Rußland sich in seiner Tschetschenienpolitik rehabilitiert sah, weil es den Widerstand dort schon immer als Terrorismus bezeichnet hatte. Israel konnte nicht nur die Selbstmord-Attentäter, sondern jeden palästinensischen Gegner seiner Besetzungspolitik als Terroristen ausgeben und ungestraft verfolgen. China durfte die Unabhängigkeitsbestrebungen der Uiguren und der Tibetaner als Terrorismus diskreditieren; ebenso leicht fiel es dem Irak und der Türkei mit den Kurden.

Der Anti-Terrorismus-Koalition, die dem Mächtekonzert des 19. Jahrhunderts nachgebildet worden ist, blieb die innenpolitisch-gesellschaftliche Seite des Terrorismus-Phänomens verschlossen, weil sie dafür außer den Geheimdiensten keine Bearbeitungsorgane hat. Der Tendenz, den Kampf gegen Terrorismus für die jeweiligen innen- und außenpolitischen Zwecke auszunutzen, wird dadurch Vorschub geleistet. Man tut der Regierung Bush kaum unrecht, wenn man ihr unterstellt, daß sie im Kampf gegen den Terrorismus maßgeblich ein Vehikel ihrer weltpolitischen Aspirationen sah. Wäre der Kampf gegen den Terrorismus im Rahmen der Vereinten Nationen geführt worden, hätte sich die politische Dimension des Phänomens nicht so leicht der öffentlichen Aufmerksamkeit entziehen lassen, wie es im Kontext einer Koalition interessierter Staaten möglich war.

Daß die Koalition gegen den Terrorismus die Befriedung (oder den erneuten Zerfall) Afghanistans nicht überleben würde, stand schon in ihrer Geburtsurkunde. Für die geplante Intervention im Irak mußte die Bush-Administration eine andere Koalition zusammenstellen. Die Likud-Regierung Israels wird dazugehören, vielleicht auch die Großbritanniens, wenngleich dessen Premierminister im Frühjahr 2002 den schon aus dem Fenster gesteckten Kopf wieder eingezogen hatte. Die Entsendung deutscher Spürpanzer nach Kuwait avisierte nicht unbedingt eine Beteiligung der Bundesrepublik an einer solchen Intervention. Die EU verhielt sich ablehnend, die arabischen Staaten winkten ab.

Die Erweiterung der aus der Terrorabwehr hergeleiteten Selbstmandatierung der militärischen Intervention auf solche Staaten, die möglicherweise Massenvernichtungswaffen herstellen, um sie möglicherweise den Terroristen zur Verfügung zu stellen, war bei weitem nicht so überzeugungskräftig, wie die Präsenz Bin Ladens und Al-Kaidas in Afghanistan. Wenn der Irak sich erneuter Inspektion durch die Vereinten Nationen öffnet, wird eine Invasion noch schwerer zu begründen sein. Mit der Milderung der Sanktionen gegen das Land im Mai 2002 hat der Sicherheitsrat jedenfalls einen meßbaren Schritt unternommen, um wenigstens die Leiden der irakischen Bevölkerung etwas zu mindern.

Die Handlungsfreiheit, die sich die Bush-Administration davon versprochen hatte, die Terrorismus-Bekämpfung nicht den Vereinten Nationen, sondern ad hoc zu bildenden Koalitionen anzuvertrauen, erwies sich also als durchaus begrenzt. Daß Al-Kaida und die Taliban aus Afghanistan vertrieben wurden, war der Leistung der USA selbst, mit kleiner Unterstützung durch Großbritannien, zu danken.

Der Waffengang wäre kaum anders ausgefallen, hätte er über ein UN-Mandat verfügt. Aber davon hätte die politische Nachsorge erheblich profitiert. Daß der Krieg außerhalb der Vereinten Nationen geführt – und fortgesetzt – wurde, stufte die Bedeutung der von ihr autorisierten Sicherheitsunterstützungstruppe (ISAF) deutlich herab. Gerade für die Stabilisierung des Landes wäre die maßgebliche Beteiligung der Vereinten Nationen wichtig gewesen. Sie haben Erfahrung bei der Hilfe für «failing states» und sie hätten vielleicht auch, wie seinerzeit in Kambodscha, eine provisorische UN-Regierung stellen können. Sie hätte einen wichtigen Erfolgsparameter herzustellen erleichtert: die Zustimmung der Bevölkerung der Region. Wie lange die Stabilisierung Afghanistans in Anspruch nehmen und ob sie überhaupt gelingen wird, ist nicht nur eine offene, sondern auch deswegen schwer zu beantwortende Frage, weil der Regierung Karzai der Verdacht anhängt, ein Geschöpf des Westens, vor allem Amerikas zu sein.

Für den Feldzug gegen den Irak wird die Bush-Regierung ein UN-Mandat auf keinen Fall nachsuchen. Störender war schon die Warnung der Joint Chiefs of Staff[26] vor den militärischen Risiken. Sie werden die Bush-Administration wahrscheinlich nicht davon abhalten, im Irak zu intervenieren. Das für die Region zuständige Central Command hat im Juli 2002 schon sehr detaillierte Pläne dafür vorgelegt[27]. Der Bush-Administration dürfte kaum nur an der Demokratisierung des Irak gelegen sein. Es geht um dessen Öl-Vorräte und um seine Fähigkeit, Israel und die Pläne der Sharon-Regierung zu bedrohen. Nach einem Regierungswechsel in Bagdad würde die türkisch-israelische Entente, in der beide Staaten seit 1995 militärisch zusammenarbeiten, um den Irak verstärkt werden können. Westlicher Einfluß erstreckte sich dann bis zum Nordufer des Persischen Golfs und der Nordgrenze Saudi-Arabiens. Syrien wäre isoliert und der Iran zwischen Irak und Afghanistan eingekreist.

In gewisser Weise verfolgt die Bush-Administration mit solchen Plänen ähnliche Ziele, wie die Sicherheitsratsresolution 687 vom 3. April 1991, nämlich den Mittleren Osten von Massenvernichtungswaffen und Trägersystemen und dadurch von der Gefahr eines regionalen Krieges zu befreien. Aber sie verwendet eine total andere Strategie. Sie versucht nicht, die Staaten der Region zur Zusammenarbeit zu veranlassen. Sie will vielmehr mit militärischer Gewalt die politische Landkarte der Region nachhaltig verändern. Das ist Geopolitik klassischen, nicht Weltordnungspolitik modernen Stils. Ob sie sich durchsetzen läßt, bleibt abzuwarten.

3. NATO passé

Der nach dem 11. September ins Grundsätzliche gesteigerte Wunsch nach vollkommener Handlungsfähigkeit der USA distanzierte sie auch von der NATO. Die Allianz, in deren Bezeichnung als «Bündnis» stets ein geradezu mythischer Unterton mitschwang, fand sich nach dem 11. September an der Peripherie des Geschehens. Diese Entwicklung traf sie nicht ganz unvorbereitet. Schon im Serbienkrieg um das Kosovo hatte sich gezeigt, daß die Allianz zwar den Krieg noch vorbereiten und beschließen konnte, seine Führung aber den USA – und der Zuarbeit von Großbritannien – überlassen mußte. Die strategischen Entscheidungen wurden in Washington im Pentagon getroffen und von amerikanischen Flugzeugen beziehungsweise Schiffen ausgeführt, teilweise ohne die Alliierten auch nur zu informieren. Die Diskriminierung war deutlich.

Im Afghanistan-Krieg gingen die Vereinigten Staaten einen bedeutenden Schritt weiter. Zwar forderten sie die Allianz auf, den Bündnisfall zu erklären; das geschah am 12. September 2001 in Brüssel. Danach aber trat die Allianz als Organisation (bis auf die symbolische Entsendung von fünf AWACS-Flugzeugen auf die Tinker-Luftwaffenbasis in Oklahoma) nicht mehr in Erscheinung. Den Krieg in Afghanistan führten die USA allein, lediglich Großbritannien wurde hinzugezogen. Später wurden dann weitere Verbündete beteiligt, aber nicht als Mitglieder der Allianz, sondern auf bilateraler

Basis. Washington suchte sich aus dem Reservoir des Angebots aus, was es wo gebrauchen könnte; und die europäischen NATO-Mitglieder warben geradezu ängstlich um eine Zuteilung.

Anders als im Kosovo, trat die NATO in Afghanistan nicht mehr in Erscheinung. An der Internationalen Sicherheitsunterstützungstruppe (ISAF), die der Sicherheitsrat der UN am 20. Dezember 2001 mit seiner Resolution 1286 eingerichtet hatte, war nicht die NATO als Organisation beteiligt, sondern einzelne Staaten auf individueller Entscheidungsbasis. Die Weiterführung des Kriegs in Afghanistan behielten sich die USA vor, während ISAF auf die Friedenssicherung in Kabul beschränkt blieb.

Zu Recht zogen Militärexperten auf beiden Seiten des Atlantik aus dieser Arbeitsteilung den Schluß, daß die Zukunft der Allianz gefährdet war. Wenn die Europäer nur noch die Rolle der – wie es in Amerika hieß – «Putzfrauen» spielen durften, die aufräumten, was der amerikanische Hausherr angerichtet hatte, dann war die Zukunft der NATO in Gefahr.[28]

Für die USA gab es mehrere Gründe, bei Einsätzen dieser Art künftig auf die NATO-Allianz zu verzichten. Die Mitglieder verlangten entsprechend den Regeln des Nordatlantik-Vertrags ausgedehnte Mitsprache-Rechte. Im Serbienkrieg um das Kosovo hatte sich gezeigt, daß diese «Kriegführung per Ausschuß» für die Vereinigten Staaten nur hinderlich war. Die westeuropäischen Alliierten konnten zur Kriegführung der modernen Art nichts beitragen, weil sie technologisch dazu außerstande waren. Sie verfügten nicht über die notwendigen Transportkapazitäten, hatten keine Präzisionswaffen, keine Spezialkräfte und schließlich nicht einmal gesicherte Kommunikationslinien. Die USA hingegen verfügten über alles in einem derartigen Ausmaß, daß sie Interventionen vom Kosovo- und Afghanistan-Typ bequem selbst ausführen konnten.

Hinzu kamen die Meinungsverschiedenheiten zwischen Westeuropa und den USA sowohl bei der Beurteilung der Bedrohungslage wie beim Einsatz militärischer Gewalt. Und schließlich würden die meisten Einsätze beim Krieg gegen den Terror außerhalb Europas stattfinden, so daß die Bereitschaft der Europäer, sich dort militärisch zu engagieren, nicht von vornherein unterstellt und jedenfalls nur mit allergrößten innenpolitischen Schwierigkeiten herbeigeführt werden konnte. Viel einfacher war es für die USA, solche Kriege selbst zu führen und willige und fähige europäische Staaten in die Koalition mit einzubinden, die für die jeweilige Mission zusammengestellt wurde. Folglich trat die NATO als Organisation immer mehr in den Hintergrund der amerikanischen Aufmerksamkeit.

Der Bedeutungsverlust der Allianz wurde noch verstärkt dadurch, daß sich infolge der Interessengemeinschaft bei der Bekämpfung des Terrorismus die amerikanisch-russischen Beziehungen deutlich verbesserten. Die USA waren jetzt bereit und das Rußland Präsident Putins daran interessiert, die Zusammenarbeit zu intensivieren. Der NATO-Rußland-Rat von 1997, der Rußland nur eine Rolle am Katzentisch zugewiesen und deswegen nie funktioniert hatte, wurde im Mai 2002 durch eine neue Konstruktion ersetzt. Rußland konnte zwar nach wie vor nicht bei Einsätzen nach Artikel 5 des Nordatlantik-Vertrags mitentscheiden, aber an allen anderen Entscheidungsprozessen von Anfang an und gleichberechtigt teilnehmen.

Fast gleichzeitig verständigten sich Moskau und Washington auf einen lockeren Plan zur Verminderung ihrer strategischen Raketen bis 2012 auf 1700 bis 2200 Sprengköpfe. Er erleichterte nicht nur die Zustimmung Rußlands zum amerikanischen Austritt aus dem ABM-Vertrag, sondern auch die zur Erweiterung der NATO im November 2002 in Prag. Sieben neuen Staaten (den drei baltischen Staaten, Rumänien, Bulgarien, der Slowakei und Slowenien) sollte der Beitritt angeboten, Mazedonien und Albanien wenigstens in Aussicht gestellt werden. Auch Kroatien wurde aufgefordert, dem Vorbereitungsprogramm (Membership Action Plan, MAP) beizutreten. Die NATO würde damit in Zukunft nicht mehr 19, sondern 26, später 29 Staaten umfassen.

Eine derart große Organisation unterschied sich natürlich drastisch von der Allianz, die den Kalten Krieg bestanden und gewonnen hatte. Sie entwickelte sich immer mehr zu einer Organisation, die sich nach den Worten des Generalsekretärs Robertson mehr um die politische Stabilität des Raumes, als um militärische Einsätze kümmern würde. Im deutschen Außenministerium erblickte man in dieser neuen NATO schon eine neue OSZE. Von der alten NATO waren jedenfalls nur noch «Überreste» zu erkennen.[29]

Damit wurde die organisatorische Struktur, innerhalb derer die Europäer ihre Mitsprache an den amerikanischen Entscheidungen geltend machen konnten, geschwächt. Sie verloren an Gewicht. Für die Führungsmacht der USA hingegen brachte die Veränderung einen deutlichen Gewinn. Als militärisches Instrument für einen Landkrieg in Europa wurde die Allianz in der Tat nicht mehr gebraucht. Präsident Bush verkündete im Mai 2002 «das Ende des Kalten Krieges». Die durch die Erweiterung vorangetriebene Politisierung der Allianz nützte den amerikanischen Führungsinteressen hingegen erheblich.

Die Erweiterung komplettierte die Integration der Staaten der osteuropäischen Grauzone, deren Westbindung damit gesichert wurde. Bedenkt man, daß NATO-Truppen in Bosnien-Herzegowina, im Kosovo, in Mazedonien und in Albanien standen, so reichte der NATO-Einflußbereich vom Atlantik bis zum Kaspischen Meer. Nimmt man noch die 27 Staaten hinzu, die dem Programm «Partnerschaft für den Frieden» beigetreten waren, so verlängerte sich der Arm der NATO auf beinahe alle früheren Staaten der Sowjetunion. Da nicht nur die Ukraine, sondern auch Rußland dem Programm angehörten, war ihm jede anti-russische Spitze genommen, während es den amerikanischen Einfluß fast über ganz Euro-Atlantik ausdehnte.

Der «alten» NATO mit ihrer eindeutig gegen Rußland gerichteten militärischen Spitze wäre das nie gelungen. Die politisierte NATO war natürlich nicht ganz frei von jeglichem geopolitischem Verdacht, der vor allem bei den russischen Militärs gehegt wurde. Aber er war schwer zu beweisen, zumal die Mitgliedschaft im PfP-Programm von allen Aspiranten angestrebt wurde, wenn möglich als Vorstufe zur Vollmitgliedschaft in der Allianz.

Der Beitrag der Westeuropäer zur europäischen Sicherheit wurde also wirklich nicht mehr gebraucht, weil sie auf absehbare Zeit überhaupt nicht mehr bedroht war. Die Annäherung Rußlands an die USA und den Westen hatte aus der vielfach beschworenen Partnerschaft eine Realität gemacht. Sie wurde in dem am 28. Mai 2002 in Rom feierlich proklamierten neuen NATO-Rußland-Rat vertraglich fixiert. Eine Weiterentwicklung der Zusammenarbeit war damit nicht ausgeschlossen, nicht einmal die Vollmitgliedschaft Rußlands, wenngleich sie auch in weiter Ferne lag.

Nicht als militärisches Verteidigungsbündnis, wohl aber als politische Organisation war die NATO für die amerikanischen Weltführungsinteressen außerordentlich wichtig. Sie blieb das Instrument, mit dem die Vereinigten Staaten die politische Neuordnung nicht nur des europäischen Subkontinents bestimmen, sondern auch die ganz Eurasiens beeinflussen konnten. Militärisch befriedet war die Region, ihre politische Ordnung aber galt es herzustellen und sie gerade nicht der Europäischen Union zu überlassen. Schon gar nicht natürlich der OSZE, obwohl die sich erweiternde NATO in ihren Ausmaßen der Zusammensetzung der OSZE schon ziemlich nahe kam.

Die ordnende Kraft sollte nach wie vor aus dem Sachbereich der Sicherheit stammen, in dem die amerikanische Dominanz unbestreitbar war. Politik immer wieder als Sicherheitspolitik zu interpretieren und über die NATO zu instrumentalisieren, diente damit auch den alten Eliten in den USA und in Westeuropa. Damit blieben alle Führungsinstrumente intakt, die in jenem Sachbereich aufgebaut und auf den amerikanischen Führungseinfluß zugeschnitten worden waren. Für rein politische Gremien wie die OSZE galt dies eben nicht, für die Europäische Union schon gar nicht.

Deswegen wurden die NATO-Mitglieder immer wieder zu stärkerer Aufrüstung gedrängt, obwohl die Allianz sich zunehmend politisierte. Aber solche Widersprüche ließen sich nicht vermeiden. Auf der Außenministertagung der NATO im Mai 2002 in Reykjavik fiel es offenbar keinem Teilnehmer auf, daß der NATO-Generalsekretär Lord Robertson betonte, daß der Terrorangriff des 11. September nach anderen Antworten verlange als den üblichen mit Panzern, Flugzeugen und Kanonen. Im gleichen Atemzug forderte er aber dann die Europäer auf, genau diese Rüstungsgüter vermehrt anzuschaffen.

Aus amerikanischer Sicht war eine gewisse Aufstockung und Modernisierung der Rüstungspotentiale der Westeuropäer auch deswegen von Interesse, weil sie sonst auch als Einzelne keine Hilfestellung leisten konnten. Die Beziehungen zu Rußland waren zwar stabil, konnten aber über politische Wirren im Kaukasus und Konkurrenz um die Öl- und Erdgas-Vorräte im kaspischen Raum sehr leicht ins Wanken geraten. Zwar würden in einem solchen Fall die USA unilateral handeln, weil sie ihre energiepolitischen Interessen mit keinem europäischen Alliierten teilen wollten. Eine hochgerüstete Allianz im Rücken zu haben, konnte aber nicht schaden. Und wenn diese Hochrüstung aus amerikanischen Produkten bestünde, wären die europäischen NATO-Mitglieder auch rüstungswirtschaftlich wieder an die USA zurückgebunden. Das nützte der amerikanischen Rüstungsindustrie, die die Integrationsbestrebungen der europäischen Konkurrenz mit zunehmendem Argwohn betrachtete.[30] Gleichzeitig schränkte die Bindung des europäischen Rüstungsmarkts an den amerikanischen die Fähigkeit der Europäer zu eigenständigen militärischen Aktionen in willkommener Weise ein.

4. Globalisierung der militärischen Präsenz

War es den Vereinigten Staaten gelungen, mit der Transformation des Nordatlantischen Bündnisses und seiner Erweiterung durch neue Mitglieder beziehungsweise durch die friedenssichernde Präsenz auf dem Balkan ganz Europa und den russischen Teil von Eurasien in die von den USA gestaltete Weltordnung mit einzubeziehen, in der sich Lateinamerika ohnehin befand, so wurden wichtige und konfliktreiche Regionen der Welt davon nicht direkt erfaßt. Der Kaukasus und Zentralasien, die schon zu Zeiten der Sowjetunion deren «weichen Bauch» gebildet hatten, gehörten dazu, der Nahe und der Mittlere Osten sowieso. Afrika war zwar nicht integriert, ließ sich aber, jedenfalls in geopolitischer Sichtweise von demjenigen ordnen, der in Eurasien herrschte.

Gänzlich außen vor war Asien-Pazifik. Zwar bildete hier die amerikanische Seemacht einen bedeutenden Ordnungsfaktor; die Siebte Flotte war so dominant, daß der Pazifik als «American Lake» galt. Dennoch befürchtete Washington, daß seinem Führungsanspruch gerade hier Rivalen entstehen könnten: China zuerst, dann aber auch Indien, möglicherweise sogar Japan. Um die amerikanische Ordnung in diesen Räumen auszubreiten, stand also nur das traditionelle Instrument der militärischen Präsenz zur Verfügung, verstärkt natürlich durch bilaterale Abmachungen.

Zwar war es fraglich, welche Bedeutung solche geopolitischen Betrachtungen in der Gesellschaftswelt überhaupt noch hatten; andererseits war die Gesellschaftswelt gerade in diesen Räumen noch nicht sehr ausgeprägt. Sie gehörten auch nur zu einem kleinen Teil zu dem weltpolitischen «Herzland», dessen Beherrschung von dem britischen Geopolitiker Halford J. Mackinder bei seinem Vortrag 1906 vor der Royal Geographic Society als der Schlüssel zur Weltherrschaft bezeichnet worden war. Daß diese Betrachtungsweise schon wegen ihres geographischen Determinismus fragwürdig war, hat die amerikanische Weltpolitik nach 1945 nicht daran gehindert, exakt ihr zu folgen. Das «gesamte amerikanische Konzept des Containment war unauslöschlich verbunden mit dieser Theorie».[31] Konservative Theoretiker folgen diesem Ansatz noch immer.[32]

Ob diese Betrachtungsweise auch den zeitgenössischen außenpolitischen Entscheidungsprozeß der USA steuert, läßt sich nicht mit Bestimmtheit feststellen. Zu sehen ist indes, daß die amerikanische Weltpolitik auch nach dem Ende des Ost-West-Konflikts sich darum bemüht hat, die militärische Präsenz der USA global zu dimensionieren. Nach dem 11. September wurden diese Bemühungen erheblich ausgeweitet. Waren sie auch der Terrorismus-Bekämpfung gewidmet, so wurden sie unvermeidlich auch als Ausdehnung des amerikanischen Macht- und Einflußbereichs gedeutet.

4.1 Kaukasus und Zentralasien

Über das ebenfalls von der NATO betriebene Partnerschaft-für-den-Frieden-Programm hatten sich die früheren Mitglieder der Sowjetunion im Kaukasus und in Zentralasien fast durchweg der Allianz und damit auch dem amerikanischen Führungseinfluß geöffnet. Sie pochten auf ihr gutes Recht, nach so langer Zugehörigkeit zu einem von ihnen nicht mehr akzeptierten Staatsverband frei über ihre politischen und militärischen Bindungen verfügen zu können. Nach der Vertreibung der Taliban aus Afghanistan befand sich also nicht nur dieses Land, sondern auch sein nördliches Umfeld im westlichen Einzugsbereich, in dem die USA die führende Rolle spielen.

In Zusammenhang mit dem Feldzug in Afghanistan schlossen die Vereinigten Staaten mit Usbekistan – mit dem sie schon seit 1995 kooperierten – mehrere Abkommen ab, in deren Rahmen die USA 2000 Soldaten in Usbekistan stationierten. Tadschikistan gab im Oktober 2001 bekannt, daß es den USA seinen Luftraum und seine Flughäfen im Kampf gegen die Taliban zur Verfügung stellen würde. Kirgisien tat etwas Ähnliches. Nur Kasachstan und Turkmenistan hielten sich zurück.[33]

Hatte das russische Militär solche amerikanischen Annäherungen an Moskaus Interessen im «nahen Ausland» mit gehörigem Mißtrauen begleitet,[34] so änderte sich diese Einschätzung nach dem 11. September. Es gelang Präsident Bush, Moskau von der Zweckmäßigkeit sowohl wie von der Kurzfristigkeit der militärischen Präsenz Amerikas in dieser Region zu überzeugen. In der Tat zeigte sich eine Interessengemeinschaft zwischen Rußland und den Vereinigten Staaten bei der Bekämpfung des islamischen Extremismus in dieser Region.

Rußlands Kampf in Tschetschenien stellte sich nunmehr dar als Vorläufer des amerikanischen Feldzugs gegen die Taliban. Deren erfolgreiche Bekämpfung kam insofern auch der russischen Seite zugute. Es war diese Interessengemeinschaft, die das Mißtrauen der russischen Generalität zu überwinden vermochte. Sie nahm schließlich auch hin, daß amerikanische Militärberater nach Georgien einrückten. Sie brachten leichte Waffen zur Bekämpfung der Extremisten im Pankisi-Tal und 64 Millionen Dollar, sozusagen als Gastgeschenke, mit. Rußlands Präsident Putin nahm auch diese Einflußeinbuße zugunsten der Abwehrfront mit Amerika gegen den Terrorismus hin, zumal sie ein wenig kompensiert wurde durch den Beschluß Abchasiens, wegen der georgisch-amerikanischen Kooperation aus dem georgischen Staatsverband auszuscheren und eine Angliederung an Rußland endgültig zu versuchen.

Die Gretchen-Frage war natürlich, ob die Militärpräsenz der USA mit dem endgültigen Sieg in Afghanistan enden oder unbegrenzt andauern würde. Das Letztere konnte bei den Gaststaaten, die den Anschluß an den Westen suchten, mit ungeteilter Zustimmung rechnen, mußte aber in Rußland die nur schlafenden Hunde des Verdachts wieder wecken, die USA wären gekommen, um zu bleiben. Denn in Zentralasien ging es nicht nur um die Bekämpfung der Taliban und die Vertreibung von Al-Kaida; es ging vor allem um Öl, Erdgas und die Verlegung der dem Transport dienenden Pipelines.

Diese Auseinandersetzung hatte lange vor der mit Al-Kaida begonnen. Amerika war an den Energievorräten des Kaspischen Meeres und daran interessiert, deren Transfer in den Westen weder über Rußland, noch über den Iran laufen zu lassen. Deswegen war Afghanistan als Transferland schon lange vor dem 11. September begehrt. Die kalifornische Ölfirma Unocal hatte ihre Verhandlungen mit den Taliban über die Verlegung von Öl- und Erdgas-Leitungen nur auf den Druck amerikanischer Frauenverbände hin einstellen müssen. Unocals Verhandlungsführer, Karzai, wurde dann von der Afghanistan-Konferenz in Königswinter am 5. Dezember 2001 zum Chef der Übergangsregierung in Afghanistan eingesetzt.[35] Sie schloß im Mai 2002 mit der Türkei und Usbekistan den ersten Durchleitungsvertrag durch Afghanistan.

Präsident Bill Clinton hatte am Rande der OSZE-Gipfelkonferenz 1999 in Istanbul einen Vertrag über eine Ölleitung von Aserbaidschan über Georgien zum türkischen Mittelmeerhafen Ceyhan durchgesetzt. Wirtschaftlich unrentabel, rechtfertigte sich das Projekt ausschließlich politisch dadurch, daß es weder Rußland, noch den Iran beteiligte. Die Türkei wurde auch gezwungen, auf Gaslieferungen aus Turkmenistan zu verzichten, weil sie über den Iran führten.[36]

Diese Rivalitäten haben sich inzwischen abgeflacht. Auch dazu hat die Interessengemeinschaft bei der Bekämpfung des Terrorismus ihren Beitrag geleistet. Bedeutender aber war die sich ausbreitende Einsicht, daß die wirtschaftlichen Interessen aller beteiligten Seiten die Kooperation verlangten. Rußland konnte 1999 ein internationales Konsortium unter der Führung von Chevron dazu bewegen, eine Ölleitung vom Kaspischen Meer nach Novorossiyk zu bauen, die im Oktober 2001 in Betrieb genommen wurde. Moskaus Widerstand gegen die türkische Linie ging dementsprechend zurück.

Die russische Ölfirma Lukoil entwickelte sich zu einem mächtigen internationalen Akteur, der sowohl der OPEC wie dem größten Öllieferanten, Saudi-Arabien, die Stirn bieten und sich dem Westen als willkommene Ergänzung, wenn nicht sogar Alternative zur Golfregion präsentieren konnte.[37] Zwar liegen die größten Ölreserven der Welt unter den fünf Anrainer-Staaten des Persischen Golfs. Deren politische Systeme sind aber derart instabil und gefährdet, daß ihnen gegenüber selbst das politische «Schachbrett» Zentralasiens noch als vergleichsweise stabil erscheint. Deswegen konnten sich in dieser Region gegenüber der anfänglichen russisch-amerikanischen Konkurrenz die Interessen der Transnationalen Ölkonzerne durchsetzen. Ihren Konsortien, denen amerikanische, europäische und russische Ölfirmen angehören,[38] geht es um den Profit, nicht um die Politik. «Die ganze Idee eines Kampfes zwischen den USA und Rußland über das kaspische Öl scheint vollständig veraltet zu sein».[39]

Ob diese Prognose eintritt, wird sehr davon abhängen, ob der Sachbereich der wirtschaftlichen Wohlfahrt sein Übergewicht über den der Sicherheit behalten wird. Der russische Präsident Putin ist dafür, ob ihm die russische Generalität darin folgt, bleibt abzuwarten. Der amerikanische Präsident Bush war angetreten, um dem Sachbereich der Sicherheit seine Priorität nicht nur zurückzugeben, sondern sie noch zu steigern.

Andererseits war gerade seine Regierung der amerikanischen Öl- und Energieindustrie besonders verbunden. Daß bei der Entscheidung, den Kampf gegen den Terrorismus mit dem Krieg gegen die Taliban in Afghanistan zu beginnen, die energiepolitischen Interessen der Bush-Koalition deren Entscheidung «leichter gemacht haben», liegt auf der Hand.[40]

In Aserbaidschan, Kasachstan und Usbekistan befinden sich 24 der 25 Milliarden Faß Öl des zentralasiatischen Raumes, und vier der sechs Trillionen Kubikmeter Erdgas. Die militärische Zusammenarbeit Amerikas mit diesen Staaten im Zeichen der Terrorismus-Bekämpfung – vor der lediglich Turkmenistan sich zurückhält – könnte den USA also zwei Vorteile bringen: Stärkung der Anti-Terrorismus-Koalition und Zugang amerikanischer Firmen zu den dortigen Naturschätzen.

Freilich: einfache Zuordnungen von Macht und Interesse, wie sie im Zeitalter des Kolonialismus üblich und erfolgreich waren, sind heute einer Komplexität sich widerstreitender Interessen gewichen. Die USA hatten das schon in Afghanistan erfahren, als sie die Mujaheddin in ihrem Kampf gegen die Sowjetunion unterstützten und militärisch ausrüsteten. Nach dem Rückzug Moskaus zerstreuten sich diese Kämpfer, die «Afghanen», in die ganze, vor allem arabische Welt. Sie setzten dort den Kampf gegen die nächste Supermacht fort, die USA. Diese baden gewissermaßen mit dem Terrorismus aus, was sie sich selbst eingebrockt hatten.

Vergleicht man alle geopolitisch gesteuerten Aktivitäten seit 1945 mit dem Maßstab von Aufwand und Erfolg, so ist das Ergebnis mäßig. Washingtons Politik gegenüber Pakistan und Indien macht da keine Ausnahme. Präsident Nixon hatte mit seinem «Tilt» zu Pakistan ihm den Vorzug vor Indien gegeben, das sich daraufhin mit der Sowjetunion verständigte. Pakistan nutzte die Gunst Washingtons, um die Taliban mit der Eroberung Afghanistans zu beauftragen, das Pakistan in der Auseinandersetzung mit Indien um die Zukunft Kaschmirs stärken sollte. Als Pakistan im Frühsommer 1998, wie Indien, eine Atombombe zündete, verhängte Präsident Clinton wirtschaftliche Sanktionen.

Als sich Präsident Bush nach dem 11. September zum Krieg gegen die Taliban entschloß, wurde Pakistan erneut in einen Alliierten verwandelt. Die Wirtschaftssanktionen wurden gestrichen, Wirtschaftshilfe in Höhe von 600 Millionen Dollar floß nach Islamabad und der Internationale Währungsfonds bewilligte eine Anleihe über 135 Millionen USD. Davon profitierten aber auch die pakistanischen Terroristen, die gegen Indiens Vorherrschaft in Kaschmir kämpften. Dementsprechend verärgert zeigte sich Indien, das sich nach dem 11. September demonstrativ an die Seite Amerikas gestellt hatte.

Der Terrorismus ist ein vielschichtiges Phänomen, dessen Bekämpfung den unterschiedlichsten Interessen dienstbar gemacht werden kann. Deswegen eignet er sich auch nicht zum Leitbegriff einer auf die Weltordnung abzielenden Koalition. Die pakistanischen Freischärler im Kaschmir-Tal verstehen sich nicht als Terroristen, sondern als Freiheitskämpfer gegen die indische Unterdrückung, und sie werden darin von den Geheimdiensten und dem Militär Pakistans weidlich unterstützt. Wenn die Vereinigten Staaten in ihrem aktuellen Interesse, die Reste der Taliban und Al-Kaidas in Afghanistan niederzukämpfen, die lokalen Kriegsherren finanzieren,[41] begehen sie den Fehler von 1986/87 zum zweiten Mal. Sie stärken politische Kräfte, die, wenn sie den Interessen Amerikas zum Erfolg verholfen haben werden, das Interesse an einer stabilen und demokratischen Regierung in Afghanistan schädigen werden. So kommt die undifferenzierte Unterstützung Pakistans auch denen zugute, die den Krieg gegen Indien provozieren wollen und damit eine nukleare Katastrophe heraufbeschwören könnten.

Die Gesellschaftswelt des ausgehenden 20. und des beginnenden 21. Jahrhunderts, die auch in Vorderasien entstanden ist, läßt sich eben nicht mehr mit den Strategien der Staatenwelt des 19. Jahrhunderts erfolgreich ordnen. Damals reichte die Verständigung zwischen den Regierungen, der gesellschaftliche Konsens war nicht einmal eine quantité négligeable. Heute ist er die conditio sine qua non jedes außenpolitischen Erfolgs.

Der politische Terrorismus stellt nur die äußerste und brutale Manifestation der Konsensverweigerung dar. Sie äußert sich aber auch in Kooperationsverweigerung, in zivilem Ungehorsam, in politischer Opposition und in der Förderung beziehungsweise Duldung politischer Handlungen, die nicht im Interesse der Regierenden liegen. Dies alles kann zu einer Destabilisierung der Herrschaftsordnung, zur Revolution und zum Regierungssturz führen. Die dabei ausgeübte Gewalt kann nicht mehr als Terrorismus verurteilt, sondern muß als Revolution gegen unerträglich gewordene, oder als solche empfundene Zustände von Herrschaft akzeptiert werden. Zwischenstaatlich kann sie, wie das Beispiel Indien und Pakistan zeigt, zum Krieg zwischen zwei Staaten führen, die einen Dritten zum Verbündeten haben. In der NATO zeigt der andauernde Streit zwischen Griechenland und der Türkei, daß gegen gesellschaftlichen Widerstand keine Politik erfolgreich betrieben werden kann.

Das ist auch das Problem der erweiterten militärischen Präsenz der USA in Zentralasien. Die Zustimmung Usbekistans, Tadschikistans und Kirgisiens zur Stationierung amerikanischer Truppen im Zeichen des Terrors kam ausschließlich von den Regierungen, die in allen drei Staaten ein höchst autoritäres Regime unterhielten. Ob die USA damit ihren Interessen oder denen der Gesellschaft des jeweiligen Gastlands einen Gefallen getan haben, muß sich erst herausstellen.

4.2 Mittelost

Im Mittleren Osten stieß die Verstärkung der amerikanischen Militärpräsenz nicht mehr auf eine positive gesellschaftliche Reaktion. Das war während des Kalten Krieges noch ganz anders gewesen.[42] Auch die erste größere amerikanische Militäraktion, der Golfkrieg, fand zunächst die Zustimmung der arabischen Welt. Sie wandelte sich erst nach 1992 in zunehmende Ablehnung um, als sich zeigte, daß die westliche Politik es nicht bei der Vertreibung des Irak aus Kuwait bewenden, sondern ihr eine langjährige Blockade des Landes folgen ließ. Die Ablehnung nahm zu, je stärker die militärische Präsenz Amerikas in der Golfregion wurde. Sie erreichte schon 1999 mit 30000 Soldaten zu Lande und zur See wieder ein demonstratives Ausmaß.

1995 war in Saudi-Arabien die Luftwaffenbasis «Prince Sultan» fertiggestellt und in Betrieb genommen worden. Sie lag, hermetisch abgeschlossen, in der arabischen Wüste, weil die anhaltende und steigende Anwesenheit amerikanischer Soldaten in der saudi-arabischen Öffentlichkeit zunehmend auf Ablehnung stieß. Sie wurde durch die Schrecken des 11. September, die alle arabischen Staaten mit den USA solidarisierten, nur vorübergehend gedämpft. Die Mitgliedschaft der meisten arabischen Regierungen in der Koalition gegen den Terror wurde von den arabischen Gesellschaften immer weniger geteilt; die Entfremdung drang auch in die Politik der Regierungen ein.[43]

Riad schränkte die amerikanische Nutzung des Prince Sultan-Stützpunkts immer mehr ein, so daß sich die USA darauf vorbereiteten, ihre Basis nach Qatar zu verlegen. Seit dem Herbst 2001 bauten sie dort den Luftwaffenstützpunkt Al-Udeid auf. Die amerikanische Marine hatte ihren Hauptstützpunkt seit je in Manama in Bahrein, wo auch das Hauptquartier der 5. US-Flotte beheimatet ist. Auf ihren Schiffen waren 1997 rund 2000 Marine-Soldaten stationiert; deren Zahl konnte, wie die der Kriegsschiffe selbst, beliebig erhöht werden.

Daß der Widerstand von Gastgesellschaften den Nutzen der Anwesenheit fremder Truppen stark verringern und sogar ihren Einsatz verhindern kann, bekam gerade die Regierung George W. Bush zu spüren. Sie hatte sich aus der Vermittlung im Nahost-Konflikt ganz zurückgezogen. Damit erhielt die Regierung von Ariel Sharon freie Hand, den Widerstand der Palästinenser mit Gewalt zu brechen und bei der Gelegenheit das Westjordanland, eventuell sogar den Gaza-Streifen, wieder total unter israelische Oberhoheit zu bringen. Der arabische Widerstand gegen diese Entwicklung schwoll im Frühjahr 2002 so an, daß die Regierung Bush ihr zweites Hauptziel, die militärische Intervention im Irak, verschieben und, wenigstens vorübergehend, versuchen mußte, den Konflikt zwischen Israelis und Palästinensern zu beruhigen. Sharon gelang es nicht, seinen Feldzug gegen die Palästinenser mit dem Kampf gegen den Terrorismus zu identifizieren. Ebensowenig gelang es dem von ihm bevorzugt eingesetzten Instrument militärischer Gewaltanwendung, die Selbstmordattentate palästinensischer Widerstandskämpfer zu verhindern.

Als Instrument der Terrorismus-Bekämpfung zeigten Präsenz und Einsatz des Militärs also deutliche Schwächen. Es konnte die gesellschaftlichen Quellen des politischen Terrorismus nicht verstopfen, sondern trug in einigen Fällen sogar dazu bei, sie zu verstärken. Zwar hatten die Vereinigten Staaten und Großbritannien im Spätherbst 2001 als Reaktion auf diese Entwicklung eine konzertierte Informationskampagne begonnen. Sie war aber nicht imstande, die durch die Besatzungspolitik Israels, die Ausweitung der amerikanischen Militärpräsenz und die einseitige Politik Washingtons gegenüber den Arabern geschaffenen Fakten erfolgreich umzudeuten. Sie konnte gegen den in Qatar stationierten arabischen TV-Sender Al-Dschasira nichts ausrichten. Er versorgte seit mehreren Jahren die arabischen Gesellschaften ausführlich mit realistischen Bildern aus den israelisch besetzten Gebieten Palästinas und schuf damit erstmals eine aktive arabische Öffentlichkeit. Sie hat die politische Landschaft des Nahen und Mittleren Ostens substantiell verändert.

Der Versuch der Bush-Administration, sämtliche Konflikte im Nahen und Mittleren Osten unter den Gesichtspunkt der Terrorismus-Bekämpfung zu stellen, traf also auf erhebliche Schwierigkeiten. Alles, was über den Krieg in Afghanistan hinausging, wurde von den meisten Mitgliedern der Koalition nicht in Zusammenhang mit dem Terrorismus interpretiert.

Präsident Bush gelang es deswegen nicht, auch den Iran in seine «Achse des Bösen» einzuordnen. Zu direkt widersprach er damit der erfolgreichen Politik seines Vorgängers, die Reformer im Iran zu unterstützen. Zwar zählte das Land nicht nur zu den unerbittlichsten, sondern auch zu den stärksten Gegnern Israels, das immer schon auf die iranischen Mittelstreckenraketen hingewiesen und die russischen Hilfslieferungen dafür kritisiert hatte. Demonstrativ hatte der Iran im Mai 2002 die Mittelstreckenrakete Shahab-3 getestet, die mit einer Reichweite von 1300 Kilometern Israel, aber auch Afghanistan, Pakistan und die Türkei erreichen könnte. Hinzu kamen die Unklarheiten über russische Hilfeleistungen beim Bau von Leichtwasserreaktoren im Iran, die von Jerusalem und Washington mit großem Argwohn betrachtet wurden. Das Land zum Objekt einer Intervention zu machen, war dennoch schwierig; zu offensichtlich war die Mitarbeit Teherans beim Kampf gegen Al-Kaida gewesen, zu eklatant verwies die Rüstungspolitik des Iran auf den Konflikt zwischen Israelis und Palästinensern.

Eindeutigen Terrorismus-Bezug hingegen hatte die Verstärkung der amerikanischen Präsenz im Jemen. Am 12. Oktober 2000 war der amerikanische Kreuzer USS Cole im Hafen von Aden Ziel einer terroristischen Attacke gewesen, bei der 17 amerikanische Soldaten ums Leben gekommen waren. Die «islamische Armee Aden Abyan» war jahrelang im Jemen tätig, bevor sie von dessen Präsident Saleh ausgeschaltet werden konnte. Die zehn amerikanischen Soldaten, die vor dem 11. September 2001 im Jemen stationiert waren, zu vermehren, machte also Sinn. Präsident Saleh begrüßte die Verstärkung sozusagen als Garantie gegen eine eigenständige amerikanische Intervention.

4.3 Asienpazifik

Präsenz und Projektion amerikanischer Macht waren in Asienpazifik im wesentlichen der 7. Amerikanischen Flotte anvertraut. Hinzu kamen zahlreiche bilaterale Vereinbarungen. Die mit Japan hatte schon unter Ronald Reagan im Rang als «second to none» gegolten. Sie war auch in den Augen der Bush-Administration die wichtigste. Bush ermunterte Tokio zu einer abermaligen Ausweitung seiner militärischen Aktivitäten. Japans Flotte durfte nun wieder in den Indischen Ozean ausgreifen, also ihren Einsatzbereich erheblich erweitern, und Gewalt nicht nur zu Verteidigungszwecken einsetzen. War es unter Ronald Reagan der gemeinsame Kampf gegen die Sowjetunion gewesen, so nahm George W. Bush den Kampf gegen den Terrorismus zum Anlaß, um Japan immer weiter aus seinem 1947 definierten Selbstverständnis als Friedensmacht hinauszudrängen.

Bei Südkorea, wo, wie in Japan, 37 000 amerikanische Soldaten stationiert waren, war solches Drängen nicht erforderlich. Präsident Bush hatte gleich zu Beginn seiner Amtszeit die «Sonnenschein-Politik» von Kim Dae-Jung beschädigt und damit die traditionellen Eliten Südkoreas gefördert, die den Konflikt mit Nordkorea nicht aufgeben wollten. Taiwans Rüstung hatte die Bush-Administration schon vor dem 11. September erheblich gesteigert.[44] Zusammen mit Japan sollte Taiwan – das war schon während der Clinton-Administration beschlossen worden – in das regionale Raketenabwehrsystem mit einbezogen werden.

Australien, das im Sommer 2001 Außenminister Powell und Verteidigungsminister Rumsfeld noch mit großer Zurückhaltung empfangen hatte und nicht als Amerikas Hilfssheriff gelten wollte,[45] stellte sich nach dem Terroranschlag sofort hinter die Politik der Bush-Administration. Canberra hatte schon nach dem Abzug Amerikas aus den philippinischen Basen einen Teil ihrer Funktionen übernommen. Einen anderen Teil übernahm Singapur.

Im Zeichen der Terrorbekämpfung kehrten die Vereinigten Staaten auf die Philippinen zurück. Nachdem sie ihre Luftwaffen- und Marine-Basen auf den Philippinen aufgegeben hatten, waren die gemeinsamen Manöver mit dem Land beibehalten worden. Nach dem Terroranschlag wurden diese gemeinsamen Übungen verstärkt und praktisch unbegrenzt fortgeführt. Und nicht nur das. Im Januar 2002 wurden 600 amerikanische Soldaten auf die Insel Mindanao entsandt, um der philippinischen Armee bei der Verfolgung der Terroristen-Gruppe Abu Sayyaf zu helfen. Im Sommer 2002 waren es schon 900 Soldaten.

Dieser – nach Afghanistan – größte Militäreinsatz der USA läutete nicht nur eine weitere Phase des Kriegs gegen den Terrorismus ein.[46] Washington hoffte wohl auch, über den gemeinsamen Kampf gegen die muslimischen Rebellen auf Mindanao eine Drehtür zur dauerhaften Rückkehr in die Philippinen geöffnet zu haben. Der Marine-Stützpunkt Subic Bay und die Luftwaffen-Basis Clark mußten für eine Regierung, die ihre ordnungspolitische Präsenz vor allem auf militärische Macht stützen wollte, von neuem Interesse sein. Sie zu vermieten war, andererseits, die philippinische Regierung seit langem bereit.

Die Zusammenarbeit mit den zehn ASEAN-Staaten zu vertiefen, die sich nach dem 11. September sofort an die Seite der USA gestellt und zahlreiche Maßnahmen zur Bekämpfung des Terrorismus verabredet hatten, war relativ einfach. In Malaysia, Indonesien und Singapur wurden, wie auf den Philippinen, zahlreiche Verdächtige verhaftet. Der ASEAN-Gipfel im November 2001 erklärte dem Terrorismus den Krieg; eine Sonderkonferenz im Mai 2002 verabredete ein konkretes Programm.[47]

Freilich zeigten sich in dieser Staatengruppe die gleichen Probleme wie im Nahen und Mittleren Osten. Während die Regierungen in der Anti-Terrorismus-Koalition mitarbeiteten, hielten ihre Gesellschaften die Solidarisierung mit muslimischen und pan-islamischen Idealen für wichtiger. Insbesondere in Indonesien, dem größten islamischen Staat auf der Welt, wurde dadurch der Handlungsspielraum der Regierung außerordentlich begrenzt. Aber auch die malaysische Gesellschaft stand dem Weltführungsanspruch der USA eher reserviert gegenüber. Ihm konnte daher die Kooperation der ASEAN-Staaten wenig nutzen.

Die «Versuche der USA, jene Vorherrschaft über Ostasien zu sichern, die die Administration mit dem unterstellten ‹Aufstieg Chinas› als gefährdet betrachtet»,[48] hatten es also nicht leicht. Nach dem Ende und der Auflösung der Sowjetunion, mit der ihre Herausforderung der amerikanischen Weltführungsposition gescheitert war, hatten sich die Sensoren Washingtons auf China gerichtet. Es konnte zur asiatischen Vormacht aufsteigen und damit die amerikanische Vorherrschaft in diesem Raum beeinträchtigen. Solche regionalen Rivalen gar nicht erst aufkommen zu lassen war das seit langem erklärte Ziel der amerikanischen Weltpolitik.

Im Zeichen der Terrorismus-Bekämpfung konnte dem etwaigen Streben Chinas nach regionaler Hegemonie eine Reihe bilateraler Abkommen als Riegel vorgeschoben werden. Jedenfalls nahm sich das in dem von der Bush-Administration bevorzugten realpolitischen Design so aus. Es schien ja auch zu funktionieren. Der zwischen Rußland und China am 16. Juli 2001 geschlossene «Vertrag über Nachbarschaft, Freundschaft und Zusammenarbeit», der sich tendenziell gegen die USA gerichtet hatte, fiel der amerikanisch-russischen Zusammenarbeit bei der Terrorismus-Bekämpfung zum Opfer. Mit einer etwas anderen Anordnung der Versatzstücke, aber mit gleicher Absicht, spielte die Bush-Administration die Strategie Richard Nixons und Henry Kissingers nach, die 1971 mit der Annäherung an China den Druck auf die Sowjetunion erhöhen wollte. Jetzt vollzog sich das «renversement des alliances» in umgekehrter Richtung. Noch vor dem 11. September hatte sich die Bush-Administration im wesentlichen mit der Frage befaßt, wie die «Machtkonkurrenz im post-sowjetischen Raum geregelt» werden könnte.[49] Ein neuer Ost-West-Konflikt, wenn auch im Miniformat, schien bevorzustehen.[50]

Die rasche Solidarisierung Rußlands mit den Vereinigten Staaten nach dem 11. September änderte diesen Parameter; Rußlands anhaltende Schwäche verstärkte ihn. Mit der stärkeren Anbindung an die NATO, der schriftlichen Vereinbarung über die Verminderung strategischer Waffen und mit der auf dem russisch-amerikanischen Gipfel im Mai 2002 in Moskau verabredeten ausführlichen Dokumentation der gemeinsamen Strategie[51] wurde das Rußland Präsident Putins sanft an die Seite der USA gezogen. Dadurch erhielt der im Zeichen des Terrors vorgenommene Ausbau der amerikanischen Militärpräsenz in Asienpazifik wenigstens die Andeutung einer neuen Eindämmung Chinas.

4.4 Das Programm des Pentagon

Hatte der 11. September eine zusätzliche machtpolitische Rendite abgeworfen, so war die zugrundeliegende Investition, die Globalisierung der amerikanischen militärischen Präsenz, lange vor dem Ereignis geplant und begonnen worden. Das Pentagon definierte für die globale militärische Präsenz der USA folgenden Bedarf:
- zugunsten größerer Flexibilität für die amerikanischen Streitkräfte zusätzliche Stützpunkte und Basen außerhalb von Westeuropa und Nordostasien;
- vorübergehenden Zugang zu Einrichtungen im Ausland für Übungszwecke der amerikanischen Streitkräfte;
- Reorganisation von Streitkräften und Material zugunsten der Erfordernisse regionaler Abschreckung;
- genügend Mobilität, um bewaffnete Expeditionen über große Entfernungen gegen mit Massenvernichtungswaffen ausgerüstete Streitkräfte vornehmen zu können.[52]

Dazu sollten besondere Kampftruppen weltweit stationiert werden, in Europa schon im Jahr 2007. Im Persischen Golf sollten die Landstreitkräfte verstärkt werden. Im westlichen

Pazifik waren mehr Flugzeugträger-Gruppen vorgesehen, im Pazifischen und im Indischen Ozean, aber auch im Golf zusätzliche Luftwaffenstützpunkte. Das Marinekorps würde nicht nur im Mittelmeer, sondern auch im Indischen Ozean und im Persischen Golf seegestützte Versorgungsbasen erhalten, um schneller im Mittleren Osten eingreifen zu können. Auch sollten die Ledernacken im Westpazifik Invasionen von See aus üben dürfen. Und schließlich würden die Vereinigten Staaten ihre entscheidenden Stützpunkte in Westeuropa und Nordostasien behalten und weitere eröffnen, um von dort aus schneller in aller Welt intervenieren zu können.[53]

Die «Abschreckung der Zukunft wird nach wie vor ganz besonders abhängen von der Schlagkraft (capability), die vorwärts stationierte und dislozierte Kampf- und Interventionstruppen besitzen, zusammen mit den schnellen einsatzbereiten Fähigkeiten (capabilities), die das amerikanische Militär auf dem gesamten Globus besitzt».[54] Die im Zusammenhang mit dem von Verteidigungsminister Rumsfeld vorgelegten Plan zur Reorganisation der Streitkräfte vom Verteidigungsministerium veröffentlichte Weltkarte zeigt, daß die amerikanischen Regionalkommandos in der Tat jeden Winkel der Welt abdecken (von Westafrika abgesehen).

Der neue, am 30. September 2001 dem Congress übermittelte Verteidigungsbericht (Quadrennial Defense Review) legte nicht von ungefähr den Akzent auf die «Fähigkeiten». Statt, wie bisher, sich auf die Abwehr bestimmter, meist eben auch bekannter Bedrohungen einzurichten, wollten sich die USA in die Lage versetzen, auf jede Art von Bedrohung weltweit reagieren zu können. Geplant war diese Generalisierung und Globalisierung der amerikanischen Militärpräsenz schon länger; der 11. September lieferte aber jetzt eine willkommene Begründung. So unvorhersehbar, wie diese Attacke gewesen war, konnten auch neue unvorhersehbare Angriffe auf amerikanische Bürger und Einrichtungen stattfinden. Um sie abzuwehren, mußte das Militär allseits präsent und für alle Fälle

THE WORLD 1:135,000,000

THE WORLD WITH COMMANDERS' AREAS OF RESPONSIBILITY

EDITION 5-NIMA   SERIES 1107

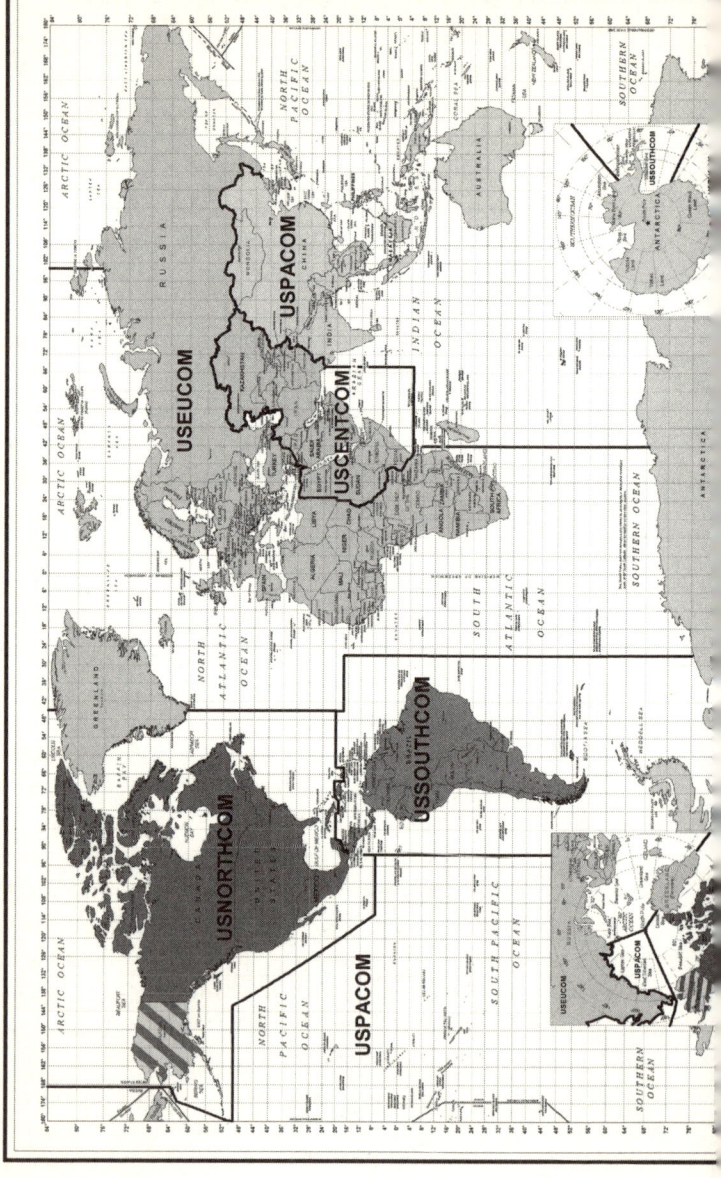

160

bereit sein. Deswegen wurde das bisher geltende «Bedrohungsmodell» der Verteidigung durch das neue «Fähigkeiten-Modell» (capability-based model) abgelöst.[55]

Anders als in der internationalen Wirtschaft, die schon vor langer Zeit ihre Lieferpolitik von der undifferenzierten Vorratshaltung (just in case) in die bedarfsgesteuerte Anlieferung umgestellt hatte (just in time), schickte sich das amerikanische Militär an, sich überall auf der Welt auf alle möglichen Eventualitäten einzurichten. Aus der Katastrophe des 11. September wurde also eine ganz andere Konsequenz als diejenige gezogen, die eigentlich nahelag: sich auf Gewaltmaßnahmen gesellschaftlicher Gruppen jenes Typus vorzubereiten, wie er sich erstmals in New York und Washington gezeigt hatte. Er war durch keinerlei Erhöhung militärischer Fähigkeiten irgendwo auf der Welt zu vermeiden. Die Abwehr des politischen Terrorismus verlangte eine ganz andere Strategie.

Auf sie war das Militär nicht vorbereitet, auf sie wollte es sich auch nicht einstellen. Verteidigungsminister Rumsfeld trennte den Kampf gegen den Terror ab von den neuen, unspezifischen, aber weltweit zu erwartenden Bedrohungen, auf die die Bush-Administration sich vorbereitet und ausgerichtet hatte. Natürlich sollte der Kampf gegen den Terrorismus gewonnen werden. «Aber indem wir das tun, müssen wir uns auch auf den nächsten Krieg vorbereiten».[56]

Die Erfahrungen des 11. September führten also nicht zu einer neuen Bedrohungsanalyse, sondern dazu, die von der Bush-Administration ohnehin geplante neue Strategie zu begründen und zu fördern. Die alte Aufgabe des amerikanischen Militärs war es gewesen, zwei größere Kriege in zwei verschiedenen Regionen – gedacht war an Nordost- oder Südwest-Asien – zu gewinnen.[57] Der neue Ansatz orientierte sich nicht mehr an einem möglichen Gegner, sondern an den von ihm möglicherweise eingesetzten Waffensystemen. Deswegen sollte sich das amerikanische Militär auf seine Fähigkeiten vorbereiten, das gesamte Spektrum sämtlicher geographischer oder funktionaler Anforderungen abzudecken.[58] Überall auf der Welt und für jegliche Art der Bedrohung vom Cyber-War bis zur konventionellen Aggression sollten seine Fähigkeiten reichen. Das war in der Tat ein Programm selektiver Weltherrschaft.

Die Bush-Administration setzte nur in die Tat um, was das Verteidigungsministerium seit langem vorbereitet hatte, tat es aber mit einer Emphase, die ihrer politischen Grundanschauung entsprach. Während im Pentagon-Bericht der auf Sicherheit gerichtete Verteidigungsaspekt im Vordergrund stand, wollte die Bush-Administration die ihr gebotenen Möglichkeiten zur aktiven Weltführungspolitik einsetzen. Die von der militärischen Präsenz ausgehende Machtfülle kam ihr bei ihrem Verständnis der Internationalen Politik als vornehmlich inter-gouvernementaler Politik derart gelegen, daß sie in deren Stärkung nicht nur die richtige, sondern geradezu die beste Strategie erkannte, mit der sich die Welt ordnen ließ.

Dieser Verlaß auf militärische Potentiale dunkelte die Notwendigkeit ab, sich mit den Ursachen der Konflikte und der Rolle der Gesellschaften darin zu befassen. Auch die Bereitschaft, sich um eine politische Lösung der Konflikte zu bemühen, nahm angesichts der wachsenden Fähigkeit, sie mit Gewalt zu beenden, merklich ab.

5. Militarisierung der Globalpolitik

Eine solche Ausweitung des Streitkräfte-Auftrags mußte zwangsläufig den Rüstungetat erhöhen. Wer auf eine kooperative Bearbeitung der Konflikte verzichten und deren Lösung unilateral erzwingen wollte, mußte seine Erzwingungsfähigkeiten mit dem Weltmaßstab bemessen.

Weniger der Strategiewandel als vielmehr dieser Paradigmenwandel enthielt den Bruch mit der bisherigen Politik der USA. Hatte der Kalte Krieg Washington gelehrt, daß eine

Einschränkung gegnerischer Gewaltpotentiale nur durch gemeinsame Rüstungskontrolle, also auf kooperativem Wege zu erzielen war, so sah die Administration George W. Bush zehn Jahre nach dem Ende des Kalten Krieges die Möglichkeit, den betreffenden Staaten das gewünschte Rüstungsverhalten aufzuzwingen. Jedenfalls hielt Washington sich für stark genug, dieses Verhalten ohne eigene Einschränkungen verlangen zu können. Noch genauer: Die USA glaubten sich stark genug, anderen Staaten die Rüstungsbegrenzung abverlangen zu können, ohne sich selbst deren Beschränkungen beugen zu müssen.

Das hatte im Bereich der Massenvernichtungswaffen schon immer nicht funktioniert. Die Nicht-Verbreitung der Nuklearwaffen war daran gescheitert, daß die fünf legalen Atommächte die nukleare Abrüstung verweigerten, während sie von den anderen Staaten den vollständigen Verzicht auf diese Waffen verlangten. Dieser Widerspruch hatte schließlich Indien und Pakistan dazu ermuntert, das Nicht-Verbreitungs-Gebot zu brechen und sich selber dem Atom-Club beizugesellen.

Diese Lehre ging ins Leere, nicht nur in Washington, sondern auch bei den anderen vier. Aber es waren die Vereinigten Staaten, die mit der Nicht-Ratifizierung des Vertrags über den umfassenden Verzicht auf Nukleare Tests (CTBT) am 13.10.1999 durch den Senat der Nicht-Verbreitung von Nuklearwaffen den Todesstoß versetzten. «Rüstungskontrolle, Abrüstung, multilaterale Sicherheitskooperation, ja der Multilateralismus und die Stärkung des Völkerrechts insgesamt (schienen) in der Weltpolitik der USA immer mehr an Interesse zu verlieren».[59]

Die Administration George W. Bush schrieb diese Linie fort, indem sie, wie oben erwähnt, der Ergänzung der Bio-Konvention nicht beitrat und geradezu vehement auf den Austritt der USA aus dem ABM-Vertrag von 1972 hinarbeitete. Er war mit dem nationalen Raketenabwehr-Programm, dem außenpolitischen Hauptziel der Bush-Administration nicht zu vereinbaren. Präsident Bush kündigte den Vertrag am 13. Dezember 2001 mit dem Argument, daß er die Vereinigten Staaten daran hindere, «eine wirksame Verteidigung zu entwickeln».[60] Er hatte immer schon argumentiert, daß dieser Vertrag ein Produkt des Kalten Krieges gewesen und mit dessen Ende überflüssig geworden war.

Aufschlußreicher war das zweite Argument. In der Tat verbot der Vertrag die amerikanische Verteidigung im Weltraum, bekam aber dafür den Angriffsverzicht der anderen Seite. Richtig wäre also gewesen, den ABM-Vertrag zu globalisieren. Die multilaterale Rüstungskontrolle hatte sich bisher als die erfolgreichste Sicherheitspolitik bewährt, wenn auch in manchen Fällen die Verifikation zu wünschen übrig ließ. Statt diese Lücken zu füllen, wandte sich die Bush-Administration gänzlich von der Rüstungskontrolle ab und vertraute ihre Sicherheitspolitik der eigenen Stärke an.

Das Raketenabwehrsystem bekam mit der Aufhebung des ABM-Vertrags im Juni 2002 grünes Licht. Das dazugehörige, weil unweigerlich fällig werdende «Weltraummanagement» wuchs zum politischen Programm auf. Das war das zweite Projekt gewesen, für das Donald Rumsfeld, bevor er Verteidigungsminister wurde, so energisch geworben hatte. Die raumgestützten amerikanischen Nachrichten-, Kommunikations-, Kommando- und Ziel-Satelliten mußten nach dem Wegfall des ABM-Vertrags gegen mögliche Angriffe geschützt werden. Den Auftrag dazu zu erteilen gehörte zu den ersten Amtshandlungen des neuen Verteidigungsministers Donald Rumsfeld.[61]

Schon das Raketenabwehrprogramm zu begründen war der Bush-Administration nicht leicht gefallen. Großmächte wie Rußland und China konnten es mühelos überwinden; gegen kleinere Staaten, Irak und Iran eingeschlossen, reichte die Androhung eines das Land total vernichtenden Nuklearschlags völlig aus. Die Logik des Raketenabwehrprogramms lag denn auch nicht in der Verteidigung gegen unvorhergesehene Angriffe, sondern in der Absicherung amerikanischer Eingriffe.[62] Die amerikanische Handlungsfreiheit wäre erheblich eingeschränkt, wenn Washington bei einer militärischen Intervention damit rechnen müßte, einen nuklearen Gegenschlag mit der Vernichtung des gesamten Landes verhindern zu müssen. Das Raketenabwehrsystem, das Schutz bot vor Angriffen kleinerer Staaten wie dem Irak oder dem Iran, vermied diese Zwangslage.

Im Hinblick darauf konnte Washington seine Offensivfähigkeiten, auch die nuklearen, erheblich verbessern. Gleich nach ihrem Amtsantritt hatte die Bush-Administration zwei neue Typen von Nuklearwaffen in Auftrag gegeben. Sie sollten tief in die Erde eindringen und dort geschützte Bunkersysteme zerstören können. Sie sollten, andererseits, so miniaturisiert werden, daß sie als Gefechtsfeldwaffen eingesetzt werden konnten. Am 19. Februar 2002 wurde diese Forderung mit der Nuclear Posture Review dem Congress vom Präsidenten zugeleitet.[63]

Aber auch im strategischen Bereich dachte die Regierung Bush nicht an Ab-, sondern an Aufrüstung. Der von den Präsidenten Bush und Putin am 24. Mai 2002 in Moskau unterzeichnete Vertrag über die Verminderung der strategischen Waffen hat nur nominal etwas mit der Abrüstung zu tun. Er verlangt von beiden Seiten, im Stichjahr 2012 nur noch eine Bandbreite von 1700 bis 2200 Sprengköpfen stationiert zu haben. Wieviel sie bis dahin und im Jahr danach haben werden, blieb ebenso offen wie die Anzahl der nicht stationierten, sondern gelagerten Sprengköpfe.

Die Modernisierung der Sprengköpfe für die landgestützten Minuteman-3 Interkontinentalraketen, die seegestützte Trident, die luftgestützten Cruise Missiles und die B-61-Kernwaffe waren von der Abrede nicht betroffen. Die vom Pentagon in Auftrag gegebenen neuen Waffensysteme, nämlich eine land- und eine seegestützte strategische Rakete, ein neues

Unterseeboot und ein neuer schwerer Bomber, wurden ebenfalls nicht tangiert.[64]

Ein solches nuklearstrategisches Potential hatte nicht irgendwelche «Schurkenstaaten», sondern große Kernwaffen-
staaten zum Objekt, also China und auch Rußland. Washington konnte, wie Präsident Bush in Moskau gesagt hatte, nicht
wissen, wie die Welt im Jahr 2012 aussah. Es bereitete sich
also darauf vor, seine Überlegenheit im Verteidigungs- wie im
Offensivbereich gegenüber Staaten jeglicher Größenordnung
zu konservieren und auszubauen. Damit sollte nicht nur die
Sicherheit der Vereinigten Staaten gewährleistet, sondern ihre
weltbeherrschende Rolle als Führungsmacht militärisch aus-
staffiert werden.

Der Paradigmenwechsel von der Sicherheit gewährleisten-
den kooperativen Rüstungskontrolle hin zur Beherrschung
ermöglichenden Fähigkeit, ein gewünschtes Verhalten mit
Gewalt zu erzwingen, läßt sich an der Irak-Politik der Bush-
Administration deutlich ablesen.[65] Die Clinton-Administration hatte zwar auch die Einhaltung des Flugverbots im Nor-
den und Süden des Irak mit ihrer Luftwaffe durchgesetzt, im
Übrigen aber die Abrüstung des Landes und seinen Verzicht
auf Massenvernichtungswaffen der Rüstungskontrolle über-
antwortet. Sie beruhte auf der Kooperation des Irak mit der
UN-Rüstungskontrollkommission (UNSCOM). Der Leiter
von UNSCOM, Richard Butler, war im Juni 1998 ziemlich
sicher, daß das Land keine Massenvernichtungswaffen mehr
besaß.[66]

Die Rüstungskontrolle durch Kooperation hatte zwar keine
maximalen, aber durchaus zufriedenstellende Ergebnisse erzielt. Sie waren noch verbesserungsfähig. Diskutiert wurde
immer schon die Aufhebung der Sanktionen gegen eine ein-
schränkungslose, verifikationsgestützte unbegrenzte Überwa-
chung des irakischen Verzichts auf Massenvernichtungswaffen.

Und umgekehrt: Welche andere Methode stand zur Verfügung, um die Nicht-Weiterverbreitung dieser Waffen sowohl

im Irak, wie in anderen Ländern sicherzustellen? Die ange-botene Verbesserung der Verifikation im Fall der Biowaffen hatte die Bush-Administration schon abgelehnt. An eine Wiederaufnahme der UN-Überwachung des Irak zeigte sie bis zum Sommer 2002 keinerlei Interesse. Vielmehr hielt sie an ihrem Entschluß fest, die irakische Regierung Saddam Husseins genauso mit Gewalt auszuwechseln, wie sie das in Afghanistan getan hatte. Wohlverhalten sollte nicht durch Zusammenarbeit herbeigeführt, sondern durch militärischen Druck erzwungen werden. Im Konzept der Bush-Admini-stration hatte die Rüstungskontrolle keinen nennenswerten Platz mehr; er wurde jetzt eingenommen von der Absicht, das gewünschte Verhalten des Irak (und gegebenenfalls der ande-ren Mitglieder der «Achse des Bösen») mit der Anwendung militärischer Gewalt durchzusetzen.[67] Die einst als Ausnahme gedachte «Counterproliferation» wurde zur Regel gemacht.

Diese bisher nur als Tendenz erkennbaren Ansätze in einen regelrechten Politikwandel zu überführen, verlangte natürlich ein sehr viel größeres Rüstungsbudget. Im Haushalt des Jah-res 2003 wurde das Verteidigungsbudget um 48 Milliarden Dollar erhöht, die größte Steigerung seit zwanzig Jahren. In-flationsbereinigt würde der Verteidigungshaushalt für das Jahr 2003 um 50 Milliarden Dollar höher liegen als der für das Jahr 2001, und der war nur um zehn Prozent niedriger gewesen, als der Durchschnitt der Verteidigungsausgaben während des Kalten Krieges.

Die Absenkung der Verteidigungsausgaben während der neunziger Jahre war also nur von kurzer Dauer gewesen und, relativ zum Durchschnitt gesehen, vergleichsweise gering aus-gefallen. Mit 270 Milliarden USD hatten die USA bereits 1998 mehr ausgegeben als Rußland, Frankreich, England, Deutsch-land, Japan und China zusammengenommen.[68] Kein Cent dieses Betrags war für die Verteidigung des Heimatlandes aus-gegeben worden; der Betrag diente, auf vielfältige Weise, der Stärkung und Projektion amerikanischer Macht.

Nach dem Terrorangriff des 11. September verlangte das Verteidigungsministerium einen Nachschlag in Höhe von rund 14 Milliarden Dollar, die zur Hälfte für militärische Operationen und dann für die Mobilisierung von Reserven und die Verbesserung von Kommunikations- und Informationseinrichtungen ausgegeben werden sollten. Begründet wurde diese Anforderung mit dem globalen Krieg gegen den Terrorismus, bei dem der Schutz des amerikanischen Luftraums wenigstens schon erwähnt worden war.[69] Erst im Haushaltsentwurf für das Jahr 2003 erhielt die Verteidigung des Heimatlandes einen Etatposten, der allerdings mit 13 Milliarden USD – die für das Haushaltsjahr 2003 verdoppelt werden sollten – vergleichsweise bescheiden ausfiel.

Der Löwenanteil der rund 380 Milliarden USD für die Verteidigung 2003 fiel an die Einsatzbereitschaft und Unterhaltung der Streitkräfte (140,2 Milliarden USD), an die Solderhöhung (94,2 Milliarden USD), an die Beschaffung neuer Waffensysteme (68,7 Milliarden USD), an Forschung und Entwicklung neuer Waffensysteme (53,8 Milliarden USD) und, last but not least, 8,6 Milliarden USD für die Raketenabwehr.[70] Das Repräsentantenhaus verabschiedete diese Ausstattung im wesentlichen ungekürzt in dem Verteidigungsgenehmigungsgesetz 2003.

Die selbst für amerikanische Verhältnisse und im Angesicht des terroristischen Großangriffs vom 11. September ungeheure Steigerung des Verteidigungshaushalts stieß auf verbreitete Kritik. Ein solcher Anstieg stellte den durch die Clinton-Administration glücklich erzielten Haushaltsausgleich wieder in Frage. Das Defizit meldete sich zurück und mit ihm die Erinnerung an die Politik der Einkommensumverteilung durch Ronald Reagan.[71] Immerhin würde das Defizit im Jahr 2007 wieder auf 451 Milliarden USD ansteigen. Es könnte noch größer werden, wenn die Joint Chiefs of Staff, wie angekündigt, ihre Rüstungsanforderungen weiter erhöhen würden.

Aber auch die immanente Kritik fiel deutlich aus. Die Sold-erhöhung galt als übertrieben, die angeforderten Waffen-systeme als überflüssig und ungeeignet für den Kampf gegen den Terrorismus. Nicht seinen Belangen würde der riesige Be-trag von 50 Milliarden USD dienen, sondern der Begünstigung alteingesessener Interessen. Und schließlich galt der allein für das Haushaltsjahr 2003 geforderte Mehrbetrag, der höher war als das gesamte Verteidigungsbudget Frankreichs, als schlicht überzogen. Die Hälfte wurde als ausreichend angesehen.[72]

Diese Kritik war sicher berechtigt, wenn man die Steige-rung des Verteidigungetats mit den Zielen verglich, denen sie offiziell dienen sollte. Wie sich im Sommer 2002 herausstellte, hätte der terroristische Großangriff des 11. September viel-leicht vermieden werden können, wenn die inneramerikani-sche Abwehr besser funktioniert haben würde. Dafür mehr Geld auszugeben war im Sinne der Terrorismus-Bekämpfung also wichtiger als die Verbesserung der Power Projection. Da sie aber das außenpolitische Hauptziel der Bush-Administra-tion darstellte, nimmt es nicht wunder, daß die durch den 11. September gesteigerte Abwehrbereitschaft der amerikani-schen Gesellschaft von der Regierung dazu benutzt wurde, dieses Hauptziel zu fördern. Symptomatisch dafür war, daß Verteidigungsminister Donald Rumsfeld am 9. September, also zwei Tage vor der Katastrophe, ein präsidentielles Veto in Aussicht stellte, wenn der Senat die Ausgaben für das Rake-tenabwehrsystem zugunsten der Bekämpfung des Terroris-mus um 600 Millionen USD kürzen würde.[73]

Auch nach dem Anschlag war die Bush-Administration eifrig bemüht, den Terrorismus auf eine Weise zu bekämpfen, die auch der Machterweiterung der Vereinigten Staaten zu-gute kam. Die Kriegführung in Afghanistan, möglicherweise gegen den Irak und andere «Schurkenstaaten» erforderte, wie es Verteidigungsminister Rumsfeld immer beschrieben hatte, eine äußerst schlagkräftige Armee. Sie mußte um so moderner sein, wollte sie die angestrebte «full global control» erreichen.

Unter diesem Vorzeichen konnten die geplanten Ausgaben für das Militär weder als zu hoch noch als disfunktional bezeichnet werden. Wenn die Regierung George W. Bush die von ihr gewünschte Weltordnung in eigene Regie übernehmen und, falls erforderlich, mit Gewalt durchsetzen wollte, brauchte sie ein Militärpotential, das die große Distanz zu den Konkurrenten nicht nur beibehielt, sondern ständig erweiterte und sich sowohl auf den Buschkrieg gegen Terroristen wie auf die Auseinandersetzung mit Staaten und Großmächten vorbereitete.

Natürlich ist zu fragen, ob die Bush-Administration sich mit dieser Zielsetzung im Congress und in der amerikanischen Öffentlichkeit durchzusetzen vermag. Eine erste Antwort darauf geben die Zwischenwahlen vom November 2002. Die Hoffnung der Administration, den Wahlkampf im Zeichen der Terrorismus-Bekämpfung führen und gewinnen zu können, schwand im Sommer 2002. Die Bildungs- und die Sozialpolitik begannen, die politische Aufmerksamkeit wieder zu dominieren. Sie zugunsten des Programms selektiver Weltherrschaft zu benachteiligen, dürfte jeder amerikanischen Regierung schwerfallen. Andererseits darf die Traumatisierung Amerikas durch den Angriff des 11.9. nicht unterschätzt werden. Sie wird lange nachwirken und sich immer wieder für die Zustimmung zur Anwendung von Gegengewalt instrumentalisieren lassen.

6. Beschränkung demokratischer Rechte

Es charakterisiert solche Zielsetzungen, daß sie dem Primat der Außenpolitik die Innenpolitik nicht nur unterordnen, sondern auch zuzuordnen versuchen. Die demokratischen Rechte waren schon von der Reagan-Administration in den USA beschnitten worden; ihr ideologischer Erbe George W. Bush fuhr damit fort. Er setzte mit der Einrichtung geheim tagender Militärtribunale für die mehr als 1200 im Gefolge des 11. September Verhafteten die Regeln des amerikanischen Rechtsstaats außer Kraft. Auf die 544 in Camp X-Ray auf Kuba festgehaltenen Gefangenen des Afghanistan-Kriegs wurden sie erst gar nicht angewendet. Die Administration versuchte energisch, sich gegenüber den Informations- und Kontrollinteressen von Congress und Gesellschaft abzuschirmen. Präsident Bush hob den «presidential records act» von 1978 auf, der die Aufzeichnungen und Unterlagen eines Präsidenten nach zwölf Jahren allgemein zugänglich gemacht hatte.

Eine besonders dichte Aura des Geheimnisses hatte Vizepräsident Cheney um sich gewoben. Nicht nur, daß er monatelang gar nicht in Erscheinung trat; er weigerte sich, Auskunft über seine Beratungen mit dem Energieriesen Enron zu geben, dessen krimineller Bankrott eine solche Nachfrage mehr als angemessen hatte erscheinen lassen. Cheney versuchte auch, das Versagen der Nachrichtendienste im Zusammenhang mit dem 11. September vor der Öffentlichkeit abzuschirmen. Nicht der Congress, schon gar nicht eine unabhängige Untersuchungskommission, sondern nur die Geheimdienst-Ausschüsse des Congress sollten darüber informiert werden, was die Geheimdienste gewußt hatten.[74]

Mit dem Hinweis auf die Belange der nationalen Sicherheit und den Primat der Außenpolitik versuchte die Bush-Administration, das in den USA herrschende Gleichgewichtssystem der Checks and Balances zwischen Legislative und Exekutive zu deren Gunsten wieder zu verschieben. Die Rechte des Parlaments, das sich während der Clinton-Administration sehr stark gemacht hatte, sollten wieder zurückgeschnitten, die des Präsidenten gestärkt werden.

Auch die Information der Öffentlichkeit sollte manipuliert, also ihre Kontrollmöglichkeit beschränkt werden. Das Wort des Präsidenten gilt in der amerikanischen Öffentlichkeit sehr viel. Es ist für sie die oberste und verläßlichste Quelle der Information. Verteidigungsminister Rumsfeld sagte mehrfach öffentlich, daß die Administration bewußt Fehlinformationen geben würde, um den Gegner irrezuführen. Zu diesem Zweck sollte im Pentagon sogar ein «Büro für strategische Einflußnahme» eingerichtet werden, im Büro des Präsidenten ein «Amt für globale Diplomatie». Beide sollten die Meinungsbildung im Ausland beeinflussen, was natürlich auch auf die Vereinigten Staaten zurückwirken würde.

Diese Pläne wurden, nach energischer inneramerikanischer Kritik, wieder aufgegeben. Aber die Position des Präsidenten als Quelle objektiv richtiger, autoritativer Lagebeurteilungen war beschädigt, der Zugang der Öffentlichkeit zu Informationen, die ihre Sicherheit betrafen, verringert worden.

Imperiale Ambitionen vertragen keine demokratische Kontrolle, weil sie mit den Interessen der Gesellschaft kollidieren. Das Wissen darum gehört seit den Tagen der Gründungsväter der amerikanischen Republik zum Bestandteil der außenpolitischen Kultur in den USA. Deswegen ist auch hier zu erwarten, daß sich diese Tradition wieder gegen die Abschirmungsinteressen der Präsidentschaft durchsetzen wird. Sie indizieren, wie weit sich die Bush-Administration zugunsten ihrer außenpolitischen Pläne von den Anforderungen und Bedürfnissen der amerikanischen Gesellschaft zu entfernen bereit war.

Die vorangehende Clinton-Administration hatte die amerikanische Sicherheit drei Strategien anvertraut: der kooperativen Sicherheit, der direkten Einmischung in ausgewählten Fällen und, in einem geringen Ausmaß, der amerikanischen Überlegenheit.[75] Das schonte die amerikanischen Ressourcen, nahm Rücksicht auf die Interessen der Alliierten wie die der amerikanischen Gesellschaft. Die von Bush beabsichtigte Zuspitzung der Strategie auf den Einsatz militärischer Gewalt weltweit verstieß gegen beides. Deswegen mußte sie vor den Nachfragen der eigenen Gesellschaft geschützt (und gegenüber der Kritik der Verbündeten abgefedert) werden.

In ein Boot mit den Alliierten hingegen stieg die Bush-Administration bei dem Dilemma, die demokratischen Freiheiten beschränken zu müssen, um die innere Sicherheit gewährleisten zu können. Aber Washington ging, wenn auch später als die Europäer, mit der Neuordnung des Nachrichtenwesens und der Einrichtung eines eigenen Ministeriums für Heimatschutz weit darüber hinaus. Das FBI (Bundeskriminalamt) wurde in eine innenpolitische Nachrichtenagentur umgewandelt, die ihre Fühler in jede Versammlung jeglicher Art ausstrecken können sollte. Dergleichen hatte es in den USA nie gegeben; dem Nachrichtendienst CIA war es strikt verboten gewesen, seine Tätigkeit im Inland auszuüben.

Seit Mitte 2002 wurden diese der Tradition, der politischen Kultur und der Verfassung der USA entsprechenden Barrieren weggeräumt. Das war in gewissem Umfang unvermeidlich: die Bedrohung des Terrorismus kam ja nicht von außen, sondern von innen. Der 11. September hätte vielleicht verhindert werden können, wenn CIA und FBI besser zusammengearbeitet hätten. Aber die inneramerikanische Kritik spürte auch deutlich die Gefahr, daß das Kontrollinteresse des Staates über das Notwendige hinausgehen und die in den USA herrschende Meinungsfreiheit einschränken könnte.[76] Diese Politik wurde zwar mit der Bekämpfung des Terrorismus gerechtfertigt, konnte aber eben auch dem immer vorhandenen Kontrollinteresse der Regierung nutzbar gemacht werden.

Schon während des Kalten Krieges war die amerikanische Demokratie in eine «Sicherheitsgesellschaft» (Daniel Yergin) umgewandelt worden. Im Zeichen des Terrorismus nahm dieser Prozeß eine weitere Hürde. Wenn auch langsam, und nicht ohne energische innere Diskussion, bewegten sich die Vereinigten Staaten von Amerika auf das Stadium zu, in dem eine expansionistische, gewaltgestützte Außenpolitik eng verbunden einhergeht mit der Ausbildung autoritärer Regierungsstrukturen.

«Sie sagen Christus und meinen Kattun.»
Theodor Fontane: Der Stechlin, 1899, Kapitel 23

IV. Die Zukunft des internationalen Systems

Wie sich bei dieser Ausgangssituation das internationale
System der Zukunft entwickeln wird, kann Wissenschaft nicht
ermitteln. Prognosen sind prinzipiell unmöglich. Da die Zukunft des Systems aus Entscheidungen erwächst, die im Hinblick auf sie in der Gegenwart getroffen werden, können aber
verschiedene Verläufe angenommen und auf ihre Wahrschein-
lichkeit hin abgefragt werden. Diese Trendextrapolation orientiert sich an Entwicklungen, die eintreten, sich verändern,
ausbleiben und durch jedes unerwartete Ereignis beeinflußt
werden können. Darin liegt nicht nur das Risiko der Ungewißheit, sondern auch die Chance der Steuerung. Wer seine
Ziele in der Politik realisieren möchte, muß deren Gang anti-
zipieren und in der gewünschten Richtung beeinflussen.
«Gouverner c'est prévoir».

Welchen Weg das internationale System in den kommenden
Jahren nehmen wird, hängt davon ab, ob es gelingt,

- die Entstehung eines neuen Machtkonflikts zu vermeiden,
  der aus der Ausbreitung der selektiven Weltherrschaft der
  USA und der davon erzeugten Gegenmacht entstehen
  könnte;
- die großen Konflikte dieser Welt endlich zu regeln;
- die Gewalt, die sich immer mehr entfesselt, wieder einzu-
  fangen, und, vor allem, zu verhindern, daß der Krieg als
  Mittel der Politik in die Welt zurückkehrt;
- einen Ordnungsrahmen für die Behandlung der globalen
  Prozesse wiederherzustellen und regionale Institutionen zu

schaffen, damit die Zunahme der Interdependenz auf beiden Niveaus gehandhabt und erfolgreich gemanagt werden kann.

Diese großen Themen der Zukunft können hier nur angedeutet werden. Von ihrer Bearbeitung hängt es ab, ob die Interessen der Gesellschaftswelt an Wohlstand und Mitbestimmung in der Zukunft verwirklicht werden. Dazu müssen auch die gesellschaftlichen Akteure in die Ordnungsprozesse eingebunden werden.

Die Herstellung einer solchen Ordnung wäre die beste Strategie gegen den politischen Terrorismus. Sie durchzuführen ist nicht unmöglich, aber keineswegs leicht. Die 1945 gestiftete Weltordnung ist weitgehend zerstört, eine neue nicht eingerichtet worden. Vielmehr werden die Machtfigur und die politische Ordnung des internationalen Systems vornehmlich von den Entscheidungen der Vereinigten Staaten, und das heißt bis 2004 oder 2008 von der Bush-Administration, beeinflußt.

Deswegen wurden der über die letzten Jahrzehnte hin erkennbare Trend der amerikanischen Weltpolitik und seine Weiterentwicklung durch die Bush-Administration hin zu selektiver Weltherrschaft ausführlich dargestellt. Sie ist nicht identisch mit der von den USA seit 1945 praktizierten Weltführung. Sie beruhte auf Macht, also, nach Max Weber, auf der Fähigkeit, ihren Willen auch gegen Widerstand durchzusetzen. Die Bush-Administration setzte von Anfang an eindeutig auf Herrschaft, also auf die Fähigkeit, für einen bestimmten Befehl Gehorsam zu finden, ihn notfalls mit Gewalt zu erzwingen. Erkennbar wird auch die Absicht, die regionalisierte Welt durch die Globalisierung der Sicherheitspolitik wieder zu vereinheitlichen und den amerikanischen Regelungsvorstellungen zu unterwerfen.

Mit Hilfe des 11. September unternahm die Bush-Administration den Versuch, den in der Gesellschaftswelt nach 1990 in den Hintergrund gerückten Sachbereich der Sicherheit wieder in den Vordergrund zu ziehen. Anders ausgedrückt: Den sich formierenden Konstellationen der Gesellschaftswelt, die die zwischenstaatlichen Konflikte reduziert, die innerstaatlichen Konflikte potenziert und sich dabei auf die politischen Sachbereiche der Partizipation an der Herrschaft und der Teilhabe am wirtschaftlichen Wohlstand konzentriert hatten, wurde wieder die alte Anordnung der Staatenwelt übergestülpt. Sie schob der zwischenstaatlichen Gewaltanwendung den Primat zu, erhob den Krieg zum obersten Regulationsmodus. Typisch dafür ist die Umdeutung des von anonymen gesellschaftlichen Kräften verübten Terroranschlags des 11. September in eine Verschwörung bestimmter Staaten, die den Terrorismus produzieren, beziehungsweise fördern und nichts weiter vorhaben, als ihn mit Massenvernichtungswaffen auszustatten. Den konzeptuellen Höhepunkt dieser Objektverschiebung bildete Präsident Bushs Ansprache vor der Militärakademie West Point am 1. Juni 2002, in der er mehr als 60 Staaten – immerhin ein Drittel des Staatensystems – zum möglichen Objekt präemptiver Amerika-Militärschläge erklärte.[1] Er machte sich damit, wie die Washington Post schrieb, zum «aggressivsten Internationalisten aller Präsidenten».

1. Wahrscheinlich: Pax Americana

Dieser Trend hat gute Aussichten, die Zukunft des internationalen Systems in den nächsten Jahren zu bestimmen. Die Administration George W. Bush bemüht sich, den Terroranschlag des 11. September in den gleichen weltpolitischen Rang zu erheben, wie die Herausforderung durch die Sowjetunion; sie will sich damit den gleichen Strategiefächer eröffnen wie 1948. Damals waren die Erste und die Dritte Welt zur amerikanischen Einflußzone erhoben worden; nach dem 11. September erweiterte sie sich auf die ganze Welt.

Das Interesse der Bush-Administration trifft auf eine große, wenn auch keinesfalls globale latente Akzeptanz. Das Führungsmodell der USA von 1948 bis 1990 hatte eine weitreichende sicherheitspolitische Attraktivität entfaltet. Sie hat maßgeblich zum Sieg über die Sowjetunion und den Bolschewismus beigetragen und ließ es nach 1990 den meisten Nachfolgestaaten der Sowjetunion sehr angelegen erscheinen, sich so schnell wie möglich der NATO, beziehungsweise wenigstens dem Programm der «Partnerschaft für den Frieden» anzuschließen. Im pazifischen Raum wurde die amerikanische Präsenz durchweg als willkommenes Differential zwischen den verschiedenen, divergierenden Interessen angesehen. Daß sich Westeuropa im Schatten des amerikanischen Schutzes zur Europäischen Union entwickeln konnte, galt ebenfalls als Bonitätsausweis amerikanischer Führung.

Im Sachbereich der Sicherheit findet damit die Pax Americana als Figur des zukünftigen internationalen Systems eine starke Stütze in der langjährigen Gewöhnung sowohl der NATO-Alliierten wie der bilateral Verbündeten an die amerikanische Führung. Dieser Sozialisationseffekt muß ganz hoch veranschlagt werden. Die Zusammenarbeit unter den Verbündeten hat deren Verteidigungssegmente, die militärischen wie die politischen, auf die Vereinigten Staaten ausgerichtet und zu einem eigenständigen, unabhängigen, hervorragend funktionierenden Kommunikations- und Entscheidungssystem zusammengeschweißt.

Daran hatte sich nach 1990 nichts geändert. Eine «Perestroika» hat im Westen nicht stattgefunden. Im Gegenteil. Die NATO hat im Jahr 2002 als der oberste politische Ordnungsfaktor in Euro-Atlantik zu gelten. Mit der bilateralen Anbindung Rußlands an die Vereinigten Staaten dominieren amerikanische Vorstellungen die Neuordnung des ehemaligen Einzugsbereichs des Kalten Krieges. Zehn Jahre lang war offengeblieben, wer diese Neuordnung anleiten würde: die sich erweiternde Europäische Union mit ihrer gemeinsamen Strategie gegenüber Rußland oder die sich erweiternde NATO mit dem im Juni 2002 in Rom neu gegründeten (und den Namen jetzt wenigstens verdienenden) NATO-Rußland-Rat, der die strategische Partnerschaft zwischen Washington und Moskau ergänzt.

Im Sommer 2002 kann die Frage nach der Machtfigur als beantwortet gelten. Die sicherheitspolitische Neuordnung Euro-Atlantiks wie die der Welt steht im Zeichen der Pax Americana. Es handelt sich, wohlgemerkt, nur um eine Teilordnung. Im Sachbereich der wirtschaftlichen Wohlfahrt sieht die Welt ganz anders aus. Westeuropa ist hier genauso stark wie die USA. Mit dem Euro hat sich die EU nicht nur in eine Währungsunion verwandelt, sondern auch in einen Konkurrenten des Dollar als Reservewährung der Welt. Dieser Sachbereich muß im Auge behalten werden, auch wenn hier nur der der Sicherheit behandelt wird. Ihn haben die sicherheitspolitischen Eliten nach dem Terroranschlag des 11. September wieder ins Rampenlicht gerückt.

Die Aussichten der Pax Americana, auf die ganze Welt ausgedehnt zu werden, sind also gar nicht schlecht. Freilich sind sie auch nicht ungetrübt. Die Weiterentwicklung der amerikanischen Weltführung durch Präsident Bush hin zur selektiven, gewaltgestützten Weltherrschaft hat die Qualität der amerikanischen Weltpolitik so radikal verändert, daß die Akzeptanz nicht mehr als gesichert gelten kann.

In einer Epoche, in der der Zerfall von Sowjetunion und Jugoslawien sowie die Ausbreitung der Bürgerkriege signalisierten, daß Herrschaft ohne den Konsens der Betroffenen nicht mehr möglich ist, nimmt sich der Durchmarsch der Bush-Administration zu selektiver Weltherrschaft merkwürdig anachronistisch aus. Er gründet sich auf Vereinfachungen, die den Differenzierungen der regionalisierten Gesellschaftswelt nicht Rechnung tragen. Sie werden über einen Kamm geschoren, den es in dieser Schlichtheit nicht mehr gibt.[2]

Der Unilateralismus überschätzt aber auch die amerikanische Fähigkeit zu selektiver Weltherrschaft. Sie kann sie allein weder durchsetzen, noch handhaben.[3] Die nach dem 11. September von Washington gegründete «Coalition of the Willing» ist zu eng mit dem Kampf gegen Al-Kaida verbunden, als daß sie sein Ende (oder seine Ausweitung) überleben würde. Die «G-8» haben es erleichtert, Japan und die Bundesrepublik Deutschland an der Weltführung zu beteiligen. Das Gremium kann, wie es bei der Beendigung des Serbien-Kriegs 1999 bewiesen hat, auch sicherheitspolitisch gute Dienste tun. Es ersetzt aber nicht den Sicherheitsrat der Vereinten Nationen und hat auch nicht dessen Autorität und Kompetenz. Die «G-8» sind und bleiben ein klassisches «Mächtekonzert» mit den USA als Dirigenten. Präsident Bush hat es sich in seiner Grundsatzrede vom Juni 2002 selbst vorbehalten, «den Frieden zu bewahren durch die Herstellung guter Beziehungen zwischen den Großmächten». Ob das gelingt, ist mehr als fraglich. Die Übereinstimmung in der Bekämpfung des Terrorismus hat die Rivalität um die Macht vorübergehend zugedeckt, nicht stillgestellt.

Das von Bush verkündete Konzept des globalen Präventivkriegs hat unmißverständlich klargemacht, wie sehr sich der Charakter der amerikanischen Weltpolitik unter den Händen der neuen Administration verändert hat. Amerikas Anspruch auf die Weltführung hatte sich – mit der Ausnahme von Ronald Reagan – bis zum Ende der Clinton-Administration dadurch legitimiert, daß es die Normen und Regeln der 1945 eingerichteten Weltordnung schützte. Bush hingegen beruft sich auf eine «Moral», deren manichäische Kategorien er nach eigenem Gutdünken bestimmt. Das war in der europäischen Machtpolitik des 19. Jahrhunderts gang und gäbe gewesen. In der Gesellschaftswelt dürfte solche Ideologisierung nicht mehr verfangen. Zu offensichtlich hatte schon vor dem 11. September die Bush-Administration zwar immer von Regeln gesprochen, aber nur an die eigene Macht geglaubt.[4] Die Praxis der

Weltpolitik von George W. Bush nährte den Verdacht, daß sie die Weltordnung weniger gegen die Angriffe der «Bösen» schützen, als vielmehr aus den gewohnten Angeln heben wollte. Mit der Selbstermächtigung zum globalen Präventivkrieg erklärte sich die Bush-Administration zum Herrn der Welt, vor dessen «fiat» alle Ordnungsregeln verstummten.

Das Machtwort aus Washington wird die Machtfigur des internationalen Systems prägen, aber nicht bestimmen. Die USA sind zu schwach, um die Welt insgesamt zu beherrschen, nicht einmal in der selektiven Begrenzung. Die regionalisierte Welt entsteht sozusagen von selbst. Militärische Gewaltmittel allein reichen in der Gesellschaftswelt nicht aus, um den für den Erfolg erforderlichen Konsens der Betroffenen zu erzielen. Ihn hätte die Mitwirkung einer internationalen Organisation erleichtert. Aber die USA haben bewußt darauf verzichtet.

Die der Gesellschaftswelt angemessene Machtfigur, die Regionalisierung, entsteht also aus dem doppelten Versagen der Führungsmacht. Sie hatte die globale Organisation beschädigt, in der die Regionen ihren Platz hätten finden können, und sie ist doch nicht imstande gewesen, eine neue Ordnung herrschaftlich herbeizuführen. Mit einem selektiven Anspruch, mit einer Herrschaft à la carte, wie Präsident Bush sie praktizierte, ließen sich zwar einige partikulare US-Interessen durchsetzen, aber weder die Machtbeziehungen der Gesellschaftswelt regeln, noch die Konfliktfelder ordnen.

Der Terrorangriff vom 11. September hatte für beides nicht unbedingt einen globalen Regelungsbedarf angezeigt. Die Interdependenzgrade sind weltweit noch nicht dicht genug, um globale Ordnungen zu verlangen und durchzusetzen. Aber sie reichen aus, um in den Regionen nicht nur staatliche, sondern auch gesellschaftliche Reaktionen auf die globalisierende Politik der Supermacht und anderer Großmächte auszulösen.

Machtkämpfe sind also vorprogrammiert, bis sich die Gesellschaftswelt eine neue Machtfigur gegeben haben wird, die

die gleiche Leistung erbringt wie die von 1945 und die Gewalt wieder einhegt. Sie muß die Kooperation der Staaten zwecks Bearbeitung der globalen Probleme institutionalisieren und dabei die Interessen der Regionen und ihrer Vormächte respektieren. Sie muß den Konsens und die Kooperation der großen gesellschaftlichen Akteure herbeiführen, also den veränderten Bedingungen der Gesellschaftswelt gerecht werden. Insofern ist der Umbruch der Weltpolitik, der in der Mitte des 20. Jahrhunderts begonnen hatte und sich 1989/90 so dramatisch zeigte, noch nicht abgeschlossen. Die selektive Weltherrschaft der USA bildet nur eine Zwischenphase, die entweder in eine neue Machtfigur und eine neue Ordnung der Weltgesellschaft überleitet oder in eine Zeit der Wirren mündet.

Die Problemlage zeigt sich exemplarisch in der Atlantischen Gemeinschaft. Sie verfügt im Sachbereich der Sicherheit über die Allianz der NATO, aber nicht über eine eigentlich dazugehörige politische Organisation. Wenn und weil sie mit amerikanischen Führungsvorgaben nicht übereinstimmen, sind die Westeuropäer gezwungen, durch eigene Aufrüstung die Gleichberechtigung mit den USA herzustellen.

Die drastische Asymmetrie zwischen den USA und Westeuropa im Sachbereich der Sicherheit hatte seit Jahrzehnten die Allianz belastet. Ihre zerfallende Hegemonie versuchten die USA durch die Bilateralisierung ihrer Beziehungen zu den einzelnen Staaten zu befestigen, was von einigen Europäern zugunsten der Bewahrung ihrer nationalen Eigenständigkeit gern angenommen wurde.

Solche Zersplitterung, sagt die Theorie des Neo-Realismus, kann nur unter «Berücksichtigung der anti-hegemonialen Ratio der europäischen Integration» überwunden werden.[5] Das ist richtig, aber nur von einem sehr hohen Grad der Abstraktion aus. Das Verhältnis zwischen den Westeuropäern und den USA läßt sich nicht in toto als latente Hegemonial-Rivalität beschreiben, sondern muß auch die langjährige reibungslose und höchst erfolgreiche Kooperation berücksichtigen, die das Verhältnis zwischen Westeuropa und den USA gekennzeichnet hatte. Jede Neuordnung muß darauf Rücksicht nehmen, auch wenn sie das absolute Desinteresse der Führungsmacht an einer solchen Neuordnung zu registrieren hat.

Wahrscheinlich ist die vom Neo-Realismus erwartete Phase temporärer Dissoziation mit dem Kosovo-Krieg bereits eingetreten. Die Europäer wurden derart gedemütigt, daß der hegemoniale Leidensdruck die Bündnissolidarität zu überwiegen begann. Die Beschlüsse von Köln bildeten den Versuch, über die funktionale Zusammenarbeit beim Aufbau einer europäischen Eingreiftruppe auch die Gemeinsame Außen- und Sicherheitspolitik zu implementieren. Daß die Bush-Administration im Sommer 2002 die Friedenssicherungsaktionen der UN zu torpedieren drohte, wenn der Internationale Strafgerichtshof, das Schoßkind der Europäischen Union, nicht entmachtet werden würde, hat den Ruf nach einer europäischen Außenpolitik weiter anschwellen lassen.

Dazu sind erhebliche Reformen erforderlich, nicht nur die der institutionellen Struktur, sondern auch des außenpolitischen Selbstverständnisses der Union und des auf diese Ziele ausgerichteten Entscheidungsprozesses.[6] Aber der Prozeß ist in Gang gekommen[7] und er wird zusammen mit der institutionellen Reform der Europäischen Union, der Vorbereitung der Regierungskonferenz 2004 durch einen Konvent in Richtung auf eine die Union politisch ordnende Verfassung vorangetrieben werden.

Da die Union aber auch, um ihrer Ordnungsaufgabe in Europa willen, sich ständig erweitern muß, wird ihre Vertiefung separat vom Erweiterungsprozeß stattfinden. Das ist unumgänglich. Europa kann nur dann der «beste Partner für Washington» werden, wenn es handlungsfähig, effizient und einig ist. Für die «Zukunftsfähigkeit atlantischer Partnerschaft» ist die «Stärkung des europäischen Pfeilers (die notwendige)

Voraussetzung».[8] Wenn Europa «außenpolitisch – verbindlich für alle – mit einer Stimme sprechen» soll, dann kann das zunächst nur ein Kerneuropa sein.[9]

Der vom Neo-Realismus richtig benannte Mechanismus der Geschichte, in dem jeder Hegemon seinen Herausforderer selbst kreiert, sollte sich aber eben nicht in der europäischen Gegenmacht-Bildung erschöpfen. Ziel muß vielmehr sein, durch die Stärkung des europäischen Pfeilers das atlantische Gebäude zu stabilisieren oder, wie es Präsident Kennedy schon 1961 ausgedrückt hatte: die Atlantische Gemeinschaft als Hantel mit zwei gleichen Gewichten zu konstruieren, die in der kontinuierlichen Kooperation sich die Waage halten.

Solche Prozesse der Umverteilung von Macht sind für den Herausgeforderten besonders schwierig. Er muß die Machtanteile abgeben, die seinen Herausforderern zufallen. Im Sachbereich der Wirtschaft hatte sich dieser Anpassungsprozeß fast reibungslos vollzogen. In dem der Sicherheit bereitet er seit langem große Schwierigkeiten. Sie wären kleiner, besäße die Atlantische Gemeinschaft die schon erwähnte politische Organisation. Sie hätte den Anpassungsprozeß einhegen können. So müssen Europäer wie Amerikaner selbst darauf achten, daß er nicht aus dem Ruder läuft.

Bei der Osterweiterung der NATO und der der Europäischen Union rivalisieren USA und Europa um die Führungsrolle auf dem Halbkontinent. Die USA sitzen zunächst mit dem neuen NATO-Rußland-Rat und der bilateralen Verständigung mit Moskau am stärkeren Hebel. Was aber geschieht, wenn die vom Terrorismus gestiftete amerikanisch-russische Interessen-Identität zerfällt und Washingtons Ausgriff auf Zentralasien in Moskau als Machtrivalität bewertet werden wird? Wie wird sich die Europäische Union dann entscheiden, sollte sie inzwischen über die viel besprochene Gemeinsame Außen- und Sicherheitspolitik verfügen?

Andernfalls verbliebe Westeuropa im amerikanischen Führungsorbit, würde es zusammen mit den osteuropäischen

Staaten zum Aufmarschgebiet der amerikanischen Eurasien-politik. Das ist, wie die Jahre des Kalten Kriegs gezeigt haben, nicht unbedingt eine schlechte Lage. Aber sie ist instabil, weil entweder die entscheidungspolitische Asymmetrie das amerikanisch-europäische Verhältnis weiter belasten, oder aber die Renationalisierung der westeuropäischen Politik das Bündnis selbst infrage stellen könnte.[10]

Wie die Welt geordnet wird, hängt nicht von den Machtfiguren ab, aber doch mit ihnen zusammen. Washingtons selektive Weltherrschaft hat bis zum Sommer 2002 keine Elemente einer neuen Weltordnung bereitgestellt. Im Gegenteil, Präsident Bushs diverse Aufforderungen an Ramallah und Jerusalem verhallten dort ungehört. Das eine wird Präsident Bush hingenommen, das andere erwartet haben. Was er mit seinem gleich zu Regierungsbeginn begonnenen politischen Rückzug aus der Region bezweckte, hat der amerikanische Präsident in der Undeutlichkeit seiner Rede vom 24. Juni 2002 ziemlich offen dargelegt. Ministerpräsident Sharon und der Likud-Block in Israel sollen freie Hand erhalten, das Palästinenser-Problem mit Gewalt zu lösen. Diese Politik hat bisher nur die Zahl der Toten auf beiden Seiten dramatisch erhöht. Daß sich die Erfolgsaussichten bessern, ist nicht zu erwarten. Den Kampf gegen die Unterdrückten hat in der Gesellschaftswelt noch keine Besatzungsmacht gewonnen.

Die in Zusammenhang mit dem saudischen Friedensplan im Frühjahr 2002 wieder aufgekommene Idee einer erneuten internationalen Nahost-Konferenz wurde von der Bush-Administration zunächst akzeptiert, zumal sich vor allem die europäischen Alliierten stark dafür einsetzen, darunter auch Außenminister Fischer. Unter sichtlichem Einfluß der Likud-Regierung Ariel Sharons rückte Washington im Sommer davon jedoch wieder ab. Es blieb den Europäern überlassen, den ordnungspolitisch allein erfolgversprechenden Gedanken einer internationalen Konferenz zur Lösung des Nahost-Konflikts hochzuhalten. Leider sprachen sie dabei auf dem G-8-Gipfel in Calgary, Juni 2002, wieder nicht mit einer Stimme. Gerade die Deutschen sprachen nur sehr leise.

Die Region des Vorderen Orients gleicht seit langem einem Faß, das mit Waffen und Munition bis zum Bersten gefüllt ist. Die Staaten dort sind dem Nicht-Verbreitungsvertrag für die Kernwaffen nicht beigetreten, weil Israel seine Unterschrift verweigert hatte. Wenn Washington (und Europa) es zulassen, daß der Nahost-Konflikt sich weiter erhitzt, kann die Region explodieren.

Das könnte auch in Kaschmir passieren. Die amerikanische Vermittlung vom Mai 2002 hat den Konflikt zwischen Indien und Pakistan nicht gelöst, sondern vorübergehend wieder beruhigt. Er kann jederzeit in einen Waffengang zwischen Indien und Pakistan münden, der im Extremfall zum Einsatz von Nuklearwaffen führen kann.

Afghanistan ist weit davon entfernt, befriedet zu sein. Die viel gerühmte Loya Jirga vom Juni 2002 hat den gesellschaftlichen Konsens für eine Stabilisierung des Landes nicht erzeugt. Die Entscheidungen wurden nicht von ihr, sondern von den Warlords getroffen, mit denen Washington sich zu verständigen hofft. Wie tragfähig diese Basis ist, muß sich erst zeigen.

Präsident Bush hatte nicht zu verantworten, daß Indien und Pakistan Nuklearwaffen entwickelt hatten. Aber er tat nichts dagegen. Seine Vernachlässigung der Rüstungskontrolle, sein Raketenabwehrsystem und seine Politik der Counterproliferation zwingen jeden Staat aufzurüsten und, wenn möglich, auch Massenvernichtungswaffen zu erwerben. Die Proliferation ist vorprogrammiert. Um so größer ist die Gefahr, daß der Terrorismus zum «catastrophic terrorism» aufwächst, in dem biologische, chemische und möglicherweise sogar (wenn auch primitive) Nuklearwaffen von den Terroristen eingesetzt werden würden.[11] Ihm ist mit den von der Bush-Administration bevorzugten Gewaltmaßnahmen nicht beizukommen, die Absage an jegliche Rüstungskontrolle ist regelrecht erfolgswidrig. Wer verhindern will, daß Nuklearwaffen in die Hände von Terroristen gelangen, muß alle Staaten darauf verpflichten, waffentaugliches Material nicht weiterzugeben und vor Diebstahl und Weitergabe zu schützen. Das vermag nur eine finanziell gut ausgestattete, kooperativ gehandhabte Rüstungskontrollpolitik.[12] Im Juni 2002 auf dem G-8-Treffen wurden Rußland 20 Mrd. USD für die Entsorgung und Kontrolle seiner Nuklearbestände zur Verfügung gestellt, also das Nunn-Lugar-Programm von 1991 reaktiviert und großzügig ausgestattet. Das war ein richtiger Schritt, von dem man nur hoffen kann, daß er auch ausgeführt werden wird. Die logische Konsequenz, die Rüstungskontrolle wiederzubeleben, die die Verwahrung der Massenvernichtungswaffen und ihre Nicht-Verbreitung verläßlich garantiert, ist von Washington gerade nicht gezogen worden.

Das ursprüngliche Ziel, Osama Bin Laden zu finden, zu bestrafen oder auszuschalten, wurde nicht erreicht. Al-Kaida war aus Afghanistan vertrieben, aber deswegen nicht aufgelöst worden. Sein Netzwerk war, wie Präsident Bush schon immer vorgerechnet hatte, in mehr als 60 Staaten vorhanden. Gegen sie alle ins Feld zu ziehen, hatte Bush am 1. Juni angekündigt. Daß diese Strategie aber verwirklicht werden würde, war ebenso unwahrscheinlich wie ihr Erfolg.

Nach Afghanistan faßt Washington wieder den gewaltsamen Sturz von Saddam Hussein ins Auge. Wie und von wem das Land danach regiert werden könnte, weiß niemand. Den Iran hatte Bush zwar in die «Achse des Bösen» eingereiht, aber (noch?) nicht unter die Kandidaten einer Militärintervention aufgenommen.

Der reine Verlaß auf die militärische Gewalt kann den Terror verstärken. Das hatte Washington im Nahost-Konflikt erfahren, wo Sharons Politik die Selbstmordattentate erst heraufgeführt hatte. Das sah Washington auch in Kaschmir, wo die konzessionslose, teilweise brutale Politik Neu-Delhis im indischen Teil Kaschmirs die muslimischen Kämpfer für die Befreiung der Glaubensgenossen immer weiter ermutigte. Die sture Politik Moskaus in Tschetschenien verbreitete die gleiche Lehre. Das hatte der Westen bis zum 11. September 2001 genau gewußt und auch gesagt. Die Erfolgsaussichten einer rein auf Gewalt gestützten Terror-Bekämpfung sind also denkbar gering.

Auch bester Wille wird der Bush-Administration nicht bescheinigen können, auf den Angriff des 11. September richtig reagiert und eine neue Weltordnung, wenigstens Teile davon, eingerichtet zu haben, die die Gewalt wieder einfängt. Als Reaktion auf das Attentat hat Bush nur Schneisen neuer Unordnung in die Welt gelegt. Das ist keine vielversprechende Zwischenbilanz. Deswegen steht Westeuropa der amerikanischen Anti-Terror-Strategie zurückhaltend gegenüber. Es kooperierte beim Gewalteinsatz zur Verfolgung der Terroristen, unterschied aber davon diejenigen Ziele der Bush-Administration, die mit dem Kampf gegen den Terrorismus etikettiert worden waren, mit ihm aber nicht zusammenhängen. Das galt schon für den Irak, gälte in noch sehr viel höherem Maße für Iran und schließt jede Unterstützung militärischer Maßnahmen gegen weitere Länder, Somalia vielleicht ausgenommen, aus. In der Beschlußvorlage der Bundesregierung vom 7. November 2001 heißt es ausdrücklich, daß sich die Bundesrepublik an Einsätzen über Afghanistan hinaus «nur mit Zustimmung der jeweiligen Regierung beteiligen» wird.

Eine Alternative zur Pax Americana, oder auch nur die Beimischung politisch brauchbarer Ordnungselemente dürfte daher am ehesten von den westeuropäischen Verbündeten kommen.

2. Wünschenswert: Europas Beiträge

Westeuropa kann die Administration George W. Bush nicht daran hindern, die Politik der selektiven Weltherrschaft weiter zu verfolgen. Deren Korrektur kann nur – und wird – aus der amerikanischen Innenpolitik kommen. Spätestens im Frühjahr 2003 werden die Präsidentschaftswahlen des folgenden Jahres ihre Schatten vorauswerfen. Der jüngere Bush wird natürlich versuchen, durch ständige Terrorismuswarnungen den psychischen Ausnahmezustand solange wie möglich zu erhalten. Um so mehr müssen die westeuropäischen Verbündeten die richtigen Alternativen zu dieser Politik bereitstellen und in der Atlantischen Gemeinschaft publik machen.

Das wird auch ihnen nicht leichtfallen, denn Teilordnungen für die Gesellschaftswelt zu entwickeln verlangt, stellenweise wenigstens, ein neues Paradigma der Außenpolitik. Es müßte die Einsichten verarbeiten, die aus dem Zusammenbruch des Ost-West-Konflikts gewonnen werden konnten; es müßte die sozioökonomischen Veränderungen zur Kenntnis nehmen, die die Gesellschaftswelt hervorgebracht haben. Auf sie deuten viele neue Begriffe, etwa der der Globalisierung, der Informationsgesellschaft, der Weltinnenpolitik, der Einen Welt. Sie alle umkreisen, aber benennen nicht die entscheidende Veränderung der Weltlage, die nach 1990 sichtbar geworden ist: die zunehmende Relevanz der Gesellschaften in den Staaten, in den Regionen und in der Internationalen Politik.[13]

Die Europäische Union ist handlungsfähig genug, um sich nicht von den USA das Leitseil überwerfen zu lassen. Im Sachbereich der Sicherheit sind die Europäer zwar nur ein Subunternehmer, aber deshalb doch noch keineswegs ein reiner Zulieferer. Sie sollten das Konzept der «defensiven Intervention», das die globale Aggression rechtfertigt, explizit zurückweisen. Es widerspricht nicht nur dem Wertekanon der westlichen Welt; es würde den Globus mit vielen Kriegen überziehen und außerdem den politischen Terror noch verstärken.

Da davon auch Westeuropa betroffen sein würde, sollte sich die Region energisch für eine richtige, das heißt erfolgreiche Terrorismus-Bekämpfung einsetzen. Die EU sollte sich weigern, weitere Aufräumarbeiten nach amerikanischen Interventionen zu übernehmen. Dann wird selbst die Bush-Administration über die Zweckmäßigkeit eines solchen Interventionismus nachdenken.

Europa muß sich statt dessen darum bemühen, die Quellen des Terrorismus zu verstopfen. Die größte, der Nahost-Konflikt, ist der direkten Einwirkung der Europäischen Union entzogen, hier sind die USA gefordert. Von deren Regierung ist auf absehbare Zeit keine produktive Initiative zu erwarten; sie begnügt sich damit, der Politik Sharons Rückendeckung zu geben.

Europa kann trotzdem politisch tätig werden. Es kann das Thema der Konfliktlösung auf die internationale Tagesordnung bringen und ständig dort diskutieren. Die Lösungsvorschläge der Mitchell-Kommission und des amerikanischen CIA-Chefs Tenet sind bekannt, ebenso die Verabredungen von Taba. Sie drohen nur in der Schublade zu versinken. Europa sollte sie dort hervorholen und ständig in der Diskussion halten. Brüssel muß nicht schweigen, nur weil der Meinungsdruck aus Washington und Jerusalem so stark ist.

Man kann dem früheren deutschen Außenminister Klaus Kinkel nur zustimmen, wenn er die Stabilisierungsperspektive des Nahen und Mittleren Ostens vorrangig in einer der KSZE nachgebildeten Organisation sieht.[14] Sie könnte, als routinemäßige Hauptleistung, wenigstens den Kontakt zwischen den Staaten, den kontinuierlichen Informations- und Meinungsaustausch herstellen und institutionalisieren. Er würde die Konflikte nicht lösen, aber zunächst wenigstens das Klima verändern. Und darin dann auch Ansätze bieten, auf die Innenpolitik der Staaten demokratisierend einzuwirken, und zwar nicht nur in Richtung des Irak, sondern auch in die der anderen autoritär-diktatorialen Regime dieser Region. Im Kontext einer solchen Organisation ließe sich auch der Konflikt zwischen Palästinensern und Israelis besser bearbeiten, das Gewaltelement darin reduzieren.

Es war Kinkels Vorgänger Hans-Dietrich Genscher gewesen, der in der Einrichtung der KSZE 1975 in Helsinki das ideale Instrument erkannt hatte, den Ost-West-Konflikt zu transformieren und schließlich zu überwinden.[15] Es geht im Nahen und Mittleren Osten keineswegs nur um den Konflikt zwischen Israel und den Palästinensern oder um den Irak. Alle Staaten sind nicht nur für die Gewährleistung ihrer Sicherheit, sondern auch für Entwicklung und Wohlstand auf die Kooperation angewiesen. Ressourcen wie Wasser und Öl können nur gemeinsam optimal genutzt werden. Die Interdependenz der Staaten und Gesellschaften der Region ist so hoch, daß die Probleme sich nur im Wege institutionalisierter Kooperation regeln lassen. Der Vorschlag einer KSZNO (Kinkel) kommt zur rechten Zeit.

Wäre der Nahost-Konflikt gelöst – diese Einschätzung kann kaum bestritten werden –, würde die wichtigste und größte Quelle des arabischen Terrorismus versiegen. Die Interessen der israelischen Gesellschaft an einer längst überfälligen friedlichen Konfliktlösung sind damit identisch mit den Interessen Europas an der Beseitigung des Terrorismus.

Ökonomisch genauso stark wie die Vereinigten Staaten, hat die Europäische Union den gleichen Anteil an der relativen Verarmung der Welt außerhalb der Industrie- und Schwellenländer, also an der dritten Quelle des Terrorismus. Die Armut zu beseitigen, die wirtschaftliche Entwicklung überall einzuleiten und zusammenbrechende Staaten zu stabilisieren ist eine wichtige Strategie bei der Terrorismus-Bekämpfung.

815 Millionen Menschen sind unterernährt; die Ungleichheit der Einkommensverteilung in der Welt hat sich in den vergangenen 30 Jahren verdoppelt. Daß diese zunehmende Menge der Benachteiligten und Armen dem Westen und seiner Globalisierungspolitik enttäuscht und kritisch bis feindselig gegenübersteht, ist verständlich. Das Argument, daß die Attentäter von Washington und New York nicht der armen, sondern der wohlhabenden Schicht angehörten, geht am Problem vorbei. Radikale Minderheiten verstehen sich stets als selbst ernannte Anwälte der Belange großer Massen. Insofern

gehört die verbreitete und zunehmende Armut zum Umfeld des Terrorismus. Wer ihn überwinden will, muß die Armut überwinden.

Im Zeichen der Terrorismus-Bekämpfung hat sich inzwischen manches gebessert. Die USA stockten die bisherigen 10 Milliarden USD um die Hälfte auf, bilden damit aber noch immer das Schlußlicht der industrialisierten Welt. Auch die Europäer bleiben hinter den 0,7 Prozent ihres Bruttonationaleinkommens, das sie eigentlich auf die öffentliche Entwicklungshilfe verwenden sollten, weit zurück. Bis 2006 wollen sie nun die Hilfe auf 0,39 Prozent, beziehungsweise auf 0,33 Prozent des BNE erhöhen.

Bis zum Jahr 2015 soll die Armut halbiert werden. Die Konferenz «Financing for Development» im Frühjahr 2002 in Monterrey kam aber der Finanzierung dieses Ziels nicht sonderlich näher.[16] Die Europäische Union vergrößerte ihren Entwicklungsfonds für die AKP-Länder aufgrund des neuen Abkommens von Cotonou nur geringfügig – obwohl es sonst die Entwicklungszusammenarbeit verbesserte.[17] Der G-8-Gipfel im Juni 2002 in Kanada brachte für das groß geplante Afrika-Programm nur ganze sechs Milliarden USD auf. Daß die weltweite Armut nur überwunden werden kann, wenn die westlichen Industriestaaten endlich ihre Märkte für die Produkte der Entwicklungsländer öffnen, wurde kaum mehr erwähnt.

Entwicklungspolitik als moderne Sicherheitspolitik zu begreifen und auszustatten, gehört in das Zentrum des Paradigmenwechsels. Mit dem Stabilitätspakt für den südlichen Balkan hat die Europäische Union einen Schritt in die richtige Richtung getan, ebenso 1995 mit der Einleitung des Barcelona-Prozesses für die Mittelmeeranrainer. Leider kommt er nicht recht vom Fleck.

Der europäische Aufwand selbst müßte erheblich vergrößert werden. Wenn es den Staaten Afrikas nach dreißig Jahren der Zusammenarbeit im AKP-Programm wirtschaftlich schlechter geht als zuvor, dann hat auch die Europäische Union versagt. Die Sicherheit Europas hängt davon ab, daß Schwarzafrika endlich von der drückenden Armut befreit wird. Es spricht Bände, daß der Ministerrat der Europäischen Union die Kommission im November 2001 erneut auffordern mußte, die Entwicklungszusammenarbeit stärker auf die Armutsbekämpfung auszurichten.

Die Globalisierungspolitik ist gerade auch von den europäischen Industriestaaten zu verantworten, kann also auch von ihnen verändert werden. Europa hat sich bisher immer nur mit den internen Folgen beschäftigt, die die ökonomische Expansion hervorgebracht hat. Die externen sind, weil sicherheitsrelevant, sehr viel wichtiger.

Es gilt, die Selbst- und Mitbestimmungsrechte der Staaten außerhalb des OECD-Raumes stärker zur Geltung kommen zu lassen. Die Europäische Union müßte ihre bilateralen und multilateralen Beziehungen zu allen Regionen und Ländern der Welt dahingehend überprüfen, ob sie darin das Interesse der Partner an Mitsprache und Mitbestimmung auch paritätisch respektiert. Zu den Partnern zählen nicht nur die Regierungen, sondern gerade auch die Gesellschaften. Deren Repräsentanten müßten nicht nur ausnahmsweise, wie im Asien-Europa-Treffen (ASEM), sondern allgemein in den Dialog mit einbezogen werden. Die Europäische Union – und ihre Öffentlichkeit – sollte sich darum kümmern, wie sie sich in ihrer politisch-wirtschaftlichen Umwelt verhält und wie sie dort angesehen wird. Die USA haben nachweislich ein schlechtes Image – wie sieht denn das der Europäischen Union aus?

Sicherheit kann in der Gesellschaftswelt nicht auf dieselbe Weise gewährleistet werden wie die Verteidigung in der Staatenwelt. Diese Neuorientierung müßte die Gemeinsame Außen- und Sicherheitspolitik der Europäischen Union zur Leitlinie nehmen. Das ist nicht einfach. Auch in den europäischen Regierungen waltet ein eher traditionelles Verständnis von Außen- und Verteidigungspolitik; die unveränderten Entscheidungsstrukturen sind neuen Paradigmen gegenüber eher skeptisch. Hier könnte die GASP einsetzen. Sie hat noch viele Jahre vor sich, ehe sie eine Gemeinsame Außenpolitik der Europäischen Union zu leiten hat. Um so eher könnte sie sich der konzeptuellen Arbeit widmen. Denn hier klafft die größte Lücke im westlichen Handlungsdispositiv. Innovation ist gefragt, Anpassung an die veränderten Bedingungen der Gesellschaftswelt. Der Aufbau eines Militärausschusses und der dazugehörigen Truppe ist wichtig. Noch wichtiger ist es, Strukturen zu schaffen, die die Gewaltfreiheit beim Konfliktaustrag sicherstellen. Dadurch wird die Verteidigungskomponente nicht überflüssig, aber sie rückt aus dem Vordergrund des Konzeptes von Sicherheit in dessen Hintergrund, wird zur Reserve für einen immer unwahrscheinlicher werdenden, aber niemals ganz auszuschließenden Fall.

Die Weltordnung muß die Mitbestimmung der Staaten, Regionen und der Gesellschaften gewährleisten. Nur so wird sie akzeptiert werden, nur so läßt sich die westliche Dominanz verringern, die zu den Zuflüssen des politischen Terrorismus zählt. Es gilt, das Konzept der internationalen Organisation wiederzubeleben, die Marginalisierung der Vereinten Nationen rückgängig zu machen und das Entstehen regionaler Organisationen zu fördern. Die Generalversammlung ist das einzige politische Gremium, in dem jedes Land der Welt den gleichen Wert (natürlich nicht die gleiche Wichtigkeit) besitzt und insofern als Teilhaber an der globalen Ordnungspolitik angesehen und behandelt wird. Die Partizipation aller Staaten läßt sich auf diese Weise realisieren und demonstrieren. Gleichzeitig kann in der Generalversammlung der zwischenstaatliche Dialog geführt, zur Information und möglicherweise zur Konsensbildung benutzt werden. Die Generalversammlung hatte sich in den siebziger und achtziger Jahren mehrfach zu den globalen Problemen der Wirtschaftsordnung, der Abrüstung und Rüstungskontrolle, der Rohstoffproblematik geäußert, später dann zum Umweltschutz. Ihre Entschließungen waren unverbindlich, dienten aber doch der Konsensbildung und der Information aller.

Nichts wäre für die globale Ordnungspolitik wichtiger als eine ausgedehnte Diskussion in der Generalversammlung über den Terrorismus. Die westliche Welt könnte dabei erfahren, wie sehr ihre Dominanz, ihre mit Macht durchgesetzten Regelungsansprüche und ihre komplette Nichtachtung der Folgen ihres Verhaltens für die davon Betroffenen die zweite Quelle des Terrorismus gespeist hat.

Die Generalversammlung ist auch nur eine Konferenz von Regierungsvertretern. Seit langem wird darüber diskutiert, ihr eine Repräsentanz der gesellschaftlichen Akteure dieser Welt beizugeben. Sie hätten dann einen politischen Raum, in dem sie ihre Kritik an der Staatenpolitik artikulieren, vielleicht sogar in den Dialog mit den Regierungen eintreten könnten. Radikale könnten dann auf den spektakulären Aktivismus verzichten, der in Seattle und in Neapel den Diskussionsbedarf angezeigt und die großen Industriestaaten (G-8) dazu gezwungen hatte, ihre Tagungen nur noch in abgelegenen Schutzburgen abzuhalten.

In einer zusätzlich gebildeten Kammer der Weltorganisation könnte auch der Dialog der Kulturen stattfinden, der zu Recht gefordert, aber in einer politisch relevanten Größenordnung nicht praktiziert wird. Dort könnte – vielleicht – gehört werden, was der Islamismus gegen den Islam und gegen den Westen vorzubringen hat. Der euro-arabische Dialog, den die EU vor langer Zeit begonnen hatte, hat diese Leistung nicht erbracht. Ministerrat und Paritätische Versammlung im EU-AKP-Rahmen tagen jährlich, sind aber nicht dafür bekannt, einen ausgedehnten Dialog über die Vor- und Nachteile der Globalisierung zu führen. Im Artikel 11 des neuen Abkommens von Cotonou sind immerhin Gespräche über Friedenskonsolidierung und Konfliktprävention vorgesehen.

Die außenpolitischen Gravamina anzuhören, verlangt nicht, ihnen nachzugeben, bietet aber die Möglichkeit, das eigene Verhalten im Licht der Kritik zu überprüfen. Wenn die Präsenz amerikanischen Militärs nach dem 11. September in Saudi-Arabien verringert wird, dann hätte sie, wäre sie als Konfliktursache aufgefaßt und anerkannt worden, auch vorher zurückgenommen werden und die Bereitschaft zum Terroranschlag verringern können.

Auch der Sicherheitsrat der Vereinten Nationen muß reaktiviert werden. Dazu muß er reorganisiert, vor allem um die neuen regionalen Großmächte erweitert werden. Dann aber könnte er mit seiner Autorität und seinen Regulativen verhindern, daß die Spielregeln der alten Staatenwelt wieder eingeführt werden mit ihren Machtbalancen, Einflußzonen, Allianzen und Gegenallianzen und, vor allem, mit dem Krieg als Mittel der Politik. Keine dieser zerstörerischen Praktiken war durch das alte «Mächtekonzert» verhindert worden, das jetzt wieder in Mode zu kommen droht.

Der Sicherheitsrat könnte dem rivalisierenden Machtstreben der Regierungen kleinerer Staaten Regeln anlegen und durch die Institutionalisierung der Kooperation zwischen den Großmächten sicherstellen, daß in ihren für die Weltpolitik entscheidenden Beziehungen das Sicherheitsdilemma nicht wieder auftritt.

Der Sicherheitsrat kann dem Kampf gegen den Terrorismus die notwendige Autorität und Legitimität verleihen. Er könnte in Bürgerkriege eingreifen und gegen totalitäre Regierungen vorgehen, deren Unterdrückungspraktiken den Frieden gefährden. Er wäre sogar zur Präemption berechtigt, analog zu einer innerstaatlichen Polizeiaktion, die ein sich vorbereitendes Verbrechen verhindern soll. Die Interdependenz hat der Gesellschaftswelt die Quasi-Eigenschaft einer «Weltinnenpolitik» verschafft. Sie trägt in globalen Bedrohungslagen deswegen eine Quasi-Weltregierung, wenn sie auf dem geregelten Konsens der Großmächte beruht. Dazu gehört auch das Veto. Deswegen hat der Sicherheitsrat eine ganz andere politische Qualität, als die willkürlich zusammengestellten «Coalitions of the Willing».

War nach dem Ende des Ost-West-Konflikts die Regionalisierung der Welt deutlich geworden, so wurde sie in deren Ordnung nicht berücksichtigt. Internationale Organisationen, die der regionalisierten Struktur entsprachen, bildeten nach wie vor die Ausnahme. Sie fanden sich im wesentlichen in Europa. Aber auch dort war die genuin regionale Organisation, die OSZE, in den Hintergrund geschoben worden. In gewisser Weise ist die NATO durch ihre Osterweiterung, die Partnerschaft für den Frieden und den neuen NATO-Rußland-Rat auch schon als regionale Organisation anzusprechen. Ihren einstigen Charakter als militärische Verteidigungsorganisation wird sie nach der Vermehrung ihrer Mitglieder auf 26 (und mehr) Staaten in der ursprünglichen Form kaum mehr behalten können. Institutionell bleibt sie eine nach außen gerichtete Allianz. Auf die Regelung der Binnenbeziehungen ist sie nicht eingerichtet.

Die Europäische Union hingegen, die einst nur Westeuropa vereint und integriert hatte, war durch ihre Erweiterung zur Organisation der Region Europa geworden. Als einzige verfügt sie über nach innen gerichtete aktive Regulierungs- und Normsetzungsfunktionen.

In Asien gab es außer dem Asian Regional Forum (ARF) im Sachbereich der Sicherheit keinerlei weitere Organisation.[18] Die im Juli 2002 zur Afrikanischen Union gewandelte Organisation der afrikanischen Einheit muß sich erst bewähren, die Organisation Afrikanischer Staaten (OAS) sich erst aus der amerikanischen Dominanz lösen.

Das Kapitel VIII der UN-Charta, das von den regionalen Organisationen handelt, war von den Ständigen Sicherheitsratsmitgliedern notorisch schlecht behandelt worden. Sie wollten ihre globale Kompetenz nicht mit den regionalen Vormächten teilen. In der Gesellschaftswelt aber haben gerade sie die besondere Fähigkeit, den Konsens der Gesellschaften zu mobilisieren und für die Prävention und Behandlung von Konflikten einzusetzen. Weil sie kleiner sind, können sie alle relevanten Akteure zu Wort kommen lassen. Der Konsens der «Nachbarn» kann als Druckmittel bei der Konfliktlösung eingesetzt werden. Die OSZE – um nur dieses Beispiel zu erwähnen – ist bei der Auflösung des jugoslawischen Imperiums notorisch unterfordert worden. Serbien hätte seine Politik ganz anders gestalten müssen, hätte es sie im Rahmen der OSZE zu rechtfertigen gehabt.

Das Kapitel VIII der Charta müßte deswegen sehr viel mehr Aufmerksamkeit erfahren, als es bekommt. Die Weltinteressen sind durch das Recht des Sicherheitsrats gewährleistet, die Regelung solcher regionalen Konflikte wahrzunehmen. Die diesem Schritt vorgelagerten Phasen machen regionale Organisationen so attraktiv für die Neuordnung der regionalen Welt.

Regionale Ordnungspolitik muß sich auch um die Demokratisierung in den Staaten kümmern. Die Teilhabe an der Herrschaft zählt zu den großen Trends in der Gesellschaftswelt, ihre Versagung zu den Quellen des Terrorismus. Seit den beiden ersten Amtsjahren Präsident Clintons ist die Strategie der Demokratisierung aus der westlichen Diskussion fast ganz verschwunden. Nicht nur, aber auch daran ist die Möglichkeit gescheitert, nach dem Ende des Kalten Krieges der Welt eine neue Ordnung zu verschaffen.[19] Die Welt zu ordnen heißt letztlich, in den Staaten diejenigen politischen, wirtschaftlichen und gesellschaftlichen Strukturen durchsetzen zu helfen, die ein kooperatives, auf die Gewalt verzichtendes Verhalten institutionalisieren.

Die EU-Kommission in Brüssel fördert die Demokratisierung in Osteuropa, in der Ukraine und in Rußland, weil sie darin zu Recht die wichtigste Strukturveränderung erkennt. Diese Strategie muß unbedingt in das neue Paradigma der Außenpolitik aufgenommen werden, damit sie nicht bei jedem Regierungswechsel wieder vernachlässigt werden kann.

Die Demokratisierung der Herrschaftssysteme ist nicht einfach. Sie ist nicht identisch mit dem Export des westlichen Demokratiemodells. Wie ihre Teilhabe an der Herrschaft eingerichtet wird, kann nur von der Gesellschaft selbst entschieden werden. Sie kann ihr nicht von außen und schon gar nicht mit einer militärischen Intervention übergestülpt werden. Sehr wohl aber kann sie von außen durch entsprechende Politikangebote gefördert werden. Die Strategien dazu sind von der Politikwissenschaft seit langem ausgearbeitet worden. Die Europäische Union müßte sich ihrer annehmen, sie diskutieren und, vor allem, in das strategische Arsenal der GASP aufnehmen. Damit würde die Union eine bedeutende konzeptuelle Lücke füllen und gleichzeitig ihre politische Identität profilieren. Die Union kann den Vereinigten Staaten den militärischen Rang nicht ablaufen, den politischen sehr wohl. Der Gewalt vorbeugen, statt sie zu vermehren; die Strukturen schaffen, die den Krieg wie den Terror endgültig aus dem internationalen System verbannen – solche Ordnungsbeiträge nützen der Welt.

Natürlich muß die Europäische Union auch ihre Rüstung modernisieren, um mit der amerikanischen interoperabel zu bleiben, die Abhängigkeit von den USA zu verringern und selbst Einsätze im Rahmen der Petersberg-Aufgaben vornehmen zu können. Aber Europas Beitrag zur Sicherheit in der Gesellschaftswelt liegt in der Ausarbeitung jenes neuen Paradigmas, das die Gewalt rechtzeitig beseitigt und nicht erst verspätet bekämpft.

Nach dem Zweiten Weltkrieg haben die USA die Welt neu geordnet, den Europäern beim Wiederaufbau geholfen und sie während des Kalten Krieges beschützt. Jetzt muß Europa den Amerikanern helfen, das Mißverständnis zu überwinden, ihr überlegenes Machtpotential enthalte ein Ordnungsmonopol. Wir wissen seit Joseph Schumpeter, daß politische und administrative Eliten, wenn sie nach erfolgreich erledigter Arbeit nicht abgelöst werden, immer wieder die gewohnten Szenarien herbeiführen. Europa sollte es den USA erleichtern, diesen Zirkel zu durchbrechen. Schon einmal, während der ersten Reagan-Administration, sind die Verbündeten eingesprungen, haben die Entspannungspolitik mit Moskau fortgeführt, wofür Washington schließlich dankbar war. Jetzt schlägt erneut die Stunde Europas.

Zum Schluß: Empfehlungen

Derlei Überlegungen sind den europäischen Politikern nicht
fremd. Damit sie sie aber in das operative Geschäft der Außenpolitik einbringen können, brauchen sie Unterstützung.
Denn sie sind mit dem Tagesgeschäft so ausgelastet, daß ihnen
für Innovationen kaum Zeit bleibt, zumal für solche, die
die Transmissionsfunktion der Politiker zwischen der Gesellschaft und der Regierung um eine zusätzliche, weitläufige und
schwierige Dimension erweitert. In ihr müssen auch die Interessen anderer Regierungen und Gesellschaften berücksichtigt, hier müssen dem Bürger komplizierte Sachverhalte erläutert werden. Entsprechend groß ist die Neigung, bei der
Routine zu verbleiben und keine Fragen aufzuwerfen, die
bisher nicht gestellt worden sind.

Diese Tendenz ist um so größer, als der Anspruch auf gesellschaftliche Mitbestimmung in der Innenpolitik in den
westlichen Demokratien derartige Grade erreicht hat, daß
Mehrheitsbildung und Regieren außerordentlich erschwert
worden sind. In die Außenpolitik ist dieser Mitbestimmungsanspruch noch nicht im gleichen Ausmaß eingedrungen. Die
Friedensbewegung der achtziger Jahre gegen die Nachrüstung
hat sich nicht wiederholt, es ginge auch nicht. Mitbestimmung
muß nur im Notfall auf Demonstrationen zurückgreifen,
sollte sich normalerweise über gezielte Anforderungen an die
Parteien vollziehen. Ortsvereine und Landesverbände sind die
Adressaten. Sie hören auch zu, wenn anders die Wahlergeb-
nisse gefährdet sind. Dazu muß der latent vorhandene Mitbestimmungsanspruch in konkrete Anforderungen übersetzt
werden, wie in der Innenpolitik.

Der Serbien-Krieg der NATO, 1999, veranschaulicht diese Lage. Die Politiker der Bundesregierung konnten nur knapp der Hälfte der deutschen Gesellschaft die Tolerierung eines Krieges plausibel machen, der weder vom Sicherheitsrat der Vereinten Nationen autorisiert noch von der politischen Sachlage her dringend geboten, aber von der amerikanischen Regierung in der NATO durchgesetzt worden war. Wäre der Krieg nicht im Juni 1999 beendet worden, sagte damals der stellvertretende amerikanische Außenminister Strobe Talbott, hätte er wegen des Entfalls gesellschaftlicher Zustimmung wenige Tage später eingestellt werden müssen.

Der gesellschaftliche Mitbestimmungsanspruch war also da, war auch wirksam. Er müßte aber aktiviert und schon bei denjenigen Entscheidungen angemeldet werden, die im Vorfeld stattfinden. Unspektakulär wie sie sind, kanalisieren sie den Gang der Ereignisse. Sie entziehen sich leicht der gesellschaftlichen Kontrolle. Auf diese weniger in der Theorie, wohl aber in der Praxis demokratischer Mitbestimmung sich öffnende Lücke muß hier noch einmal ausdrücklich hingewiesen werden. Sie ist dafür verantwortlich, daß gesellschaftliche Anforderungen nur rudimentär in die Entscheidungsebene transferiert und auf ihrem Weg dahin vielfach manipuliert werden.

In keinem anderen Sachbereich aber werden gesellschaftliche Interessen so umfassend und fundamental betroffen. Schon Immanuel Kant hat in seiner Schrift über den ewigen Frieden den Bürgern vorgerechnet, daß sie die Opfer der Sicherheitspolitik sind. Sie leiden unter den Kriegen und müssen auch für deren Kosten aufkommen. Kant zog daraus den Schluß, daß der Krieg in dem Moment aufhören würde, in dem diejenigen, die seine Lasten zu tragen haben, über ihn zu entscheiden hätten. So ist es. Und weil die Politik diesem Sachverhalt nicht genügend Rechnung trägt, muß die Gesellschaft den Mitbestimmungsanspruch laufend erheben.

Niemand hat ihr gesagt, wie teuer der Serbien-Krieg gewesen ist, wie viel die Stabilisierungsaktionen in den verschiedenen Balkanländern kosten. Niemand weiß, was der Afghanistan-Krieg gekostet hat. Die Gesellschaft muß sich selbst um ihre Rechte kümmern, muß beharrlich nachfragen, was die Außen- und Sicherheitspolitik jeweils kostet, welche Resultate sie erbringen soll, und ob es nicht auch preiswertere Alternativen der ausgewählten Politik gibt. Der frühere Hohe Kommissar für Nationale Minderheiten der OSZE, Max van der Stoel, hat vorgerechnet, daß sein Büro während der acht Jahre seiner Amtszeit nur den Gegenwert von zwei Cruise Missile gekostet, aber dafür mindestens drei Bürgerkriege verhindert habe.

Vorbeugende Politik ist nicht nur allemal besser, sondern vor allem auch billiger als der nachkartende Einsatz der militärischen Gewalt. In der Innenpolitik ist der Gesellschaft das seit langem klar. Deswegen verfolgt sie die Ausgabenpolitik der Regierung minutiös. Im weiten Feld der Außenpolitik sollte sie keine Pauschalauskünfte und nebulösen Floskeln mehr akzeptieren. Es geht nicht nur um ihr Geld, es geht um ihr Leben.

Die Medien helfen ihr dabei. Deren Informationspolitik bezieht auch die Außenpolitik mit ein, könnte ihr vielleicht einen noch etwas prominenteren Platz im Informationsangebot einräumen. Die Medien folgen nicht nur der Entwicklung des öffentlichen Bewußtseins, sie prägen es auch. Sie erzeugen langsam das Bild der internationalisierenden Politik, die für hoch interdependente Räume wie die Europäische Union charakteristisch ist. Sie integriert, was zuvor als Innen- und Außenpolitik unterschieden wurde, zu einem Mix, der die wechselseitige Verflechtung dieser Politikfelder repräsentiert.

Die Politikwissenschaft sollte sich an der Friedensforschung, die sehr aktiv ist, ein Beispiel nehmen und sich stärker engagieren. Die Disziplin der Internationalen Beziehungen verfügt über in Jahrzehnten erarbeitete verläßliche Kenntnisse der Ursache-Folge-Verhältnisse in der auswärtigen Politik. Sie erlauben eine objektive, am Aufwand-Erfolgs-Verhältnis orientierte Beurteilung dieser Politik. Die internationale Politikwissenschaft hat nachgewiesen, daß Demokratisierungspolitik unter den Bedingungen der Gesellschaftswelt die beste Sicherheitspolitik darstellt. Die Öffentlichkeit sollte sich von keinem Politiker die ständige Aufrüstung als das beste Instrument zur Sicherheit mehr verkaufen lassen.

Will sie sich der Herausforderung stellen, die Gesellschaft über ihre außenpolitischen Interessen zu informieren und sie bei deren Verwirklichung zu beraten, muß die Politikwissenschaft ihren Elfenbeinturm verlassen. Auch die praktische Politik ist angesichts der Komplexität des internationalen Systems auf solche Unterstützung angewiesen. Mitarbeit der Wissenschaft ist also wichtig.

Für die Gesellschaft ist sie noch viel wichtiger. Ohne die fachliche Lagebeurteilung durch die Wissenschaft ist sie den Interpretationsvorgaben der Regierung weitgehend schutzlos ausgeliefert. Wenn sie die «Nationale Sicherheit» beschwört, auf die Staatsraison verweist oder die Menschenrechte ins Feld führt, also Definitionsmacht ausübt, muß der Gesellschaft eine Sachautorität zur Seite stehen, die ihr zur Orientierung verhilft. Sie ist der eigentliche Souverän, sie zahlt die Steuern. Um so größer ist die Verpflichtung der Wissenschaft der Gesellschaft gegenüber. Sie müßte ihr dabei helfen, der Außenpolitik das neue Paradigma abzufordern, das den Bedingungen der Gesellschaftswelt gerecht wird. Die Wissenschaft muß darüber informieren, wie die Politik mit weniger Aufwand bessere Erfolge erzielen würde. Sie müßte der wichtigste Ratgeber der Gesellschaft sein.

Übrigens auch der der Wirtschaft. Die alte Verteidigungspolitik hat ihre Klientel: die Rüstungsindustrie. Die neue Sicherheitspolitik hat auch eine Klientel, muß sie aber erst dadurch mobilisieren, daß sie ihr die in der Modernisierung enthaltenen Gewinnchancen zeigt. Die beiden amerikanischen Sicherheitsexperten Alwin und Heidi Toffler haben in ihrem Bestseller[1] vorgeschlagen, die Herstellung von Frieden der Wirtschaft zu übergeben. Das ist nur vordergründig utopisch.

Außenpolitik ist immer mit wirtschaftlichen Interessen eng verknüpft gewesen. Wenn es gelänge, die in der neuen Politik der Prävention, der gewaltfreien Konfliktbearbeitung und -lösung sich ergebenden wirtschaftlichen Möglichkeiten aufzuzeigen, meldeten sich auch Interessengruppen zur Stelle. Die neue Außenpolitik ließe sich sehr viel schneller durchsetzen.

Über diesen Mechanismus hat die Ökologie-Bewegung ihr Ziel erreicht. Jahrelang hatte sie erfolglos die Verbesserung der Umwelt propagiert und deren Beschädigungen kritisiert. Gewonnen hatte die Umweltpolitik erst in dem Moment, als es gelang, die im ökologischen Umbau steckenden kommerziellen Gewinne sichtbar werden zu lassen.

Das müßte auch in der Sicherheitspolitik versucht werden. Der irenologische Umbau der Staaten, der die Unterdrückten zu Bürgern, die Armen zu zahlungsfähigen Konsumenten, die (meisten) Soldaten zu Aufbauhelfern, technischen Hilfswerkern oder gar zu Wirtschaftsfachleuten machte, eröffnete den Ökonomien der Industriestaaten beträchtliche Geschäftsfelder.

Die Rüstungsindustrie hat ohnehin nur einen kleinen und hoch elastischen (aber durch die Subvention eben sehr lukrativen) Anteil an der Produktpalette der Transnationalen Konzerne. Neue Märkte wären für sie ein realer Gewinn. Afrikas Wirtschaft aufbauen zu können, ist für die europäischen Ökonomien so vorteilhaft wie seinerzeit der Marshallplan für die amerikanische. Dieser Gedanke ist nicht neu, kam schon in den siebziger Jahren auf. Heute ist er noch attraktiver, weil eine großzügige (und richtig angelegte) Politik nachhaltiger Entwicklung nicht nur neue Märkte schafft und öffnet, sondern auch der umfassenden Sicherheit dient. Diese doppelte Perspektive müßte gerade die Transnationalen Konzerne interessieren. Ihre zivilen Geschäftsbereiche bekämen neue Aufträge und die Kontrolle der Weltmärkte verbesserte sich.

Jeder Krieg stärkt die Macht der Regierungen, schädigt die Handlungsfreiheit der Wirtschaft. Aber auch mittlere Unternehmen, die Produkte für die zivile Wirtschaft oder für den Konsumenten herstellen, könnten profitieren, wenn die Außenpolitik auf die «Kultur der Vorbeugung» umgestellt würde. Der irenologische Umbau der Politik hat also potenziell viele Nutznießer. Gelingt es, diesen Nexus zu aktivieren, hätten die gesellschaftlichen Anforderungen nach Sicherheit und Wohlstand mächtige Bundesgenossen. Den Parteien und der Politik fiele es sehr viel leichter, den praktischen Wert der neuen Außenpolitik zu erkennen und sie anzuwenden. Die Bereitschaft der Politiker zur Innovation steigt parallel mit der Zahl und dem Gewicht der gesellschaftlichen Gruppen, die sie verlangen.

Die Trends der Gesellschaftswelt sind so stark wie der Nachdruck, den die Gesellschaften ihnen verleihen. Die Restauration veralteter Machtpolitik im Zeichen der Pax Americana kann verhindert, jedenfalls gemildert werden. Wenn sie auf gesellschaftliche Anforderungen verweisen können, sind die europäischen Politiker stark genug, das Streben der Bush-Administration nach selektiver Weltherrschaft abzubremsen, zumal sie damit auch im Interesse der amerikanischen Gesellschaft handeln. Der Startschuß zur Wende kann aus Europa aber nur dann kommen, wenn gesellschaftliche Anforderungen ihn auslösen.

Anmerkungen

Einleitung
Der 11. September: ein Alarmsignal

1 Siehe dazu Ernst-Otto Czempiel: Weltpolitik im Umbruch. Das internationale System nach dem Ende des Ost-West-Konflikts, München 1993[2].
2 Vgl. z.B. Michael Zürn: Regieren jenseits des Nationalstaates. Globalisierung und Denationalisierung als Chance, Frankfurt 1998.
3 Reinhard Rode: Weltregieren durch internationale Wirtschaftsorganisationen, Halle 2001.

I. Trends der Gesellschaftswelt

1 Ernst-Otto Czempiel: Kluge Macht. Außenpolitik für das 21.Jahrhundert, München 1999, S. 23–70. Dort auch die Belege.
2 Vgl. dazu gestaffelt nach dem Abstraktionsniveau: Ian Clark: Beyond the Great Divide: Globalization and the Theory of International Relations, in: Review of International Studies 24,4, Oktober 1998, S. 479 ff.; Edgar Grande und Thomas Risse: Bridging the Gap. Konzeptionelle Anforderungen an die politikwissenschaftliche Analyse von Globalisierungsprozessen, in: Zeitschrift für Internationale Beziehungen 7,2, Oktober 2000, S. 235 ff.; Alfred Pfaller: Wirtschaftliche Globalisierung: Was bringt sie für Deutschland?, in: Friedrich-Ebert-Stiftung: Globalisierung und Gerechtigkeit. Materialien zur Modernisierung sozialer Demokratie, Bonn 2001; Bundeszentrale für politische Bildung (Hg.): Informationen zur politischen Bildung Nr. 263, 1999.
3 Zu dieser Skepsis vgl. Edward Comor: The Role of Communication in Global Civil Society: Forces, Processes, Prospects, in: International Studies Quarterly 45/2001, S. 389 ff.
4 Samuel P.Huntington: Kampf der Kulturen. Die Neugestaltung der Weltpolitik im 21.Jahrhundert, München-Wien 1996.

5 Harald Müller: Das Zusammenleben der Kulturen: Ein Gegenentwurf zu Huntington, Frankfurt 1998.
6 John E. Rielly (Ed.): American Public Opinion and U.S. Foreign Policy 1999, The Chicago Council on Foreign Relations, Chicago 1999, S. 7.
7 Heidemarie Wieczorek-Zeul: Aufgaben und Ziele globaler Strukturpolitik im 21. Jahrhundert, in: Jahrbuch Dritte Welt 2000. Daten, Übersichten, Analysen, München 1999, besonders S. 23 ff.
8 Deutsche Stiftung für internationale Entwicklung (DSE), zitiert bei Brigitte Hamm und Thomas Fues: Die Weltkonferenzen der neunziger Jahre: Spielwiese oder Zukunftsmodell globaler Problemlösung?, in: Friedensgutachten 2000, Münster 2000, S. 201. Auf S. 199 findet sich eine Liste der Weltkonferenzen bis 1996.
9 Siehe die Tabelle in Stiftung Entwicklung und Frieden: Globale Trends 2002. Fakten, Analysen, Prognosen, Frankfurt 2001, S. 230.
10 Siehe zu dieser Entwicklung William J. Antholis: Pragmatic Engagement or Photo Opportunity: What Will the G-8 Become?, in: The Washington Quarterly 24,3, Sommer 2001, S. 213 ff. Reinhard Rode hat dargelegt, wie aus der Zusammenarbeit derart bedarfsbedingter Zusammenschlüsse ein Netzwerk westlichen «Weltwirtschaftsregierens» entstanden ist. Reinhard Rode: Weltregieren durch internationale Wirtschaftsorganisationen, Halle 2001.
11 Ebenda, S. 195.
12 Heinrich Triepel: Die Hegemonie: Ein Buch von führenden Staaten, 1938, neu: Aalen 1974.
13 Rode (Anm. 10), S. 100.
14 Das ergibt sich auch aus philosophischer Sicht, vgl. Otfried Höffe: Demokratie im Zeitalter der Globalisierung, München 1999.
15 Freedom House (Ed.): Freedom in the World, The Annual Survey of Political Rights and Civil Liberties 2000–2001, New Brunswick, Transaction, 2001.
16 Vgl. zu dieser Problematik Larry Diamond: Developing Democracy: Toward Consolidation, Baltimore, Johns Hopkins University Press, 1999.
17 Adrian Karatnycky: The 2000–2001 Freedom House Survey of Freedom, in: Freedom House (Ed.) (Anm. 15), S. 8.
18 Larry Diamond: Has the Democratic Wave Crested?, in: Current History, December 2000, S. 413 ff.
19 Siehe dazu John Mueller: Retreat from Doomsday. The Obsolescence of Major War, New York, Basic Books, 1989.
20 Heidelberger Institut für Internationale Konfliktforschung e.V.: Konfliktbarometer 2001. Zehnte jährliche Konfliktanalyse, Heidelberg 2001, S. 3.

21 Siehe die Auflistung der Konfliktursachen in: Ebenda, S. 11. (Europa), S. 17 (Afrika, wo sich in die Herrschaftskonflikte auch divergierende Territorialansprüche mischen), S. 21 (Amerika) und S. 25 (Asien).

22 Vgl. dazu Rainer Tetzlaff: «Failing States» in Afrika. Kunstprodukte aus der Kolonialzeit und europäische Verantwortung, in: Internationale Politik 55,7, Juli 2000, S. 8 ff.

23 Darauf hat immer wieder richtig Bassam Tibi aufmerksam gemacht: Politisierung der Religion. Sicherheitspolitik im Zeichen des islamischen Fundamentalismus, in: Internationale Politik 55,2, Februar 2000, S. 27 ff.

24 Ernst-Otto Czempiel et al.: Die Weltpolitik der USA unter Clinton. Eine Bilanz des ersten Jahres, HSFK-Report 1–2/1994, Frankfurt 1994, S. 19.

25 How the World sees the U.S. and September 11, in: International Herald Tribune (IHT), 20.12.2001, S. 1 und S. 6.

26 Siehe die Belege in Peter W. Rodman: The World's Resentment. Anti-Americanism as a Global Phenomenon, in: The National Interest 60, Sommer 2000, S. 33 ff.

27 Ebenda, S. 16.

28 Siehe die Belege dazu in Ernst-Otto Czempiel: Neue Sicherheit in Europa. Eine Kritik an Neorealismus und Realpolitik, Frankfurt 2002, S. 140 ff.

29 Samuel P. Huntington: The Lonely Superpower, in: Foreign Affairs 78,2, März/April 1999, S. 35 ff., S. 40 ff.

30 Zur Bedeutung dieser Handels- und Wirtschaftsblöcke vgl. Jeffrey A. Frankel: Regional Trading Blocks in the World Economic System, Washington, Institute for International Economics, 1997.

31 Weltbank: Eintritt in das 21. Jahrhundert. Weltentwicklungsbericht 1999/2000, Washington 1999, S. 4.

32 Vgl. dazu Ernst-Otto Czempiel: Multilaterale Entspannungspolitik: Der KSZE-Prozeß und das Ziel einer gesamteuropäischen Friedensordnung, in: H.-D. Lucas (Hg.): Genscher, Deutschland und Europa, Baden-Baden 2002, S. 135 ff.

33 So auch Huntington (Anm. 29), S. 49.

34 Vgl. ihre Aufzählung bei Dieter Wellershoff: Mit Sicherheit. Neue Sicherheitspolitik zwischen gestern und morgen, Bonn 1999, S. 75 ff.

35 Vgl. U.S. Department of State: Patterns of Global Terrorism, Washington, D.C., 1980 ff.

36 Vgl. zu der sich darin zeigenden Mutation des Krieges Kalevi J. Holsti: The State, War, and the State of War, Cambridge, University Press, 1996.

37 Peter Waldmann: Terrorismus. Provokation der Macht, München 1998.

38 Walter Laqueur: Postmodern Terrorism, in: Foreign Affairs 75,5, September/Oktober 1996, S. 24ff., S. 30ff.

39 Siehe dazu Ehud Sprinzak: The Great Superterrorism Scare, in: Foreign Policy 112, Herbst 1998, S. 110ff.

40 IHT, 22.10.2001, S. 3.

41 Andreas von Bülow: «Die amerikanische Darstellung ist falsch», in: Oberhessische Presse, 5.4.2002.

42 Vgl. z.B. Walter Laqueur: Die globale Bedrohung. Neue Gefahren des Terrorismus, München 2001.

43 Waldmann (Anm. 37), S. 16.

44 IHT, 3.4.2002.

45 Final Communiqué of the Tenth Extraordinary Session of the Islamic Conference of Foreign Ministers on the Grave Situation in the Palestinian Territories, Doha, 10.12.2001, www.oic-un.org/home/10th.html, S. 2.

46 Wolfgang Koydel: Terror made in USA, in: Süddeutsche Zeitung, 22.3.2002, S. 9.

47 Umfrage der IHT, 20.12.2001, S. 1.

48 Das hat Waldmann deutlich hervorgehoben (Anm. 37), S. 13ff.

49 Herfried Münkler: Terrorismus als Kommunikationsstrategie. Die Botschaft des 11. September, in: Internationale Politik, 56,12, Dezember 2001, S. 13ff.

50 Robert M. Gates: No Easy Remedies Against Anti-American Terrorism, in: IHT, 18.8.1998.

51 Vgl. die Reden beider Politiker im Deutschen Bundestag am 19.9.2001, abgedruckt in: Das Parlament Nr. 43, 19.10.2001, S. 11 und S. 13.

52 Ich stütze mich hier auf die Analyse verschiedener arabischer Medien, die Alexandra Homolar-Riechmann, Wissenschaftliche Hilfskraft an der HSFK, angefertigt hat.

53 Howard Schneider: U.S. Losing Its Clout in the Arab World, in: IHT, 7.–8.7.2001.

54 Flora Lewis: From Blair, Towering Vision after the Towers, in: IHT, 5.10.2001.

55 Der Vorstandssprecher der Kreditanstalt für Wiederaufbau Hans Reich in: FAZ, 4.10.2001.

56 Der Präsident der Weltbank James Wolfensohn: Rich Nations Can Remove World Poverty as a Source of Conflict, in: IHT, 6.–7.10.2001, S. 6.

57 Arundhati Roy: Wut ist der Schlüssel. Ein Kontinent brennt – Warum der Terrorismus nur ein Symptom ist, in: FAZ, 18.9.2001, S. 50–51.

58 Außenminister Joseph Fischer am 11.10.2001 (Anm. 51).

59 Huntington (Anm. 4).

60 Vgl. Hilmar Hoffmann und Wilfried F. Schoeller (Hg.): Wendepunkt 11. September 2001. Terror, Islam und Demokratie, Köln 2002. Hervorgetan hat sich besonders Bassam Tibi, der für sich zu Recht beanspruchen kann, sehr frühzeitig und sehr häufig sich mit dem Islam als politischer Erscheinung beschäftigt zu haben. Vgl. Bassam Tibi: Die neue Weltunordnung. Westliche Dominanz und islamischer Fundamentalismus. Aktualisierte Neuausgabe, Berlin 2001; Gilles Kepel: Das Schwarzbuch des Dschihad. Aufstieg und Niedergang des Islamismus, München 2002.

61 Ausführlich habe ich mich zu diesem Thema geäußert in: Glaubenskriege? Der Faktor Religion in politischen Auseinandersetzungen, in: Klaus Hofmeister und Lothar Bauerochse (Hg.): Die Zukunft der Religion. Spurensicherung an der Schwelle zum 21. Jahrhundert, Würzburg 1999, S. 169 ff.

62 Bassam Tibi: Eine neue Welt(un)ordnung? in: Gewerkschaftliche Monatshefte 52, 11–12 November–Dezember 2001, S. 622.

63 Die Tageszeitung, 11.10.2001.

64 Zitiert in: Foreign Policy 128, Januar/Februar 2002, S. 70.

65 Münkler (Anm. 49), S. 14 ff.

66 Vgl. Flora Lewis: Remember, the U.S. also Played a Part in Creating Terrorists, in: IHT, 27.9.1996.

67 Siehe dazu Chris Patten, Kommissar für Außenbeziehungen der Europäischen Union: Force Alone Cannot Conquer Terrorism, in: IHT, 25.3.2002. Eine deutsche Übersetzung wurde gedruckt in: Die Zeit Nr. 14, 27.3.2002, S. 11.

68 IHT, 22.3.2002, 16.–17.3.2002.

69 Kofi Annan, Generalsekretär der Vereinten Nationen: Help By Rewarding Good Governance, in: IHT, 20.3.2002.

70 Zu dem Problemkreis der Einmischung habe ich mich ausführlich geäußert in Kluge Macht (Anm. 1), S. 136 ff. Dort auch die weitere Literatur.

71 Ernst-Otto Czempiel: Weltpolitik im Umbruch. Das internationale System nach dem Ende des Ost-West-Konflikts, München 1993², S. 125.

72 Ebenda, S. 126.

II. Innovation und Restauration: die neunziger Jahre

1 Zeitgeschichtliche Einzelheiten bei Joseph S. Nye, Jr.: What a New World Order?, in: Foreign Affairs 71,2, Frühjahr 1992, S. 83 ff.

2 Vgl. dazu Philip Zelikow und Condoleezza Rice: Sternstunde der Diplomatie. Die deutsche Einheit und das Ende der Spaltung Europas, Berlin 1999. Aus deutscher Sicht: Christian Hacke: Der Mantel der Geschichte: «2+4» und deutsche Einheit in gesamteuropäischer Konkordanz, in: H.-D. Lucas (Hg.): Genscher, Deutschland, Europa, Baden-Baden 2002, S. 263 ff.

3 Dazu umfassend Peter Schlotter: Die KSZE im Ost-West-Konflikt. Wirkung einer internationalen Institution, Frankfurt 1999.

4 Charta von Paris für ein neues Europa, in: Bulletin des Presse- und Informationsamtes der Bundesregierung Nr. 137, 24. 11. 1990, S. 1409.

5 Vgl. dazu Ned Lebow: The Rise and Fall of the Cold War in Comparative Perspective, in: Review of International Studies, Vol. 25, Special Issue, December 1999, S. 21 ff.

6 Bulletin der Europäischen Union Nr. 11, 1995, S. 150.

7 Zitiert bei Filippo Andreatta: The Bosnian War and the New World Order. Institute for Security Studies, Western European Union, Occasional Papers 1, Paris o. J., ca. 1997.

8 Vgl. dazu Ernst-Otto Czempiel: Wohin mit der Bundeswehr?, HSFK-Standpunkte Nr. 9, Frankfurt 1996.

9 Präsident George Bush bei seiner Eröffnung der Nahost-Friedenskonferenz in Madrid am 30. Oktober 1991 in: Europa-Archiv 47,4, 25. 2. 1992, S. D126.

10 Ebenda.

11 § 14 der Resolution 687, in: Europa-Archiv 46,9, 10. 5. 1991, S. D231.

12 Christian Hacke: Zur Weltmacht verdammt. Die amerikanische Außenpolitik von Kennedy bis Clinton, Berlin 1997, S. 403.

13 Research Institute for Peace and Security (Ed.): Asian Security 1997–1998, Tokio und London 1999, S. 226 ff.

14 Anthony Lake: Effective Engagement in a Changing World, in: United States Policy Information and Texts 128, 20. 12. 1993, S. 21 ff.

15 Vgl. dazu Joseph S. Nye, Jr.: Bound to Lead. The Changing Nature of American Power, Basic Books, 1991.

16 Dazu im einzelnen Ernst-Otto Czempiel: Weltpolitik im Umbruch. Das internationale System nach dem Ende des Ost-West-Konflikts, München 1993², S. 92 ff.

17 Die Einzelheiten dazu bei Ernst-Otto Czempiel, Kerstin Dahmer, Mathias Dembinski, Kinka Gerke: Die Weltpolitik der USA unter Clinton. Eine Bilanz des ersten Jahres, HSFK-Report 1–2/1994, S. 7.

18 Jürgen Wilzewski: Demokratie und Außenpolitik: Friktionen zwischen Präsident und Congress, in: Derselbe und Peter Rudolf (Hg.): Weltmacht ohne Gegner. Amerikanische Außenpolitik zu Beginn des 21. Jahrhunderts, Baden-Baden 2000, S. 38ff, S. 47ff.

19 Vgl. Richard N. Haass: Paradigm Lost, in: Foreign Affairs 74,1, 1995, S. 53.

20 Strategisches Konzept der NATO, verabschiedet auf dem Gipfeltreffen vom 23. und 24. April 1999 in Washington, D.C., in: Internationale Politik 10, 1999, S. 107ff., § 17 und § 29.

21 Helga Haftendorn: Der Wandel des Atlantischen Bündnisses nach dem Ende des Kalten Krieges, in: Monika Medick-Krakau (Hg.): Außenpolitischer Wandel in theoretischer und vergleichender Perspektive: Die USA und die Bundesrepublik Deutschland, Baden-Baden 1999, S. 257ff., S. 282; dieselbe: Das Ende der alten NATO, in: Internationale Politik 57,4, April 2002, S. 49ff.

22 Siehe dazu Curt Gasteyger: Grundzüge künftiger Weltpolitik, in: Internationale Politik 54,8, August 1999, S. 1. Gasteyger hat nur «ordnungspolitische Bausteine» gefunden.

23 Eine Skizze dieses Phänomens habe ich unter dem Titel: «Die Politik vor dem Frieden: ratlos» veröffentlicht in: Frankfurter Allgemeine Zeitung (FAZ), 26.10.1996, Bilder und Zeiten.

24 Dazu ausführlich Ernst-Otto Czempiel: Neue Sicherheit in Europa. Eine Kritik an Neorealismus und Realpolitik, Frankfurt 2002.

25 Peter Rudolf: Militärinterventionen in der amerikanischen Außenpolitik unter Präsident Clinton, Stiftung Wissenschaft und Politik – AP 3119, Ebenhausen, Februar 2000, S. 43.

26 Siehe das Interview von Samuel R. Berger: A Foreign Policy for the Global Age, in: Foreign Affairs 79,6, November/Dezember 2000, S. 22.

27 Zur Außenpolitik der Reagan-Administration und ihrem innenpolitischen Korrelat, dem Abbau des Sozialstaats, vgl. ausführlich Ernst-Otto Czempiel: Machtprobe. Die USA und die Sowjetunion in den achtziger Jahren, München 1989.

28 International Herald Tribune (IHT), 17.7.1998, S. 7.

29 Flora Lewis: Militarizing Space is a Big Leap that Calls for a Full Debate, in: IHT, 22.6.2001, S. 4.

30 Vgl. dazu Klaus-Dieter Schwarz: Bushs ‹Revolution in Military Affairs›. Konturen einer neuen amerikanischen Militärstrategie, SWP-Studie S 26, Berlin 2001, S. 24.

31 IHT, 12.7.2001, S. 3.
32 Zur theoretischen Debatte vgl. Michael Mastanduno: Preserving the Unipolar Moment. Realist Theories and U.S. Grand Strategy after the Cold War, in: International Security 21,4, Frühjahr 1997, S. 49 ff.
33 Zu der ausführlichen Debatte, die hier nicht referiert werden kann, vgl. Harald Müller: ‹Antinomien des demokratischen Friedens›, in: Politische Vierteljahresschrift 1/2002, S. 46 ff.
34 Hervorragenden Aufschluß über diese innenpolitischen Konstellationen amerikanischer Außenpolitik bietet die Habilitationsschrift von Jürgen Wilzewski: Triumph der Legislative. Zum Wandel der amerikanischen Sicherheitspolitik 1981–1991, Frankfurt 1999.
35 Umfassend zu diesem Themenkreis, der hier nicht behandelt werden kann, Willi Paul Adams et al. (Hg.): Die Vereinigten Staaten von Amerika, Band 1, Frankfurt 1992², S. 329ff; speziell zur Struktur des außenpolitischen Entscheidungssystems der USA Ernst-Otto Czempiel: Amerikanische Außenpolitik, Gesellschaftliche Anforderungen und politische Entscheidungen, Stuttgart 1979.
36 Für die Einzelheiten dieser Strategie Czempiel (Anm. 27), S. 203 ff.
37 Zitiert in: The National Interest, Frühjahr 2000, S. 56.
38 Amerikas Schuldenberg wird wieder größer, in: FAZ, 2.5.2002, S. 11.
39 «Richer and Richer» in: IHT, 7.6.2001, S. 8.
40 Office of Management and Budget: Budget of the United States Government Fiscal Year 2002, Washington 2001, S. 19 ff.
41 Vernon Loeb: White House Defense Budget Faulted On Costs, in: IHT, 12.7.2001, S. 3.
42 Roger Cohen: To Europeans Worried by American Policies, He's «Bully Bush», in: IHT, 27.3.2001, S. 1.
43 Lothar Rühl: Hierarchisch und zentralisiert. Präsident Bushs Konzept für die europäische Sicherheit, in: FAZ, 6.7.2001.
44 IHT, 23.–24.6.2001.
45 Klaus Arnhold: Rußlands Vorschlag zur nicht-strategischen Raketenabwehr für Europa, SWP, Berlin, September 2001.

III. Selektive Weltherrschaft

1 Die Rede ist abgedruckt in: Internationale Politik 56,12, Dezember 2001, S. 100–103.
2 Abgedruckt in: Internationale Politik 56,12, Dezember 2001, S. 104.
3 Raymond Bonner: No Evidence Indicates Saddam Link, in: International Herald Tribune (IHT), 12.10.2001.

4 David Ignatius: Europeans Discount a Saddam Link to Sept. 11, in: IHT, 16.–17. 3. 2002.

5 Sie ist teilweise abgedruckt in: Internationale Politik 57,3, März 2002, S. 119 ff.

6 Solche Redenschreiber besser an die kurze Leine zu legen, empfahl dem Präsidenten Morton Abramowitz: Dear Dubya, in: Foreign Policy 130, Mai/Juni 2002, S. 79.

7 Stephen J. Solarz und Paul Wolfowitz: How to Overthrow Saddam, in: Foreign Affairs 78,2, März/April 1999, S. 160–161.

8 Richard Perle: The United States Must Strike at Saddam Hussein, in: IHT, 5.–6. 1. 2002.

9 Zitiert bei Shoon Kathleen Murray und Jason Meyers: Do People Need Foreign Enemies? American Leaders' Beliefs After the Soviet Demise, in: Journal of Conflict Resolution 43,5, Oktober 1999, S. 555 ff.

10 Schützenhilfe bekam er dabei von 60 amerikanischen Intellektuellen, die in ihrem von der Washington Post am 12. 2. 2002 abgedruckten Manifest den Kampf gegen den Terrorismus als Verteidigung universaler und unverrückbarer Rechte des Menschen ausgaben. Bezug und Pathos waren der Katastrophe des 11. September, so schrecklich wie sie gewesen war, keinesfalls angemessen. Am Schluß des Manifests stand denn auch keine neue Weltsicht, sondern ein Zuspruch für die Objektverschiebung von der Terrorismus-Bekämpfung hin zur Counter Proliferation. Die Erwiderung von 130 liberalen Intellektuellen (Süddeutsche Zeitung, 10. 4. 2002, S. 16.) überzog nach der anderen Seite, stritt dem amerikanischen Feldzug gegen den Terrorismus jeglichen Wertebezug ab und ordnete ihn schlicht dem «globalen Machtstreben der Vereinigten Staaten» zu.

11 Zbigniew Brzezinski: Die einzige Weltmacht. Amerikas Strategie der Vorherrschaft, New York 1997, deutsche Ausgabe Weinheim 1997.

12 Robert Kaplan: Warrior Politics: Why Leadership Demands a Pagan Ethos, New York, Random House, 2001.

13 Emily Eaken: «It Takes an Empire» Say Several U.S. Thinkers, IHT, 2. 4. 2002.

14 Zu diesem Problemkreis hat sich vor allem Werner Link immer wieder geäußert, etwa in: Die europäische Neuordnung und das Machtgleichgewicht, in: Thomas Jäger und Melanie Piepenschneider (Hg.): Europa 2020. Szenarien politischer Entwicklung. Opladen 1997, S. 9–31.

15 William Pfaff: Free At Last For A Global Powerplay, in: IHT, 15. 3. 2002.

16 James Kurth: The American Way of Victory. A Twentieth-Century Trilogy, in: The National Interest 60, Sommer 2000, S. 5 ff.

17 Stanley Hoffmann: Why Don't They Like Us?, in: The American Prospect 12,20, 19.11.2001, S. 1 ff.

18 IHT, 18.4.2002, S. 1 und S. 6.

19 Peter Rodman: The World's Resentment, in: The National Interest 60, Sommer 2000, S. 33 ff.

20 United Nations Department of Public Information: The United Nations Security Council Resolutions Relating to the Situation Between Iraq and Kuwait, New York, Dezember 1991, S. 3. Dort sind auch die Entschließungen des Sicherheitsrats bis zum Winter 1991 abgedruckt.

21 Die Entschließungen des Sicherheitsrates sowie die vorangehenden Resolutionen der UN sind abgedruckt in Deutsche Gesellschaft für die Vereinten Nationen (Hg.): Erklärung zu den Terroranschlägen gegen die USA vom 11. September 2001, Policy Paper Nr. 4, Bonn 2001.

22 FAZ, 27.2.2000, S. 7.

23 Thomas Bruhar, Matthias Bortfeld: Terrorismus und Selbstverteidigung. Voraussetzungen und Umfang erlaubter Selbstverteidigungsmaßnahmen nach den Anschlägen vom 11. September 2001, in: Vereinte Nationen 5,2001, S. 161 ff.

24 Internationale Gesellschaft für Menschenrechte (Hg.): Der Internationale Strafgerichtshof (IStGH). Eine Einführung, Frankfurt 2000.

25 IHT, 1.3.2002. Vgl. auch das Editorial der IHT «Contempt of Court», IHT, 12.4.2002, S. 8.

26 Thomas Ricks: U.S. Military Trying to Head off Bush's Strike Against Iraq, in: IHT, 25./26.5.2002, S. 1 und S. 4.

27 Über den Inhalt des Dokuments «CentCom Courses of Action» berichtete die New Yorker Times, abgedruckt in IHT, 6.–7.7.2002, S. 1 und S. 3.

28 Joseph Fitchett: U.S. Ally Chafe at ‹Clean Up› Role, in: IHT, 26.11.2001, S. 1 und S. 4.

29 Joseph S. Nye: NATO Remains Necessary, in: IHT, 16.5.2002.

30 Siehe zu dieser Entwicklung Burkard Schmitt (Hg.): Between Cooperation and Competition: The Trans-Atlantic Defense Market, Chaillot Papers Nr. 44, Paris 2001.

31 G. Etzel Pearcy: Geopolitics and Foreign Relations, in: Department of State: Department of State Bulletin, 2.3.1964, S. 2.

32 Siehe Brzezinski (Anm. 11).

33 Martin Malek: Geopolitische Veränderungen auf dem «eurasischen Schachbrett»: Rußland, Zentralasien und die USA nach dem 11. September 2001, in: Aus Politik und Zeitgeschichte B 8/2002, S. 14 ff.

34 Ebenda, S. 18.

35 Udo Ulfkotte: Die ideale Entwicklungshilfe. Amerika, Afghanistan und andere Interessenten am Bau einer Gas- und Öl-Leitung, in: FAZ, 28.2.2002, S. 16.

36 Zu dieser Problematik Friedemann Müller: Energiepolitische Interessen in Zentralasien, in: Aus Politik und Zeitgeschichte B 8/2002, S. 23 ff.

37 Vgl. dazu Edward L. Morse und James Richard: The Battle for Energy Dominance, in: Foreign Affairs 81,2, März/April 2002, S. 16 ff.

38 Müller (Anm. 36), S. 25.

39 Sabrina Tavernise und Birgit Brauer: Russia Offers Itself As West's New Oil Ally, in: IHT, 20.–21.10.2001.

40 Rainer Freitag-Wirminghaus: Zentralasien und der Kaukasus nach dem 11. September: Geopolitische Interessen und der Kampf gegen den Terrorismus, in: Aus Politik und Zeitgeschichte B 8/2002, S. 3 ff.

41 Amin Saikal: Nostalgia and Despair On Returning to Kabul, in: IHT, 21.5.2002, S. 7.

42 Zur Geschichte der amerikanischen Militärpräsenz in der Golfregion seit 1949 vgl. J.C.Hurewitz: Middle East Politics: The Military Dimension. Boulder, Col., Westview Press, 1982².

43 Vgl. Rainer Hermann: Plädoyer für Palästina. Die ungleichen Alliierten Saudi-Arabien und Vereinigte Staaten haben sich entfremdet, in: FAZ, 23.11.2001, S. 16.

44 Siehe oben, S. 103 f.

45 Michael Richardson: Australia Stays a Bit Cool as It Greets U.S. Visitors, in: IHT, 30.7.2001.

46 Eric Schmitt: War On Terrorism Heads to Southern Philippines, in: IHT, 17.1.2002, S. 1 und S. 4.

47 Rodolfo Severino: Fighting Terror In Southeast Asia, in: IHT, 22.5.2002. Severino war der Generalsekretär der ASEAN.

48 Kay Möller: Die USA und China: Sanftes Containment. Stiftung Wissenschaft und Politik, Berlin 2002, S. 20.

49 Peter Rudolf: Optionen amerikanischer Rußland-Politik unter Präsident George W. Bush, in: Hannes Adomeit et al: Ein Jahr Präsidentschaft Putin, Stiftung Wissenschaft und Politik, Berlin, März 2001, S. 77.

50 Graham T. Allison und Sergei Karaganov: U.S.-Russian Dialogue Is Needed To Head Off a New Cold War, in: IHT, 3.4.2001.

51 Joint Declaration on New U.S. Russia Relationship. Department of State Washington File: www.usinfo.state.gov/admin/006/eur509.htm.

52 Department of Defense: Quadrennial Defense Review Report, Washington, 30. September 2001, S. 26.

53 Ebenda, S. 27.

54 Ebenda, S. 25.
55 Donald H. Rumsfeld: Start Preparing Now For Nasty Surprises Ahead, in: IHT, 2.11.2001.
56 Ebenda.
57 Zu der bisher geltenden Strategie und den Notwendigkeiten ihrer Anpassung vgl. Cindy Williams: Defense Policy for the Twenty-first Century, in: Robert J. Lieber (Hg.): Eagle Rules? Foreign Policy and American Primacy in the Twenty-first Century, New Jersey, Prentice Hall, 2002, S. 241 ff.
58 Department of Defense (Anm. 52), S. 17.
59 Alexander Kelle und Harald Müller: Alarm! Rettet die Rüstungskontrolle! Das Votum des US-Senats gegen den nuklearen Teststopp, HSFK-Standpunkte 5, November 1999, S. 6.
60 IHT, 14.12.2001, S. 1.
61 IHT, 9.5.2001, S. 3.
62 Bill Keller: Missile Defense Is Not About Defense – It's About Offense, in: IHT, 31.12.2001–1.1.2002.
63 IHT, 20.2.2002.
64 Walter Pincus: U.S., Reducing Arms Considers New Nuclear Weapons, in: IHT, 20.2.2002.
65 Rose Gottemoeller: Arms Control In A New Era, in: The Washington Quarterly 25,2, Frühjahr 2002, S. 45 ff.
66 IHT, 16.6.1998. Auf die dazugehörige Evidenz, auf das Ende von UNSCOM, deren Benutzung zu Spionagezwecken und die großräumige Bombardierung des Irak im Dezember 1998 kann hier nicht eingegangen werden, ebenso nicht auf die Täuschungs- und Verschleierungstaktik des Irak.
67 Vgl. dazu Klaus-Dieter Schwarz: Amerikas «New Strategic Framework», SWP-Aktuell 2, Februar 2002, S. 3 und passim.
68 Zahlen nach Williams (Anm. 57), S. 245, S. 248.
69 Department of Defense: FY 2002 Supplemental Request to Continue the Global War On Terrorism, Washington, März 2002, S. 3 und passim.
70 Zahlen nach Congress Report 2/2002, S. 6.
71 Eric Pianin: Bush To Seek Deep Cuts In Domestic Programs, in: IHT, 4.2.2002, S. 3.
72 Michael E. O'Hanlon: Limiting the Growth of the U.S. Defense Budget. Brookings Institute Policy Brief Nr. 95, März 2002.
73 IHT, 18.–19.5.2002.
74 IHT, 14.2.2002, 16.–17.3.2002, 21.5.2002.
75 Williams (Anm. 57), S. 251.
76 Editorial: The New FBI, in: IHT, 1.–2.7.2002.

IV. Die Zukunft des internationalen Systems

1 Mike Allen und Karen DeYoung: Bush Charts First-Strike Policy On Terror Cells, in: IHT, 1.6.2002, S. 1 und S. 6.

2 Siehe dazu Henry Kissinger: America at the Apex, in: The National Interest 64, Sommer 2001, S. 9ff.

3 Dazu umfassend Joseph S. Nye, Jr.: The Paradox of American Power. Why the World's Only Superpower Can't Go It Alone, New York, Oxford University Press, 2002.

4 Thomas L. Friedman: Bush's Power Game: Raving the Rules, in: IHT, 1.8.2001, S. 9.

5 Werner Link: Die Entwicklungstendenzen der europäischen Integration (EG/EU) und die neo-realistische Theorie, in: Zeitschrift für Politik 48,3, 2001, S. 320.

6 Vgl. die umfassende Darstellung von Reimund Seidelmann: Das ESVP-Projekt und die EU-Krisenreaktionskräfte: Konstruktionsdefizite und politische Perspektiven, in: Integration 25,2, 2002, S. 111ff.

7 Vgl. seine Dokumentierung durch Maartje Rutten: From St. Malo to Nice. European Defence: Core Documents, Chaillot Papers, Band 47, Mai 2001, und: From Nice to Laeken. European Defence: Core Documents, Vol. II, Chaillot Papers Nr. 51, April 2002.

8 Wolfgang Schäuble: Die Nation ist in Europa gut aufgehoben. Die Schlüsselfrage aller Reformen lautet: Wer entscheidet künftig worüber?, in: FAZ, 27.2.2002, S. 10.

9 Peter Glotz: Das Ding. Überlegungen gegen den Hornvieh-Nationalismus in der Europäischen Union, in: FAZ, 24.5.2002, S. 2.

10 Zum Problemkreis vgl. Julian Lindley-French: Terms of Engagement. The Paradox of American Power and the Transatlantic Dilemma Post 11 September, Chaillot Papers Nr. 52, Paris, Mai 2002.

11 Siehe dazu Alexander Kelle und Annette Schaper: Bio- und Nuklearterrorismus. Eine kritische Analyse der Risiken nach dem 11. September 2001, HSFK-Report 10/2001, Frankfurt 2001.

12 Ebenda, S. 377ff.

13 Mit ihnen und den daraus folgenden Leitlinien eines neuen Paradigmas der Außenpolitik habe ich mich in meinem 1999 erschienenen Buch «Kluge Macht. Außenpolitik für das 21. Jahrhundert» ausführlich beschäftigt.

14 Klaus Kinkel: Eine KSZE für den Nahen Osten, in: Internationale Politik 57,5, Mai 2002, S. 35ff.

15 Im einzelnen dazu Ernst-Otto Czempiel: Multilaterale Entspannungspolitik: KSZE-Prozeß und das Ziel einer gesamteuropäischen

Friedensordnung, in: Hans-Dieter Lucas (Hg.): Genscher, Deutschland und Europa, Baden-Baden 2002, S. 135 ff.

16 Deutsches Institut für Entwicklungspolitik: Analysen und Stellungnahmen 3/2002, passim.

17 Sigmar Schmidt: Aktuelle Aspekte der EU-Entwicklungspolitik. Aufbruch zu neuen Ufern?, in: Aus Politik und Zeitgeschichte B 19–20, 10. Mai 2002, S. 29 ff.

18 Vgl. dazu James Goodby und Kenneth Weisbrode: Asians Need a Regional Security Net, in: IHT, 5. 6. 2002.

19 Fareed Zakaria: Our Hollow Hegemony. Why Foreign Policy Can't Be Left to the Market, in: The New York Times Magazine, 1. November 1998, S. 44, S. 47. Zakaria war damals der Herausgeber von Foreign Affairs.

Zum Schluß: Empfehlungen

1 Alwin und Heidi Toffler: Überleben im 21. Jahrhundert, Stuttgart 1994.

Namenregister

Albright, Madeleine 86
Annan, Kofi 59
Arafat, Yassir 88, 104
Atta, Mohammed 55
Baker, James A. 67, 74 f.
Bin Laden, Osama 42 f., 47, 53, 55, 58, 60, 109, 111 f., 116, 136, 186
Blair, Tony 51
Bülow, Alexander v. 43
Bush, George 66 ff., 74 f., 78, 91, 98, 105, 124, 127
Bush, George W. 13, 32, 34, 40 f., 43, 50, 59, 90–94, 97–108, 110–124, 127–131, 134–137, 141, 146, 148 f., 152 f., 155, 157, 161–167, 169–172, 175–180, 182, 184–188, 205
Butler, Richard 166
Carter, Jimmy 79, 94, 97, 107
Castro, Fidel 80
Cheney, Dick 31, 91, 98, 171
Christopher, Warren 79
Clausewitz, Carl v. 15
Clinton, Bill 32, 35, 41, 59, 75 f., 78–82, 87–91, 94, 97, 99–104, 107, 126, 128, 147, 149, 155, 166, 168, 171 f., 179, 197
Eisenhower, Dwight 109
Fischer, Joseph 50, 86, 184
Fontane, Theodor 174
Fried, Alfred 132
Gates, Robert M. 49

Genscher, Hans-Dietrich 189
Gorbatschow, Michail 74
Han Seung Soo 60
Herz, John H. 108
Herzog, Roman 12
Holebrook, Richard 81
Huntington, Samuel P. 17, 22, 53, 55, 121
Hussein, Saddam 72, 80, 105, 116, 118, 167, 186
Kant, Immanuel 18, 201
Kaplan, Robert 120
Karzai, Hamid 137, 147
Kennan, George F. 108
Kennedy, John F. 183
Kennedy, Paul 120
Kim Dae-Jung 88, 103, 155
Kinkel, Klaus 189 f.
Kissinger, Henry 157
Lake, Anthony 76, 89
Mackinder, Halford J. 144
Mahathir bin Mohamad 44
Mandela, Nelson 38, 44
Mao Tse Tung 48
Marshall, George C. 90, 204
Masri, Taher 51
Milosevic, Slobodan 81
Mitchell, George 189
Moussaoui, Zacarias 42
Müller, Harald 22
Musharraf, Pervez 133
Nixon, Richard 78, 90, 107, 149, 157

Perle, Richard 91, 105
Powell, Colin 110, 155
Putin, Wladimir 33, 140, 146, 148, 158, 165
Reagan, Ronald 77, 91, 94, 97–101, 104, 107, 117, 119, 155, 168, 170, 179, 199
Robertson, George 141, 143
Rumsfeld, Donald H. 91 f., 98, 106, 113, 131 f., 155, 159, 161, 164, 169, 171
Saleh, Ali A. 154
Schröder, Gerhard 50
Schumpeter, Joseph 198

Sharon, Ariel 50, 105, 107, 137, 152 f., 184, 186, 189
Stoel, Max van der 202
Talbott, Strobe 201
Tenet, George 189
Tibi, Bassam 54
Toffler, Alwin 203
Toffler, Heidi 203
Truman, Harry S. 113 f.
Vandenberg, Arthur H. 53, 93
Weber, Max 175
Weizsäcker, Richard v. 12
Wolfowitz, Paul 91
Yergin, Daniel 173

Sachregister

Für das Buch zentrale Begriffe wie Gesellschaftswelt, Weltpolitik und Weltordnung, Vereinigte Staaten u. ä. sind im Sachregister nicht eigens aufgenommen worden

Abchasien 146
ABM-Vertrag 92, 106, 140, 163 f.
Achse des Bösen 117 ff., 134, 153, 167, 186
Ägypten 37, 53, 74
Äthiopien 29
Afghanistan 13, 28, 43, 58, 65, 82, 111 f., 115, 118, 126 f., 136 f., 139, 145 ff., 149 f., 153 f., 156, 167, 185 ff.
Afrika 24, 27, 29, 34 f., 53, 56, 76, 111, 114, 144, 191, 204
– Abkommen von Cotonou 191, 194
– AKP-Abkommen 36, 191 f., 194
Albanien 140 f.
Algerien 53
Al-Kaida 42 f., 47, 53, 56–58, 109, 111, 114, 117, 127, 133 f., 136, 147, 150, 154, 179, 186
Amerikazentrismus 101 f.
Anti-Terrorismus-Koalition (Koalition gegen den Terror) 47, 60, 133–135, 149, 152 f., 156
APEC 154 ff.
Arabische Liga 54
ASEAN 156 f.
– ARF 34
Aserbaidschan 147 f.

Asien 32, 34, 114
Asienpolitik 89
Assertive multilateralism 32, 75, 80, 90
Australien 155

Bahrein 30, 152
Bedrohungsanalysen 87, 92, 120, 161
Biowaffen-Konvention 92, 102, 163
Bosnien-Herzegowina 72 f., 141
Bulgarien 140
Bundesrepublik Deutschland 18, 33, 48, 67, 74, 77, 87, 113, 136, 167, 179, 187

Camp-David-Abkommen 104
Charta der Vereinten Nationen 13, 28, 68, 73, 124 f., 196 f.
Charta von Paris für ein neues Europa 10, 68
Chemiewaffen-Konvention 76
China 28, 33 f., 75, 99, 103 ff., 134 f., 144, 157 f., 164, 166 f.
Clinton-Doktrin 79
Coalition of the Willing 32, 179, 196
Committee of the One Million 104

CTBT 76, 92, 163
Congress 79–81, 92, 97, 100, 106, 110, 126, 159, 165, 170 f.
Containment 145
Contract with America 80
Counterproliferation 167, 185

Dayton, Friedensschluß von 72
Definitionsmacht 13, 21, 49, 110, 203
Demokratisierung 17, 27 f., 31, 61–63, 65, 70 f., 76 f., 85, 87 f., 95, 137, 197 f., 203
Demokratische Revolution 17
Demokratischer Frieden 18, 69
Deutschland, Bundesrepublik 18, 33, 48, 67, 74, 77, 113, 136, 167, 179, 187
Distinctly American Internationalism 91
Dritte Welt 122, 176

England 167
Enlargement, Politik des 76, 87
Entwicklungshilfe 23 f., 59 f., 191
Entwicklungsländer 25 f., 51, 191
Eritrea 29
Europa-Abkommen 70 f.
Europäische Union (EU) 26, 32–35, 71, 74, 83, 103, 113, 136, 142, 177 f., 182, 188–192, 194, 196, 198, 202
Europarat 71

Failing states 58, 137
Faschismus 113, 117
Financing for Development, Konferenz von 2002 191
Frankreich 33, 167, 169
Friede(n) 10, 18, 63, 68, 72, 84, 119, 132, 179, 203
– demokratischer 18, 69

Friedens
 -dividende 24, 77
 -macht 155
 -prozeß 62, 75
 -sicherung 72, 80, 139
Fundamentalisums 30 f., 37, 54, 98
Funktionswandel 83

Georgien 146 f.
Gewalt
 -monopol 45, 47, 68, 73, 84, 89, 124, 129
 -ursache 71, 76
 -verbot 82, 129
Gipfelkonferenz
 – der APEC-Staaten 75
 – der OSZE 147
 – des Weltsicherheitsrates 62
Göteborger Gipfeltreffen 103
Governance 13, 25
Globalisierung 20–22, 27, 31, 34, 52 f., 158 f., 175, 188, 194
Griechenland 114, 151
Großbritannien 136, 138

Hegemon(ie) 93, 121, 181
– gütig 109, 122
– regional 157
– Sicherheits- 121
– wohlwollend 33
Heiliger Krieg 54 f.
Helsinki-Prozeß 37
Herrschaftssystem 17 f., 27 f., 61, 70, 95, 114, 198

Imperialismus 120 f.
Indien 28, 34 f., 112, 149 ff., 163, 185
Indonesien 156
Informationsgesellschaft 16 f., 188
Informationsmonopol 17
Interdependenz 19, 34 f., 37

Internationale Bank für wirt-
  schaftliche Entwicklung und
  Wiederaufbau 24
Internationaler Strafgerichtshof
  19, 92, 127 f., 182
Internationaler Währungsfonds 24
Internationales System
– Anarchie 69
– Machtposition 47, 94
– Struktur 28
Intervention 33, 43, 61, 63, 65, 83,
  115, 136, 153 f., 159, 165, 188,
  198
Irak 30 f., 37, 51, 59, 67 f., 75, 81 f.,
  105, 116–118, 122, 124, 133,
  135 ff., 151, 153, 164, 166 f., 169,
  187, 189 f.
Iran 116 f., 137, 147, 153 f., 164, 187
Islam 194
– Islamische Konferenz 37, 44, 54
– Islamischer Extremismus 112 f.,
  133, 146
– Islamismus 53, 194
Isolationismus 93
Israel 23, 28, 30, 33, 37, 50, 74,
  104, 114, 133, 135 f., 154, 184 f.,
  190

Japan 33, 95, 133, 144, 155, 167, 179
Jemen 154
Jordanien 74
Jugoslawien 72 f., 122, 128, 178

Kalter Krieg 10, 13, 20, 32, 35, 53,
  67 f., 70 f., 83, 85, 93, 122, 131,
  141, 151, 162 ff., 173, 177, 184,
  197 f.
Kambodscha 137
Kanada 191
Kasachstan 146, 148
Kaschmir 23, 29, 112, 134, 149 f.,
  185 f.

Kaukasus 145 ff.
Kenia 99
Kirgisien 146, 151
Kissinger, Henry 157
Koalition gegen den Terror
  (Anti-Terrorismus-Koalition)
  47, 60, 133–135, 149, 152 f., 156
Kommission zur Einschätzung
  der ballistischen Bedrohung der
  Vereinigten Staaten 92
Kommunismus 20, 55, 67
Konferenz für Sicherheit und
  Zusammenarbeit 68
Konflikt
  -analyse 119
  -lösung 59, 63, 106, 189 f., 197,
    204
  -ursache 162, 195
  -verhütung/-prävention 65, 83,
    194, 197
Konflikte
– innerstaatliche 29, 62, 176
– zwischenstaatliche 29, 113, 176
Kongo 58
Krieg (Schauplätze)
– Afghanistan 13, 40, 68, 127, 136,
  138 f., 145, 148, 153, 169, 171, 202
– Balkan 72, 84
– Golf 30, 124, 127, 151 f.
– Irak 123, 133, 136
– Kosovo 86, 182
– Serbien 34, 40, 68, 81–84, 86, 99,
  126, 129, 138 f., 179, 201
– Vietnam 129
– Zweiter Weltkrieg 24, 66, 96,
  113, 198
Krieg (Arten)
– Bürger- 12, 29, 39 f., 58, 62 f., 72,
  87, 122, 178, 202
– gegen Terrorismus 140, 156,
  161, 168
– Mittel der Politik 174, 195

– Neue Art 113
– Partisanen- 40
– zwischenstaatlicher 12, 33, 41, 57, 113, 151
Kriegs
-ursache 69f.
-verhinderung 82
Kroatien 72, 140
KSE 87
KSE-Vertrag 77
KSZE 69, 71, 77, 189
Kuba 80, 129, 171
Kuwait 67, 136, 151
Kyoto-Protokoll 92

Lateinamerika 32, 34, 76, 144
Libanon 74
Liberale Theorie 95
Liberalismus 20
Likud
-Block 59, 184
-Regierung 44, 136, 184
Libyen 28
Lokalisierung 35
Loya Jirga 185

Maastricher Konferenz 71
Madeleine's War 86
Madrider Konferenz 62, 74f.
Malaysia 156
Marokko 53
Marshall
-Hilfe 25
-Plan 90, 204
Massenvernichtungswaffen 41, 57, 75f., 102f., 116, 158, 166, 176, 185f.
Mazedonien 45, 84, 140f.
Medien 21, 49, 52, 202
– amerikanische 43
– arabische 50
– kritische 17
– westliche 42, 123
Mexiko 88f.
Midterm-Wahlen 80, 97
Militärtribunale 171
Mitchell-Kommission 189
Mittlerer Osten 28, 30f., 33, 37f., 73, 123, 137, 144, 151, 153, 156, 159, 189f.
Multilateralismus 32, 35, 52, 62f., 67, 70f., 73–75, 77f., 88, 92, 102, 123, 163

NAFTA 25, 34, 88
Naher Osten 30–33, 37f., 51, 75, 88, 90, 94, 104f., 114, 123, 153, 156, 189f.
Nah-Ost-Konflikt 37, 50, 52, 59, 62f., 74, 99, 104f., 122, 152, 184–186, 189f.
Nationalsozialismus 113
Nationbuilding 60
NATO 138ff.
– Vertrag 83, 131
– Rußland-Rat 140, 178, 183, 196
Neue Gefahren 12, 39, 42, 82
Neue Weltordnung 24, 59, 66f., 76f., 82, 84, 89, 184, 187
New Atlanticism 78
Nicht-Verbreitungsvertrag 76, 163, 185
Nordatlantik-Vertrag 85, 140
Nordatlantischer Kooperationsrat 70
Nordkorea 103, 117, 155
Nuclear Posture Review 165
Nunn-Lugar-Programm 186

OECD 15f., 18, 23, 192
OPEC 25, 37, 148
Ost-West-Konflikt 10f., 13, 20, 23, 26, 64–66, 68f., 77, 85, 96,

106, 113 f., 120 f., 145, 157, 188,
190, 196
OSZE 71, 75, 83, 102, 142 f., 196 f.,
202
OSZE-Gipfel-Konferenz 147
Ottawa-Vertrag 92

Pakistan 53, 111 f., 133 f., 149 ff.,
154, 163, 185
Panama 129
Paradigma der Außenpolitik
(neues) 188, 197 f., 203
Paradigmenwechsel 166, 191
Partnerschaft für den Frieden 70,
141 f., 145, 177, 196
Pariser Gipfelkonferenz 77, 85
Partizipation 17, 27 f., 31, 38, 63,
86, 133, 176, 193
Pax Americana 176 ff., 187, 205
Pelendaba-Vertrag 76
Philippinen 155 f.
Politikwissenschaft 12, 18, 85, 120,
198, 202 f.
Presidential records act 171
Primat der Außenpolitik 22 f., 170 f.

Qatar 30, 60

Raketenabwehrsystem (NMD) 41,
88, 92, 94, 99 f., 103, 106, 117 f.,
155, 163–165, 168 f., 185
Rassismus-Konferenz Durban 56
Reagan-Koalition 98
Realismus 94 ff.
– Neo-Realismus 129, 181 ff.
Realpolitik 94, 157
Regionalisierung 20, 34 ff., 180
– regionale Organisationen 36
Republik Südafrika 38
Ruanda 127
Rüstungskontrolle 75 f., 92, 103,
163 f., 166 f., 185 f., 193

Rußland 28, 33, 71, 77, 88, 105,
134 f., 140–143, 146–148, 157 f.,
164, 166 f., 177 f., 197

Sanfte Revolution 11, 18, 96
Saudi-Arabien 28, 30, 37, 60, 112,
115 f., 137, 148, 152, 195
Schurkenstaaten (rogue states) 88,
102, 106, 116 f., 166, 169
Schwellenländer 15, 24, 190
Sicherheitsarchitektur 83
Sicherheitsdilemma 195
Sicherheitspolitik 57, 61 f., 64, 164,
175
– klassische 64
– moderne 61 f., 64, 191
– neues Design 63
Sicherheitsstrategien 63
Singapur 156
Slowakei 140
Slowenien 140
Somalia 58, 81 f., 187
Sonnenscheinpolitik 88, 103, 155
Sowjetunion 11, 40, 58, 66 f., 70, 77,
89, 99, 101, 112-114, 117, 122,
141, 144 f., 149, 157, 176–178
Sri Lanka 45
Strategie für die Beziehungen
zwischen der Europäischen
Union und Rußland 71
Strategisches Konzept 82 f., 86 f.
Strukturwandel 19
Sudan 58
Südkorea 134, 155
Syrien 28, 137

Tadschikistan 146, 151
Taiwan 103 f., 155
Taliban 13, 43, 111 f., 116, 127,
133 f., 136, 145–150
Tansania 99
Team B 99

Terrorismus 12, 21, 29, 39f., 42, 44f., 47–49, 54, 60f., 64f., 99, 102, 111, 113–117, 119, 127, 130, 146, 149ff., 173, 176, 183, 189ff.
– gesellschaftsweltlicher 41
– internationaler 29, 39, 130
– Katastrophen- 41, 185
– politischer 13, 48, 127, 150, 161, 175, 188, 193
– postmoderner 41
– religiöser 55f.
  – Begriff 41, 44, 56
  – Bekämpfung 49–51, 58f., 111, 113, 118, 123, 133–136, 140, 145, 147, 149f., 153, 155ff., 169f., 173, 179, 187f., 190f.
  – Finanzierung 125
  – Quellen 48, 51f., 58f., 153, 190, 194, 197
Truman-Doktrin 113
Tschetschenien 47, 146, 187
Türkei 114, 135, 147, 154
Turkmenistan 146f.

Ukraine 141, 197
Unilateralismus 32, 93, 118, 127, 130f., 179
UN (siehe auch Vereinte Nationen) 24, 26, 32, 35, 53, 60, 66f., 72–74, 81f., 84, 90f., 124ff., 130f., 135–137, 193
– Charta 13, 28, 68, 73, 124f., 196f.
– Generalversammlung 125, 193f.
  – Entschließung vom 12.9.2001 125
  – Resolution ‹Uniting-for-Peace› 125
  – Sicherheitsrat 53, 67f., 73f., 82–84, 111, 124–127, 129, 136, 179, 195. 201
  – Entschließung 1368 125
  – Resolution 687 68, 75, 137

– Resolution 1373 125
– Resolution 1286 139
Usbekistan 145–148, 151

Vereinte Nationen (siehe auch UN) 24, 26, 32, 35, 53, 60, 66f., 72–74, 81f., 84, 90f., 124ff., 130f., 135–137, 193
– Charta 13, 28, 68, 73, 124f., 196f.
Verteidigungs
  -ausgaben (Rüstungsausgaben) 99, 167
  -genehmigungsgesetz 168
  -haushalt (Rüstungshaushalt) 97, 100, 167f.
Vertrag über die Verminderung der strategischen Waffen 165
Vertrag über Nachbarschaft, Freundschaft und Zusammenarbeit 157
Vietnam 65, 90, 107

Warschauer Pakt 11, 66f., 70, 77, 96, 114
Weltbank 25, 37
Welthandelsorganisation 26, 88
Weltherrschaft 87, 93, 122f., 144, 162, 170, 174f., 178f., 181, 184, 187, 205
Weltinnenpolitik 12, 188, 195
Weltkonferenzen 23
Weltordnung, Neue 24, 59, 66f., 76f., 82, 84, 89, 184, 187
Weltraummanagement 164
Westeuropäische Union (WEU) 70, 83
Wiener Dokument 87
WTO-Konferenzen (Seattle und Genua) 35, 56

Zentralasien 47, 123, 144ff., 147f., 151

Abkürzungsverzeichnis

ABM	Anti-Ballistic-Missile
AFTA	ASEAN Free Trade Area
APEC	Asia-Pacific Economic Cooperation
ARF	Asian Regional Forum
ASEAN	Association of South East Asian Nations
ASEM	Asia-Europe Meeting
AWACS	Airborne Warning and Control System
CTBT	Comprehensive Test Ban Treaty
ECOWAS	Economic Community of West African States
EU	Europäische Union
FTAA	Free Trade Area of the Americas
GASP	Gemeinsame Außen-und Sicherheitspolitik
GATT	General Agreement on Tariffs and Trade
IFOR	Implementation Force
ICAN	Internet-Corporation for Assigned Names and Numbers
ISAF	International Security Assistance Force
KSE-Vertrag	Vertrag über Konventionelle Streitkräfte in Europa
KSZE	Konferenz für Sicherheit und Zusammenarbeit in Europa
MAP	Membership Action Plan
MERCOSUR	Mercando Común del Cono Sur
MOE	Mittelosteuropäische Staaten
NATO	North Atlantic Treaty Organization
NMD	National Missile Defense
NAFTA	North American Free Trade Agreement
OECD	Organisation for Economic Cooperation and Developement
OEEC	Organisation for European Economic Co-operation
OPEC	Organisation of the Petroleum Exporting Countries
OSZE	Organisation für Sicherheit und Zusammenarbeit in Europa
SAARC	South Asian Association for Regional Cooperation

SFOR	Stabilisation Force in Bosnia and Herzegowina
UN	United Nations
UNCTAD	United Nations Conference on Trade and Development
UNPROFOR	United Nations Protection Force
WD	Wiener Dokument
WEU	Westeuropäische Union
WTO	World Trade Organisation
ZOPFAN	Zone of Peace, Freedom and Neutrality